GNOSCO ME IN AETERNITATE

|

Sero te amaui, pulchritudo tam antiqua et tam noua, sero te amaui!

(10.27.38)

제가 늦게야 당신을 사랑했사옵나이다.

이처럼 오래된 그러나 또한 이처럼 새로운 아름다움이시여!

제가 이제야 당신을 사랑하게 되었사옵나이다.

| **추천의 말** |

"아우구스티누스를 사랑한 어느 목회자의 《고백록》 해설"

인간은 본질적으로 하나님과 관계없는 삶을 살 수 없다. 인간의 삶은 다만 그 하나님께 순종적인가 아닌가의 여부만 있을 뿐이다. 인간은 이러한 삶의 현장에서 지적·영적·윤리적 갈등과 갈증에 시달리면서 그 해결책을 찾고자 한다. 저자는 자신의 갈등과 갈증의 해소를 아우구스티누스의 《고백록》에서 찾고, 그 내용을 또 다른 고백 형식으로 이 책에 진솔하게 담았다. 그의 고백은 단순한 간증 형태가 아니라, 그동안 탐구해온 광범위한 영역의 책을 통해서, 그리고 하나님과의 깊은 대화 가운데 얻은 내용을 묵상하고 사색하며 자신의 삶과 목회 현장에서 경험으로 체득한 통찰력에 대한 고백이다. 저자는 그 고백을 매우 진솔하고도 깊이 있게 이 책에 서술하고 있다. 남녀노소를 막론하고 자신이 직면한 많은 질문에 대해 지성과 영성의 타는 목마름을 가진 모든 진지한 독자들에게, 이 책을 읽고 또 읽기를 강력하게 추천한다.

김인환 대신대학교 총장

《고백록》은 교회 역사에서 가장 위대하고 중요한 인물 중 하나인 아우구스티누스의 모든 사상이 녹아 있는 책이다. 이번에 김남준 목사가 집필한 해설서는 이 값진 책을 더 깊이 있고 풍성하게 읽는 데 큰 도움을 준다. 이 책은 왜 그토록 많은 교회사의 인물들이 《고백록》의 저자를 자신의 스승으로 삼았는지, 그리고 그들이 《고백록》으로부터 어떤 영향을 받았을지 헤아려보게 해준다. 이런 정도의 해설은 아우구스티누스의 신학 및 철학 사상에 대한 깊은 통찰은 물론, 그가 신앙과 삶에서 실제로 고민하고 씨름했던 것에 대한 저자의 체험적인 공감이 없이는 불가능하다. 실제로 김남준 목사는 오랫동안 아우구스티누스뿐만 아니라 그 이전과 이후의 신학과 철학의 배경과 흐름까지 추적하며 연구해왔다. 《고백록》의 가치를 풍성하게 조명한 이 해설서는 그런 노고의 결실이다. 모쪼록 독자들이 본서를 통하여 아우구스티누스 신앙의 중심에 있는, 하나님 안에 있는 인간 영혼의 안식에 대한 폭넓

*순서는 가나다순입니다.

은 이해와 전망을 얻기를 바란다. 하나님과 인간 자신에 대한 영적 고민과 갈망을 잃어버린 이 세대에, 방황하는 교인들과 영혼의 안식을 찾는 모든 구도자들에게 이 책은 귀한 안내서요 선물이 될 것이다.

박순용 하늘영광교회 담임목사

우리 중에 신학적 고전에 깊이 몰두한 목회자가 있다는 것이 경이로울 뿐이다. 아우구스티누스는 진리를 찾아 참 평안을 얻으려고 치열한 지적 투쟁을 전개했다. 당대 보편 사상인 플라톤의 철학을 통해서 진리에 이르고 마음의 평안을 얻으려 하였고, 이 과정에서 피나는 투쟁을 전개했다. 그리고 마침내 은혜로 진리의 원천이신 창조주 하나님에게 이르러 마음의 평안과 안식을 얻었다. 참 행복에 도달한 후 아우구스티누스는《고백록》을 썼다. 철학으로 목표에 도달하려고 발버둥 쳤지만 진리는 창조주 하나님에게 돌아가는 데 있었다. 아우구스티누스는 이 과정을 회상하며 자신의 어리석음을 하나님 앞에 고백한다. 그러므로 철학적 논의가 깊다. 김남준 목사는 본서에서 이 과정을 추적하면서 해설한다. 저자는 아우구스티누스가 걸었던 궤적을 따라가며 원저자가 시도했던 것처럼 어려운 철학적 논구를 전개해나간다. 어려운 해설 중에 번뜩이는 것은 저자가 진리에 대한 아우구스티누스의 이해를 자주 교정하는 점이다. 어려운 철학적 난제들을 헤쳐가면서 저자는《고백록》에 담긴 아우구스티누스의 오해를 지적한다. 비록 개진하는 내용이 이해하기 쉽지 않으나 철학적 노작을 통해 진리의 태양에 이르는 길을 함께 가는 것은 가치 있는 일이다. 이 글에서 하나님의 사랑에 대한 저자의 신뢰가 얼마나 큰지를 배울 수 있다.

서철원 前 총신대학교 신학대학원 조직신학 교수

위대한 아우구스티누스 사상 연구가 에티엔느 질송은 "하나의 사상이 사랑으로 수렴되면 수렴될수록 그 사상은 더욱 아우구스티누스적이다"라는 명언을 남긴 바 있다. 그런 점에서 이 책이 제시하는 단상들은 더할 나위 없이 아우구스티누스적이라고 할 수 있다. 이 책에는 아우구스티누스를 깊이 사랑하고, 그가 사랑했던 것 역시 마음 다해 사랑하고자 하는 한 목회자의 고백이 고스란히 담겨 있기 때문이다. 나는 이 책의 저자가 아우구스티누스를 의미 있게 만난 시절 함께 교제를 나누면서 꾸밈없이 보여준 그의 많은 웃음과 눈물을 기억한다. 저자는 아우구스티누스 원전 작품의 어휘 하나, 문장 하나 속에서도 영원으로 향하는 진리의 순례 여정이 있음을 발견하며 크게 기뻐하였다. 동시에 저자는 아우구스티누스가 사랑하였던 진리 되신 하나님을 그이만큼 사랑하지 못함을 두고 슬퍼하며 애통하였다. 그런 점에서 이 책은 단지《고백록》에 대한 연구서나 입문서가 아닌, 참으로 아우구스티누스처럼 살고 생각하며 사랑하고자 하는 한 신앙인의 진솔한 고백과 사유가 담긴 성찰이다. 이 책을 읽는 독자들은 탁월한 지성과 감성의 크기를 가진 그리스도인이 사랑의 질서에 따라 하나님과 그 지으신 만물을 사랑할 때에 어떠한 묵상의 높이와 깊이와 너비에 도달할 수 있는지 깨닫고 놀라게 될 것이다. 문文, 사史, 철哲, 신학神學을 두루 넘나드는, 저자의 주옥같은 사유를 통하여, 아우구스티누스가 성경주석과 설교와 목회와 인생의 궁극적 목적이라 했던 '하나님 사랑'과 '이웃 사랑'이 독자들의 삶 가운데에도 더욱 참되고 선하고 아름답게 열매 맺기를 소원한다.

우병훈 고신대학교 교양학부 교수

아우구스티누스를 읽고, 읽고, 또 읽는 과정에서 발견한 깊은 통찰을 가지고《고백록》의 일부분을 논의하면서 그의 전체 사상을 다루는 이 책은 앞으로 우리도 따라야 할 깊이 있는 책 읽기의 좋은 모범이라고 할 수 있다. 저자는 육신의 고통으로 아픈 가운데서《고백록》을 다시 읽었기에 더 큰 의미를 발견하였으리라 생각된다. '자아를 찾아가는 여정'이 결국은 '하나님을 향한 지성의 여정'임을 발견하고 제시한 이 책의 논의는 진정한 그리스도인들이 늘 경험해온 참된 신앙의 길을 다시 보여주는 것이기도 하다. 신앙과 신학의 깊이를 더하는 데 도움이 되고자 김남준 목사가 우리에게 선물한 이 책을 통해서 우리 시대의 기독교가 참으로 사상 없는 가벼움에서 벗어나 아우구스티누스나 다른 진정한 그리스도인들과 같이 깊은 사상을 가지고 하나님 앞에서 생각하고 살아가기를 바란다.

이승구 합동신학대학원대학교 조직신학 교수

위대하신 하나님은 누구시며, 그분의 가장 뛰어난 피조물인 인간이란 어떤 존재이고, 영원에 속하는 창조자가 만드신 시간 속에 지어진 세계의 비밀은 무엇인지 이해하며, 그 이해의 최종적인 대상이신 하나님에게 찬송을 돌리는 아우구스티누스의 《고백록》은 기독교 지성사에서 가장 탁월한 작품이라 할 수 있다. 또한 《고백록》은 당시 그리스와 로마 철학이 발견하지 못했던 자유로운 의지를 지닌 독립된 주체로서의 개인을 철학의 중심으로 처음 제시하고, '도대체 왜 있는 것은 있는가?'라는 존재론적 질문을 본격적으로 던진, 서양 철학사에서 가장 중요한 책 중 하나다. 저자는 오랜 세월 동안 《고백록》을 읽고 연구하며 묵상했다. 심지어 저자는 운전을 하는 동안에도 녹음된 《고백록》을 들으며 아우구스티누스의 아름다운 송영과 기도 안에 숨겨진 비밀을 깊이 이해하려 노력했다. 이제 그 오랜 시간의 깊은 성찰을 통해 얻은 결실 중 하나로, 《고백록》을 읽어내는 데 필요한 개념들을 잘 정리한 이 책을 만나게 되니 너무나 반갑고 기쁘다. 많은 그리스도인이 《고백록》에 대해 들어보기는 했지만 실제로 읽어본 경험은 많지 않거나, 읽으려고 시도하더라도 아우구스티누스의 사유와 지적 갈등, 하나님과 세계에 대한 사유의 깊이를 이해하는 데 어려움을 겪는다. 그런 점에서 이 책은 많은 독자들을 아우구스티누스의 아름다운 고백으로 인도하는 훌륭한 안내서가 될 것이다.

이종환 서울시립대 철학과 교수

아우구스티누스의 《고백록》은 그 신학적 가치와 역사적 공헌에도 불구하고 작품 안에 담긴 신학적 깊이와 철학적 담론으로 인해 일반 성도와 목회자들이 쉽게 이해할 수 없는 책이었다. 저자는 교부학과 중세 신학에 대한 자신의 신학적 통찰과 개혁주의 신학의 전통 안에서, 이해하기 어려운 아우구스티누스의 신학적이고 철학적인 개념들을 비평적으로 소화해냈다. 이는 참 반가운 일이다. 이 책은 회심의 과정에 나타난 하나님의 은혜, 섭리, 주권, 그리고 시간과 영원의 관계와 같은 기독교 사상의 근본 개념에 대한 아우구스티누스의 신학을 비평적으로 해설한, 신뢰할 수 있는 학문적 해설집이다. 신학도들뿐만 아니라 일반 성도와 목회자들도 이 책을 통해 이천 년 기독교 역사 속에서 흘러온, 바른 신학 사상에 세워진 참된 경건의 유익과 모델을 발견하게 될 것이다.

조동선 미국 사우스웨스턴 침례신학교 조직신학·역사신학 조교수

사람은 반드시 자기가 사랑하는 사람을 닮는다. 저자는 자신이 사랑하는 참 성도요 신학자요 목회자인 아우구스티누스를 많이 닮았다. 그의 닮음은 그저 '히포의

주교가 좋다'는 관객의 기호가 아니다. 직접 그에게로 뛰어든 신학적 성화라고 표현해도 좋을 것이다. 김남준 목사는 학문적으로 아우구스티누스의 심오하리만치 난해하고 방대한 저작들을 꼼꼼하게 읽고 그의 깊은 사상 속으로 파고들었을 뿐 아니라, 그의 원숙한 경건에 이르도록 스스로를 쳐서 복종하는 일에 지나온 목회의 세월을 거의 다 쏟았다고 해도 과언이 아닐 것이다. 본서는 주께서 교회에 선물로 주신 경건의 거인 아우구스티누스를 본받고자 오랜 세월 《고백록》과 더불어 씨름해온 저자의 치열한 성찰을 책으로 엮은 것이다. 독자들에게 신앙과 신학의 정진에 큰 유익을 줄 것이라 생각하며 일독을 권한다.

한병수 아세아연합신학교 조직신학 교수

언젠가 김남준 목사의 서재에서 아우구스티누스에 관한 다양한 책들과 논문집들, 연구서들을 보고 참 부러웠던 적이 있었다. 그 방대한 자료들을 꾸준히 읽고 연구해온 저자가 아우구스티누스의 가장 대표적인 저술인 《고백록》에 대한 이해를 돕는 해설과 풍성한 설명을 덧붙여 책을 내놓았다. 신앙의 피상성이라는 현실적인 문제를 안고 씨름하는 조국 교회에 이 책은 아우구스티누스의 위대한 지성을 통해 하나님을 아는 지식과 자기 자신에 대한 바른 성찰을 열어, 지성의 헌신 없이 하나님을 찾으려 하는 조국 교회의 피상적인 영성에 깊이와 넓이를 더할 것이다. 이 책이 거룩한 부흥과 회복을 가져오는 귀한 도구가 되기를 기대한다.

화종부 남서울교회 담임목사

| **일러두기** |

- 이 책의 각 장 끝에 실린 아우구스티누스 《고백록》의 구절들을 한글로 번역함에 있어 라틴어 원문은 다음 판본을 사용하였다. Aurelius Augustinus, *Confessiones*, in *Corpvs Christianorvm Series Latina XXVII* (Tvrnholti: Typographi Brepols Editores Pontificii, 1996).
- 각 장 끝에 한글로 인용한 《고백록》의 구절들은 라틴어판에서 직접 옮긴 것이다.
- 본문에 삽입한 《고백록》의 여러 구절들은 바오로딸에서 출간한 최민순의 번역을 주로 사용하였으나, 필요한 경우에는 라틴어 원문을 참고, 일부 수정하여 인용하였다.
- 아우구스티누스의 다른 저서들에 나오는 구절들을 인용하는 경우에는 영어 번역본 *The Works of Saint Augustine*(New City Press)과 *The Fathers of the Church*(The Catholic University of America Press)를 주로 참고하였고, 필요한 경우에는 라틴어 원문을 참고, 일부 수정하여 번역한 후 인용하였다.

영원 안에서 나를 찾다

GNOSCO ME IN AETERNITATE

영원 안에서 나를 찾다

김남준 지음

1판 1쇄 발행 2015. 5. 8. | **1판 5쇄 발행** 2019. 6. 11. | **발행처** 포이에마 | **발행인** 고세규 | **편집** 이은진 | **디자인** 안희정 | **등록번호** 제300-2006-190호 | **등록일자** 2006. 10. 16. | 서울특별시 종로구 북촌로 63-3 우편번호 03052 | 마케팅부 02)3668-3260, 편집부 02)730-8648, 팩시밀리 02)745-4827

값은 뒤표지에 있습니다. ISBN 979-11-5809-010-4 03230 | 독자의견 전화 02)730-8648 | 이메일 masterpiece@poiema.co.kr | 좋은 독자가 좋은 책을 만듭니다. | 포이에마는 독자 여러분의 의견에 항상 귀를 기울이고 있습니다.

이 도서의 국립중앙도서관 출판시도서목록(CIP)은 서지정보유통지원시스템 홈페이지(http://seoji.nl.go.kr)와 국가자료공동목록시스템(http://www.nl.go.kr/kolisnet)에서 이용하실 수 있습니다. (CIP제어번호: CIP2015010624)

영원 안에서 나를 찾다

GNOSCO ME IN AETERNITATE

'사상 없는 신앙의 가벼움'이
일상화된 시대의 치유책

Miscellanies on Confessions

아우구스티누스 《고백록》 미셀러니

김 남 준

포이에마
POIEMA

|책을 열며|

'나'를 찾아 떠나는 길

저는 태어나서 지금까지 많은 책을 읽었지만, 어떤 저자도 천재라고 생각한 적은 없었습니다. 장 칼뱅이나 조나단 에드워즈에게 많은 영향을 받았고, 저의 경건과 신학의 모범으로 삼은 존 오웬에게는 영적으로나 학문적으로 말할 수 없는 은혜와 도전을 받은 것이 사실입니다. 하지만 그분들이 남긴 저작을 읽으면서 탁월하다고는 생각했지만, 그분들 중 누구도 천재라고 생각한 적은 없습니다. 회심하기 전이나 후에 여러 철학자의 책을 읽으면서도 마찬가지였습니다.

저는 이 책을 쓰기 전까지, 아우구스티누스의 《고백록 *Confessiones*》을 최소한 일백 회 이상 읽었습니다. 맨처음 읽은 것은 회심하기 전인 이십 대 초반이었고, 신학대학원에 다니던 시절에도 다시 한 번 읽었습니다. 그러나 그때는 그리 큰 깨달음이나 감동을 받지 못했습니다. 그런데 세 번째로 읽었을 때에는 달랐습니다. 약 십 년 전, 허리의 통증으로 열흘 정도 병원에 입원하여 치료를 받고 있을 때였습니다. 입원할 때 큰 기대 없이 가방에 넣어 간 책을 병상에 누워 읽기 시작했는데, 그 책이 《고백록》이었습니다. 정신을 집중하여 사흘에 걸쳐 완독했습니다. 그리고 생전 처음 한 사람의 지성의 위대함 때문에 무릎을 꿇었습니다. 그리고 고백했습니다. "주님, 이 책의 저자는 참으로 천재입니다."

《고백록》의 불후의 가치는 '자아를 찾아가는 여정*itinerarius quaesitionis ego*'을 보여준다는 데 있습니다. 아우구스티누스에 따르면, 인간은 하나님에 대한 앎 없이는 결코 자신이 누구인지 규정할 수 없는 존재입니다. 따라서 이 여정은 '하나님을 향한 지성의 여정*itinerarium mentis ad Deum*'이기도 합니다. 인간의 정신이 하나님을 찾고자 움직이는 것조차도 그분의 '은혜의 힘'에 의해서라는 사실과 인간의 지성이 하나님을 찾는 여정을 시작한다 할지라도 하나님을 벗어날 수 없다는 점을 감안할 때, 이 여정은 또한 '하나님 안에서의 지성의 여정*itinerarium mentis in Deo*'입니다.

《고백록》이 위대한 이유는 정신의 크기와 관련이 있습니다. 하나는 저자의 정신의 크기를 보여주기 때문이고, 또 하나는 독자들로 하여금 자신의 참 자아를 찾게 하는 '정신의 훈련*exercitus animi*'을 돕기 때문입니다.

인간의 정신의 크기는 곧 지성과 감성의 크기입니다. 지성의 크기가 오성에 의한 변증적 직관과 이성에 의한 추론 능력의 크기라면, 감성의 크기는 감각과 상상을 통한 지각 능력의 크기입니다. 믿음과 학문 탐구는 전자의 영역에, 감각과 예술 추구는 후자의 영역에 속합니다.

《고백록》은 아우구스티누스의 위대한 지성과 감성의 크기를 보여줄 뿐 아니라, 그 책을 읽는 독자들로 하여금 평소 게을러서 쓰지 않던 지성의 근육과 감성의 신경을 사용하게 합니다. 그래서 독자들은 《고백록》을 읽으며 하나님을 아는 지식이 확장되는 것을 경험하는 것은 물론이고, 이를 통해 예전에 미처 알지 못했던 자아와 새롭게 만나게 됩니다.

아우구스티누스에게 하나님은 본질적으로는 '감춰진 하나님*Deus absconditus*'이시지만, 속성적으로는 '계시된 하나님*Deus revelatus*'이십니다. 인간은 하나님이 '무엇'인지는 알 수 없으나 '누구'인지는 알 수 있습니다. 하나님이 '누구'이심에 대한 지식은 곧 '하나님의 속성*attributa Dei*'에 관한 지식이고, 이 지식을 통해 인간은 올바른 믿음과 도덕적 실천에 이르게 됩니다. 하나님의 거룩한 속성은 필연적으로 이 세계와 인간을 비롯한 피조물과의 관계를 통해 찬란하게 드러납니다. 마치 프리즘을 통과한 빛이 일곱 빛깔로 찬란하게 분광되는 것처럼 말입니다.

아우구스티누스가《고백록》에서 이 세계를 잠세적暫世的이고 덧없는 곳으로 묘사하면서, 한편으로는 그 덧없는 생성과 변전, 소멸조차도 존재하는 것들의 우주적인 흐름 안에서 하나님의 아름다움*pulchrum Dei*을 드러낸다고 설명하는 이유도 바로 이 때문입니다.

아우구스티누스는 《고백록》에서 하나님을 향한 기림*laudatio*과 고백*confessio*을 씨줄과 날줄 삼아 '하나님에 대한 지식'과 '자아에 대한 성찰'이라는 직조물을 짜냅니다. 그에게 하나님을 아는 것은 곧 자신을 아는 것이었고, 시간 안에 묶인 인간은 사랑을 통해서만 영원에 속한 하나님을 알 수 있기에 하나님을 아는 것은 곧 하나님을 사랑하는 것이었습니다.

《고백록》을 통해 그는 하나님 안에서 참으로 자신이 누구인지를 알고, 현재적으로 존재하는 인간으로서 하나님이 정위定位하신 그 자리에서 그 모습으로 살아가는 것이 진정한 행복에 이르는 길임을 가르쳐줍니다.

아우구스티누스에게 인간은 세계를 구성하는 부속품에 불

과한 존재도 아니고, 존재의 의미도 파악할 수 없이 세상에 내동댕이쳐진 존재도 아닙니다. 끝없이 회귀하는 시간의 흐름 속에서 전생을 재현하는 존재도 아니고, 본질로 돌아가면 신과 혼합되어버리는 존재도 아니며, 그렇다고 타자와 아무 관계없이 존재하는 무창無窓의 단자monad도 아닙니다. 오히려 인간은 하나님의 형상을 지닌 존재로서 하나님을 사랑하고 그분에게 사랑받기 위해 태어난 존재이고, 그 사랑 안에서 이웃을 사랑하고 이웃에게 사랑받음으로써 행복한 삶*beata vita*을 누리기 위해 창조된 존재입니다. 이러한 의미에서 아우구스티누스는 기독교야말로 진정한 휴머니즘이라고 보았습니다. 참으로 하나님을 사랑하는 것이야말로 참 자아를 아는 길이라고 믿었던 것입니다.

그때 병상에서 《고백록》을 읽고 아우구스티누스야말로 하늘이 내린 비범한 정신의 크기를 지닌 사람이라고 고백한 그날 이후, 저는 거의 매일 《고백록》을 읽었습니다. 당시 쉰을 넘긴 나이에 라틴어를 다시 공부할 결심을 하게 된 것도 바로 《고백록》 때문이었습니다.

아우구스티누스는 물었습니다. "저에게 당신은 무엇이시니이까? … 당신께 제가 무엇이기에 저에게 당신을 사랑하라고 명하시고, 제가 그리하지 않으면 저에게 진노하시고 커다란 비참으로 벌하실 것이라고 경고하기까지 하시나이까?" (1.5.5) 그의 질문은 하나님이 무엇인가 부족하여 인간에게 당신을 사랑하라고 명령하시는 것이 아니라는 사실을 깨달은 데서 출발합니다. 오히려 인간은 하나님을 사랑함으로써, 그 사랑의 관계 안에서만, 진정 행복에 이를 수 있는 존재입니다.

그 후로 지금까지 저는 《고백록》의 내용을 묵상하고, 그 내용을 저의 신앙과 삶에 적용하는 일에 게으르지 않으려고 애썼습니다. 그리고 아우구스티누스가 남긴 영감 넘치는 다른 저작들을 꾸준히 탐구해왔습니다. 제가 그의 저작은 물론이고 그의 사상을 탐구한 많은 학술 자료를 모으는 일에 애착을 갖게 된 것도 바로 이러한 연유에서였습니다.

이 책 뒷부분에 실린 '참고문헌'은 단지 참고한 도서의 목록이 아니라 대부분이 실제로 제가 읽은 책들입니다. 그리고 십여 년 동안의 방대한 자료에 대한 탐독은 모두 한 가지 목표, 곧 아우구스티누스의 사상을 이해하기 위해서였습니다. 저는 이 책을 약 20일 만에 썼습니다만, 《고백록》을 이해하는 데 필요한 지적인 토양은 이러한 아우구스티누스 읽기와 사색을 통해 형성되었습니다.

저는 전문적인 의미에서 아우구스티누스를 연구하는 기술적인 학자technical scholar는 아닙니다. 그러나 보편교회의 이 위대한 스승에게 신앙적으로나 학문적으로 말할 수 없이 커다란 유익을 누린 사람입니다. 여기 내놓는 이 책은 이제껏 제가 아우구스티누스를 통해 누린 큰 유익에 대한 부채의식의 작은 표현입니다.

이 책은《고백록》전체를 한 구절씩 해설한 것이 아닙니다. 그렇게 하려면 아마 이 책과 같은 분량으로 열두 권 이상으로 된 시리즈를 집필해야 할 것입니다. 오히려 이 책은 보편교회 역사상 최고의 교부인 아우구스티누스의 위대한 저작을 이해하는 데 필요한 사상적 개념을 포괄적으로 이해하려는 독자들을 위해 쓰였습니다. 그의 위대한 작품을 반복해서 읽는 동안 이해하기 어려웠던 구절이나 더 풍부한 설명이 필요한 구절을 앤솔로지 형태로 묶어서, 저의 신학적이고 철학적인 성찰을 통해 각 구절의 의미를 풀어낸 것입니다.

이러한 작업은 아우구스티누스의《고백록》뿐 아니라 그동안 제가 탐구해온 그의 거의 모든 작품들에서 받은 신앙적 감화와 학문적 영향에 힘입은 바 큽니다. 또한 제가 평소 관심을 두고 탐구해온 조나단 에드워즈와 장 칼뱅, 존 오웬, 17세기 개혁파 정통주의자들과 고대와 중세, 근대의 철학자들에게서 받은 사유의 훈련도 드러나게 혹은 드러나지 않게 영향을 끼쳤을 것입니다.

저는 다른 문헌들을 펼쳐놓고 참고하면서 이 책을 쓰지는 않았습니다. 저 스스로 사유한 내용과 다른 책에서 이미 습득한 내용이 서로 섞여서 때로 저도 제가 진술하는 내용이 둘 중 어디에 속하는 것인지 분간하기 어려울 때도 있었습니다. 그러나 어느 경우든 제가 스스로 이해하고 소화하여 제 안에서 자기화한 내용입니다.

제가 이 책을 쓰는 이유는 독자들의 신앙과 신학에 깊이를 더하는 일에 이바지하고자 하는 마음에서입니다. 또한 신학을 공부하거나 그럴 계획이 있는 사람들, 좀 더 사상적으로 깊이 있는 삶을 살거나 설교하고 싶은 사람들에게 도움을 줄 수 있기를 기대하면서 썼습니다.

설교의 깊이는 곧 설교자의 신앙과 신학의 깊이에서 나옵니다. 그리고 신앙과 신학의 깊이는 그리스도를 깊이 만난 복음에 대한 경험과 성경적 신학을 이해한 학문에 대한 경험의 깊이입니다. 신앙적 경험이라는 풍부한 질료가 명확한 가르침이 되는 것은 그 위에 부여되는 형상을 통해서인데, 이 일은 학문에 대한 경험을 통해 이루어집니다.

신앙에 관한 풍부한 가르침은 마치 벽돌과 같아서 제대로 된 설계를 따라 질서 있게 쌓아올리면 웅장한 건축물이 되지만, 그러지 않으면 언제 무너질지 모르는 위험한 돌무더기가 됩니다. 더욱이 발견한 진리를 온몸으로 살아내지 않는다면, 우리는 아우구스티누스의 《고백록》과 같은 책을 쓸 수 없을 것은 물론이요, 참 자아를 찾아가는 그의 여정에 동행할 수도 없을 것입니다. 그래서 아우구스티누스는 말했습니다. "가르침의 풍부함이 삶의 형태다*copia dicendi forma vivendi*"(《그리스도교 교양*De doctrina christiana*》 4.29.61). 이 말은 신자에게 있어서, 가르치는 말의 풍부함은 그가 어떻게 살아가느냐에 달렸다는 뜻입니다.

오늘날과 같이 '사상 없는 신앙의 가벼움'이 일상화된 시대에 적절한 치유책이 될 수 있을 것이라는 기대로 지난 1월 추운 겨울에 틈틈이 이 책을 집필했습니다.

기도와 많은 눈물 속에서 이 책을 썼습니다. 그러나 원고를 쓰는 동안 너무나 행복했습니다. 글을 쓰는 동안에는 하늘에 있는 것 같았고, 끝내고 나면 다시 땅에 내려온 것 같았던 세 주간이었습니다. 이 책이 많은 독자에게 우리가 믿는 하나님의 위대하심과 그분 안에 있는 인간의 빛나는 아름다움을 희미하게나마 드러낼 수 있다면, 제게 큰 기쁨이 될 것입니다.

끝으로 각 장 끝에 실린 아우구스티누스의 명문장들을 라틴어에서 한글로 옮김에 있어서 나의 번역을 꼼꼼히 읽어주고 오류를 바로잡아준 한병수 교수님(ACTS 신학교수)에게 감사드립니다. 또한 이 책에 나오는 철학적 담론들의 학문적 정확성을 검토하고 조언해준 이종환 교수님(서울시립대 철학교수)에게도 고마운 마음을 전합니다. 특히 이 책을 기꺼이 추천해주신 김인환 총장님과 서철원 교수님, 우병훈 교수님, 이승구 교수님, 조동선 교수님, 그리고 박순용 목사님과 화종부 목사님에게 마음 깊이 감사드립니다. 이분들은 바쁜 가운데에서도 제가 보내드린 적지 않은 분량의 원고를 읽고 적절한 조언과 추천의 글로 이 책의 출간을 빛내주셨습니다. 눈보라 치는 추운 겨울에 쓰기 시작한 이 책이 라일락 꽃 피는 오월에 태어나 여러분들에게 다가갑니다. 그리스도를 믿는 신앙으로 외롭게 진리를 추구하는 독자들에게 이 책이 오월의 신부가 되어주기를 기도합니다.

2015. 4. 27 오후

그리스도의 노예 김남준

| **차례** |

part 3

행복한 거지와 불행한 철학자

part 4

영혼의 무게

part 5
행복과 기억

part 6
시간과 영혼의 찢김

part 1

사랑의 질서

1

인간의 쉼과 사랑

육체의 생명은 영혼이며 영혼의 생명은 하나님이시다. 인간은 생명의 근원이신 하나님에게 안주함으로써 쉼을 얻는다. 오직 하나님만이 영혼의 고향이시기 때문이다.

육체의 감각에 매인 인간은 타고난 죄성 때문에 이 사실을 잊은 채 불안한 존재로 살아간다. 그래서 한편으로는 하나님을 그리워하면서, 또 한편으로는 하나님에게서 멀리 떠나고 싶은 모순을 경험한다. 인간은 영혼의 본향에 대한 그리움에서 오는 고통을 잊어보고자 육욕의 방탕이 주는 쾌락에 빠지기도 한다. 그러나 그것은 고통스러운 현실에서 도피하기 위해 마약에 의지하는 것과 같다. 인간에게 행복해지려는 욕구가 비단 육체의 쾌락을 좇는 방탕함으로만 나타나는 것은 아니다. 때로는 학문과 예술에 대한 추구와 같이 더 고차원적인 양상으로 나타나기도 한다. 그러나 그 역시 인간의 영혼에 궁극적인 쉼을 주지 못한다. 그러면 하나님은 당신의 품을 찾는 인간에게 어떻게 마음의 쉼을 얻게 하실까?

첫째로, 어두운 지성을 밝히심으로 쉼을 얻게 하신다. 하나님 없이 방황하는 인간의 불행은 부패한 의지에서 그 근원을 찾을 수 있다. 지성을 통해 이러한 사실을 깨달을 때 인간은 하나님 안에 있는 치료책을 받아들인다. 지성의 어둠은 궁극적으로 진리의 빛이신 하나님을 떠나 있는 영혼의 어둠에서 비롯된 것이다. 하나님은 당신 안에서 구원의 길을 찾는 자의 영혼을 살리신다. 하나님이 인간의 지성에 진리의 빛을 새롭게 비추시면, 인간은 지성의 활동을 통해 하나님과 사람, 자연 세계의 존재와 가치의 질서를 인식한다. 그리고 그 존재망과 가치망 안에서 자신이 어디에 있어야 하는지를 깨닫고, 그 안에서 참된 쉼을 얻는다.

둘째로, 하나님은 인간의 부패한 의지를 새롭게 하여 쉼을 얻게 하신다. 타락으로 말미암아, 인간 안에 아직 있는 사랑의 능력은 육욕을 따라 살려는 강한 성향으로 나타난다. 하나님을 미워하고 자신을 사랑하려는 인간의 성향을 하나님은 중생을 통해 새롭게 하사 쉼을 얻게 하신다. 이것이 바로 하나님의 사랑으로 인간의 마음을 감화시키는 은혜의 작용이다.

인간은 진리의 빛 아래서 지성이 파악한 질서를 따라 하나님과 이웃을 사랑하고, 그 사랑으로 정화된 의지를 따라 선량한 관리자로서 자연 세계를 잘 돌볼 때 비로소 쉼을 얻는다. 이 사랑은 조금만 있어도 영혼을 어둡게 하고 정신을 산만하게 하는 사랑이 아니라 아무리 많아도 지나치거나 해害가 되지 않는 사랑이다.

인간의 영혼은 오직 하나님의 품에서만 완전한 쉼을 누린다. 갓난아이가 배불리 젖을 먹고 젖 냄새 가득한 엄마 품에서 더는 아무것도 바라는 것 없이 만족스런 쉼을 누리듯, 인간도 하나님 안에서 쉬어야 하는 존재다(시 131:2). 그래서 예수 그리스도께서 말씀하신다. "수고하고 무거운 짐 진 자들아 다 내게로 오라 내가 너희를 쉬게 하리라"(마 11:28).

|

… *inquietum est cor nostrum, donec requiescat in te*(1.1.1).

당신 안에서 안식하기 전까지 우리 마음에는 쉼이 없나이다.

2

'나'와 하나님의 존재

인간이 하나님을 부르는 것은 인간이 자신이 아닌 타인을 부르는 것과 근본적으로 다르다. 하나님은 물리적인 시공간에 매이지 않으시기에, 안 계시거나 못 보시기에, 인간이 그분을 부르는 것이 아니기 때문이다.

하나님이 먼저 인간 안에 역사하셔서 그에게 당신을 알리지 않으셨다면, 그 누구도 하나님을 성심으로 부르지 못했을 것이다. 인간이 하나님을 부르기 전, 이미 하나님은 그의 마음 안에 계셨다. 모든 것이 하나님으로 말미암아 지은 바 되었으니, 하나님의 흔적을 지니지 않은 피조물이 없고 하나님의 돌보심 없이 살아 있는 것이 없다(요 1:1; 마 6:26). 그러나 인간은, 그렇게 자신 안에 하나님의 흔적이 깃들어 있는 것으로 충분하지 않다. 인간에게는 하나님이 세계를 창조하시고 인간을 지으신 계획을 따라 살아야 할 소명이 있기 때문이다.

하나님은 본질상 피조물 속에 섞여 계실 수 없는 분이다. 그러나 그 어떤 피조물도 하나님을 벗어나 하나님 밖에 존재할 수 없다. 인간은 자율 안에서 진정으로 자유로운 존재가 될 수 있을 것으로 믿고 모든 제약과 질서에서 해방되고자 했다. 그러나 그럴수록 인간의 존재 의미를 파악하기 어려워졌다. '나'를 아는 것은 하나님을 아는 것과 분리될 수 없기 때문이다. '나'라는 존재의 의미는 궁극적으로 하나님이 부여하신 것이고, 사람들과의 관계 속에서 실제적으로 그 의미가 규정된다. 나아가 인간은 날마다 자신의 눈앞에 있고 육체의 생존과 활동에 필요한 자원을 공급하는 자연 세계가 자신에게 어떤 의미인지 올바르게 이해함으로써, 하나님이 창조 세계 안에 드러내고자 하시는 문화의 아름다움에 기여할 수 있다.

성경은 '나'의 존재와 가치를 알려주는 책이다. 그 안에서 우리는 우리가 하나님의 은총 아래서 살아야 하는 존재임을 알게 된다. 성경이 가르치는 질서 속에서 바른 위치에 있을 때, 인간은 하나님에게 짓밟히는 노예가 아니라 모든 속박으로부터 벗어난 자유인이 된다. 그리고 그제야 비로소 인간으로서의 아름다운 지위와 존엄성, 침해당할 수 없는 인간성을 인정받게 되는데, 이것은 성경이 인간으로 하여금 자신 안에 있는 하나님의 형상*imago Dei*을 발견하고 사랑하게 하기 때문이다.

인간은 하나님으로 말미암아 지은 바 되었고, 하나님의 흔적을 지니고 존재한다. 그러나 그것만으로는 충분하지 않다. 하나님을 향해 살도록 지은 바 된 인간에게는 그 이상의 '함께하심'이 필요하니, 이는 바로 하나님이 자신을 사랑하는 것을 알고, 자신 또한 하나님을 사랑하며 살아가는 관계다.

사랑의 관계 안에서 인간은 지성으로써 하나님을 알고, 의지로써 하나님을 사랑하며, 이웃과 함께 살아감으로써 자신의 존재 의미를 발견한다. 그러므로 인간이 하나님을 찾아가는 것은 곧 자신을 찾아가는 것이며, 그분을 사랑하는 것이 곧 자신이 사랑을 받는 길이다.

|

… qui non essem, nisi esses in me?(1.2.2)

제 안에 당신이 계시지 않았다면, 제가 어떻게 살아 있을 수 있었겠습니까?

3
변치 않는 하나님과 변하는 세계

영원하시고 무한하시며 완전하신 하나님 안에는 어떠한 구성 요소도 없다. 이것을 신학에서는 '하나님의 단순성*simplicitas Dei*'이라고 한다.

하나님의 존재는 마치 찬란하게 빛나는 태양과 같아서 누구도 직접 그 존재의 '속성'을 보아서 알 수 없다. 유한한 피조물인 인간과 무한하신 창조주 하나님 사이의 무한한 격차 역시 이를 불가능하게 하는 요인 중 하나다.

하나님은 본질적으로 피조물들에 영향을 받지 않으시는 분이다. 만약 하나님 안에 없던 것이 피조물들로 말미암아 생겨나거나, 이미 하나님 안에 있던 것이 피조물들로 말미암아 없어지기라도 한다면, 어찌 그분을 완전하고 불변하는 존재라고 할 수 있겠는가? 그러나 만약 인간이 하나님의 그 어떠한 변화도 감지할 수 없다면, 어찌 하나님이 인간과 소통할 수 있겠는가?

아리스토텔레스는 자연 세계의 변화를 가능하게 하는 절대자의 존재를 가리켜 부동의 동자 혹은 부동의 원동자the unmoved mover라고 불렀다. 자신은 움직이지 않으면서 모든 사물을 움직이게 하는 원인이라는 뜻이다. 인간이 파악할 수 있는 세계는 고작해야 네 가지의 차원이지만 하나님은 무한 차원이시다.

영원하고 무한하신 하나님이 어떻게 당신의 불변함을 거스르지 않고 한시적이고 유한한 사물들의 상태를 변화무쌍하게 하실 수 있을까? 우리에게 분명한 것은 둘 사이의 인과관계에는 법칙이 있을 것이라는 사실이다. 인간의 이성이 그 법칙을 모두 파악할 수는 없다. 사물의 작용을 둘러싼 전건前件과 후건後件의 인과관계에 대한 무지 때문이다. 다만, 성경 계시를 믿음으로써 인과관계에 대한 이성적 이해를 뛰어넘어, 우리에게 파악되지 않는 차원의 하나님의 존재의 확실성과 하나님의 성품의 진실함을 믿을 뿐이다. 그 믿음이 우리로 하여금 모순처럼 보이는 두 사실, 곧 뜻을 바꾸지 않으시는 하나님이 스스로 충족하시다는 것과 만물의 상태가 그분에 의해

바뀐다는 사실을 받아들이게 한다.

하나님은 본질적으로 불변하시나 인간들과의 관계에서 마치 당신의 지성과 의지가 바뀌는 분인 것처럼 느껴지게 하신다. 이것을 신학에서는 '아콤모다티오*accommodatio*'라고 한다. 말하자면 인간을 위한 하나님의 눈높이 교육이다.

하나님은 이렇게 하심으로써 무한하신 당신의 성품을 유한한 시간과 공간 속에 드러내시고, 인간을 도덕적으로 교훈하신다. 이것이 바로 하나님의 속성, 곧 그의 성품의 나타남이다. 인간의 가장 큰 의무와 행복은 하나님을 아는 것이고, 하나님을 아는 지식은 곧 하나님의 속성屬性과 속성이 작용하는 방식*modus operandi*을 아는 지식이다.

인간의 모든 행복의 뿌리는 하나님이 누구신지를 아는 것이다. 스무 살 즈음 열심히 인생의 지혜를 찾고자 하였을 때, 나는 한 저자에게 빠지면 그의 책들을 몇 번씩 반복하여 읽으며 사색에 잠겼다. 그렇게 하고 나면, 인생을 바라보는 나의 지성의 키가 한 뼘 더 커진 것을 느꼈다.

이 세상의 사상과 철학을 통해 전달되는 진리의 희미한 빛에 이런 힘이 있는 것은 그것들이 아주 희미하게나마 하나님의 성품과 지식의 빛을 보여주기 때문이다. 그렇다면 찬란한 성경 진리의 빛이 우리의 지성을 비출 때 나타날 변화는 얼마나 놀랍겠는가.

하나님의 사랑과 지혜를 더 깊이 알도록 힘쓰자. 그 아름다운 지식은 우리의 영혼을 아름답게 하고, 우리로 하여금 아름다운 삶을 살게 할 것이다.

|

Summe, optime, potentissime, omnipotentissime, misericordissime et iustissime, secretissime et praesentissime, pulcherrime et fortissime, stabilis et incomprehensibilis, immutabilis, mutans omnia, … (1.4.4).

[당신은] 지극히 높으시며, 탁월하시며, 가장 능하시며, 전적으로 가장 능력 있으시며, 가장 자비로우시며, 가장 의로우시며, 가장 멀리 계시면서 가장 가까이에 계시며, 가장 아름답고 가장 강하시며, 안정되고 파악되지 않는 분이시며, 모든 것을 바꾸시면서도 자신은 변하지 않으시는 분이시옵니다.

4
인간의 가치와 존재 규정

인간의 존재를 규정하기란 쉽지 않다. 어떤 의미에서 철학은 인간의 존재를 규정하려는 탐구 과정이라 할 수 있다.

고대 철학자들은 인간이 어떻게 살아야 하는지에 대해 수없이 많은 담론을 쏟아냈지만, 만족스러운 답을 얻지 못했다. 그들이 토론을 통해 포괄적인 합의점을 찾아가는 것은 가능할지 몰라도, 그렇게 살아야 하는 '인간이 어떤 존재인지' 그 누구도 선뜻 규정할 수 없었기 때문이다.

기독교 신앙은 '인간이란 무엇인가'라는 질문에 매우 분명한 답을 제시한다. 인간은 실존철학에서 이야기하는 바와 같이 '그저 지금 여기에 실존하는 존재'도 아니고, 하이데거가 말한 바와 같이 '본인의 의지와 상관없이 누군가에 의해 의미

없이 던져진 피투적被投的 존재'도 아니고, 사르트르가 지적한 바와 같이 '철저한 무상성 속에 의미 없이 시공간 속에 있게 된 잉여의 존재'도 아니다. 또한 헤겔이 제시한 바와 같이 '전체를 구성하는, 그럼으로써 의미를 갖는, 한낱 개체에 지나지 않는 존재'도 아니다.

멀리 거슬러 올라가 플라톤의 이데아나 플로티누스의 일자一者, 혹은 아리스토텔레스의 부동의 원동자 개념을 가지고 초월적 절대자와의 관계에서 인간을 설명할지라도, 둘의 필연적 관계만 겨우 설명할 수 있을 뿐, 인간이 궁극적 존재와 어떤 관계인지는 규정할 수 없다.

아우구스티누스가 그 많은 철학 속에서 사랑을 배운 적이 없다고 고백한 것은 바로 철학적 인간관이 내포하는 무관계성, 정확히 말하자면 인격적 관계의 무언급無言及 때문이었다. 아우구스티누스는 말한다. "당신께 제가 무엇이기에 제게 당신을 사랑하라고 명하시고, 제가 그리하지 않으면 저에게 진노하시고 커다란 비참으로 벌하실 것이라고 경고하기까지 하시나이까?"(1.5.5)

생각해보라! 하나님, 그 지존하신 분이 당신을 사랑하라고 명령하신 대상은 오직 인간뿐이다. 하나님을 사랑함으로써 인간은 진정으로 자아의 가치가 무엇인가를 발견하고, 그러한 발견 속에서 인간이 어떤 존재인지가 규정된다. 즉, 인간의 존재 가치는 하나님과의 관계에서 발견되고, 하나님이 사랑을 요구하실 때 사랑할 능력이 있는 존재가 바로 인간이다. 하나님이 인간에게 이렇게 사랑을 요구하시는 이유는 두 가지다.

첫째로, 하나님을 사랑하는 것이 곧 인간이 창조의 목적으로 돌아가는 길이기 때문이다. 하나님은 사랑 외에 그 무엇으로도 인간의 궁극적인 존재 목적인 창조의 목적으로 돌아가게 하지 않으신다. 둘째로, 하나님이 인간과의 관계를 원하시기 때문이다. 인간은 플로티누스가 이야기하는 것처럼 일자의 속성 때문에 비의지적이고 무의식적으로 흐르듯이 쏟아져 나온 존재가 아니다. 하나님은 당신의 지성과 의지로 인간을 창조하셨고, 그렇게 창조한 인간과 관계를 맺으며 살기를 원하신다.

인간의 죄 때문에 진노하시고 마음 아파하시는 하나님의 모습에서 우리는 인간이 얼마나 위대한 존재인지를 깨달아야 한다. 무한하고 완전하신 하나님이 유한하고 불완전한 인간에게 그토록 깊은 관심을 기울이시는 것은 그가 하나님께 너무나 소중한 존재이기 때문이다.

우리의 삶은 소중한 것이다. 따라서 우리는 한순간 한순간을 핏빛으로 물들이는 심정으로 정성을 다하여 살아야 한다. 불후의 명작을 저술하는 작가가 한 글자 한 글자 심혈을 기울여 쓰듯이 그렇게 살아가야 한다. 하나님을 찾아감으로 존귀한 자가 되자. 우리가 사람으로 태어났음이 사람으로 태어나지 않은 존재들 앞에 부끄럽지 않도록 살아가자.

|

Quid mihi es? … Quid tibi sum ipse, ut amari te iubeas a me et, nisi faciam, irascaris mihi et mineris ingentes miserias?(1.5.5)

저에게 당신은 무엇이시니이까? … 당신께 제가 무엇이기에 제게 당신을 사랑하라고 명하시고, 제가 그리하지 않으면 저에게 진노하시고 커다란 비참으로 벌하실 것이라고 경고하기까지 하시나이까?

5

만물의 근원이신 하나님

하나님은 당신 자신은 변하지 아니하시면서 모든 사물을 변하도록 움직이신다. 만물의 모든 변화의 원천은 하나님이시다. 만물의 변화가 없다면 우리는 어떤 식으로도 하나님이 만물 안에 계심을 알지 못할 것이다.

인간의 타락 이전에도 만물은 끊임없이 변화했고, 타락 이후에도 그러하고, 새 하늘과 새 땅에서도 변화는 계속된다. 그 변화는 반드시 시간을 동반하며 시공간 안에서 인간들에게 드러난다. 다만 타락 후에는 만물의 변화가 부패성에 굴복하였을 뿐이다.

영원한 하늘나라에서 하나님의 아름다움은 소멸 없이 계속 생성되고 확산되며 드러난다. 하나님은 '있음*esse*' 자체이시기 때문이다. 하나님은 큰 경륜 가운데, 타락 후부터 회복이 이뤄지기까지는 모든 만물이 부패에 종속되게 하셨다. 타락이 없었다면 만물 속에 드러나는 하나님의 참된 아름다움은 소멸이 아닌 다양한 변화를 통해 이 세상에 아름답게 펼쳐졌을 것이다. 그러나 타락 후 만물은 소멸과 사망을 경험하게 되었다. 하나님은 소멸마저도 당신의 아름다움을 드러내는 수단으로 삼으사 소멸을 통해 만물이 돌아갈 곳인 하나님을 보여주게 하셨다.

하나님은 '있음' 자체이시니 하나님 안에서 사라지는 것은 없다. 시간과 공간 속에서 개개의 사물은 '있음'의 경계를 지니고 있고, 이로써 한 사물은 다른 사물과 구별된다.

모든 사물은 시간과 공간 안에서 서로 다른 개체로 생성하고 소멸하지만, 그 본질에 속하는 '있음'은 단지 물질이 아니기 때문에 그 원천인 하나님에게로 돌아온다. 그러므로 하나님에게는 소멸하는 것들도 사라져 무無로 돌아가는 것이 아니다. 동북아 철학에서 '무'를 '없음'이 아니라 '무한한 잠재력'으로 이해하는 것도 바로 이러한 맥락이다.

11세기 북송시대 유교철학자 장횡거張橫渠는 '무무無無'라고 했다. 이는 "무는 절대로 없는 것이 아니다"라는 의미다. 노자는 《노자》에서 있음과 없음의 관계를 다음과 같이 설명한다. 천하만물생어유 유생어무天下萬物生於有 有生於無. 즉, "만물은 있음에서 생겨나고 있음은 없음으로 말미암는다"라는 의미다. 하나님은 생성되는 것들뿐 아니라 소멸되는 것들에 대해서도 원천이 되신다. 그래서 성경은 말한다. "이는 만물이 주에게서 나오고 주로 말미암고 주에게로 돌아감이라"(롬 11:36).

인간은 만물을 시간 안에서 본다. 과거의 사물은 사라져서 그저 기억에만 남아 있으며, 미래는 아직 오직 않았기에 알지 못한다. 현재는 박막薄膜의 찰나이니, "지금이 현재다!"라고 말할 때 그 말이 채 끝나기도 전에 이미 현재는 사라져 과거가 된다. 사물들의 인과관계가 공간과 시간에 감춰지기 때문에 인간의 지식은 어떠한 경우에도 제한적이다. 그러나 하나님은 모든 만물을 시간을 초월하여 보신다. 그래서 하나님을 규율하는 하나님 밖에 있는 법이나 규칙은 있을 수 없다. 시간과 공간까지도 그러하기에 하나님은 스스로 완전한 자유이시다.

인간을 포함하여 삼라만상은 끊임없이 변한다. 생성과 소멸조차도 만물의 유한함을 입증하는 반짝임일 뿐이다. 그러나 하나님에게는 만물의 소멸조차도 '있음'의 또 다른 양상이다. 만물은 그분의 무한한 선善으로 말미암아 이 세상에 창조되었고, 그 선에 의해 유지되며, 그 선을 이루고 다시 그 선으로 돌아간다. 그러므로 오직 하나님만이 만물의 근원이시다.

모든 것의 근원이신 하나님을 어린아이처럼 의지하며 사는 것이 인간의 진정한 복이다. 스스로 높아지려는 마음이 들 때마다 가슴에 두 손을 포개어 얹자. 그리고 인간으로서 나의 분량을 생각하자. 무한한 우주와 끝없는 시간의 흐름 앞에서 나는 단지 사라지는 존재임을 인정하자. 그럼에도 불구하고 영원하신 하나님과 관계를 맺으며 살아가게 하신 은혜를 기억하자. 허무에 굴복하여 두려워하는 대신 그 허무한 것들을 초월하여 계시는 하나님 때문에 행복해하고, 사라져가는 모든 것들 때문에 슬퍼하는 대신 그것들이 돌아가는 영원 때문에 즐거워하자.

|

… ante omne, quod uel ante dici potest, tu es et deus es dominusque omnium, quae creasti, et apud te rerum omnium instabilium stant causae et rerum omnium mutabilium immutabiles manent origines … (1.6.9).

이전이라 불릴 수 있는 모든 것 이전에 이미 당신은 창조하신 모든 것의 하나님과 주님으로 계시며, 모든 비항구적인 것들의 원인들과 모든 변동될 것의 변동되지 않는 근원들이 당신 앞에 있나이다.

6

자연적 본성과 도덕적 본성

하나님은 인간에게 자연적 본성과 도덕적 본성을 주셨다. 자연적 본성은 자연적 욕구와 관련이 있고 도덕적 본성은 지성적 욕구와 관련이 있다.

동물에게는 자연적 본성만 있으나, 인간 안에는 자연적 본성과 도덕적 본성이 신비롭게 공존한다. 그래서 동물과 달리 인간은 자연적 욕구에 기계적으로 반응하지만은 않는다. 자연적 욕구를 실행함에 있어서는 도덕적 본성의 지시를 받는다. 그리고 여기에서 인간의 자유의지가 개입된다.

자연적 본성은 하나님이 신체의 안전과 번식을 위해 주신 본능이다. 그런데 도덕적 본성이 타락하면 자연적 본성 역시 굽어진 영혼의 명령을 받게 되고, 이로써 커다란 악이 그의 마음과 삶에 나타난다. 신체를 위해 음식을 찾는 자연스러운 본성에서 출발한 욕구가 지나치게 음식을 탐내는 탐욕으로 흐르거나, 안전한 장소를 찾으려는 욕구가 화려한 거처를 마련하려는 물질에 대한 방탕으로 흐르는 것은 이러한 예들이다.

하나님은 당신이 창조하신 세계 안에서 현재적으로 드러난 선함*bonitas*과 아름다움*pulchrum*을 유지하고, 잠재적으로 부여한 선함과 아름다움이 드러나도록, 인간에게 공통의 자연적 본성과 사람마다 각기 다른 자연적 본성을 함께 주셨다. 이로써 하나님의 선함과 아름다움은 인간의 노동을 통하여 문화 속에 드러나게 되었다. 그러므로 다양한 자연적 본성은 사람들마다 서로 다른 재능을 가진 것과 마찬가지로 은사다.

이 자연적 본성은 마음 안에서 끊임없이 도덕적 본성과 결합한다. 도덕적 본성에는 선천적 본성과 후천적 본성이 있다. 이 둘은 구별되지만 나뉘어 작용하지는 않는다. 엄밀한 의미에서 후천적 본성은 선천적 본성이 계발된 것이다. 더욱이 선천적 부패성의 경우, 그것이 드러나는 것을 교육과 환경으로 조절할 수는 있으나 어떠한 경우든 그 부패성을 완전히 없앨 수는 없다.

그러므로 중요한 것은 자연적 본성이 어떠한 도덕적 본성과 만나는지의 문제다. 예를 들어 신중한 자연적 성품이 타락한 자기사랑의 도덕적 성품과 만나면 선악 사이에서 우유부단함으로 나타난다. 이렇듯 도덕적 본성은 선과 악을 지향하는 마음의 기울기를 타고 나타난다. 그래서 도덕적 본성은 '인간의 마음 안에서 악으로 기울거나 선으로 기울어 작용하는 본성'이라고도 말할 수 있다.

어린아이의 순진무구함은 인간 본성의 순수함을 입증하는 것이 아니니, 이는 아직 잠재되어 있는 악한 본성이 '지체의 여림'으로 말미암아 충분히 발현되지 않았을 뿐이기 때문이다. 어린아이가 암상이 나서 악을 쓰고 함부로 욕하며 대드는 것을 '포달'이라고 한다. 아이들이 자기 뜻대로 되지 않는다고 어른에게 포달을 부리는 것을 보면, 인간의 본성이 선천적으로 악하다는 사실을 확인할 수 있다.

운명처럼 어찌할 수 없는 것이 본성이지만, 우리에게 거기에 매여 살지 않을 희망이 있음은 하나님이 우리를 고치시기 때문이다. 악한 자로 태어났으나 선한 자로 고침을 받아 악과 싸우면서 정의로운 삶을 사는 것은 얼마나 탁월한 것인가. 하나님을 의지하며 살아가는 자녀들에게는 나쁜 운명이라는 것이 없다. 왜냐하면 우리를 고치시는 하나님이 가장 절망적인 순간에도 언제나 우리의 삶을 의미 있게 하시기 때문이다.

매일 하나님 앞에서 자신을 돌아보는 거룩한 성찰과 자기

비하의 생활, 주님께 드리는 간절한 기도와 말씀에 대한 깨달음, 성령의 감화와 죄를 죽이는 삶은 우리의 부패한 본성을 죽이는 실천이다. 하나님께서는 우리가 우리의 부패한 본성을 죽이는 것만큼 거듭난 본성인 부활하신 그리스도의 생명을 누리게 하신다.

|

Ita imbecillitas membrorum infantilium innocens est, non animus infantium. … eius uniuersitate atque incolumitate omnes conatus animantis insinuasti … (1.7.11-12).

그래서 어린아이가 순수한 것은 지체의 연약함이지 그의 정신이 아니옵니다. … 그들의 몸체와 안전을 위해 살아 있는 존재의 모든 본능을 넣어두셨나이다.

7
정욕과 필연의 형성

넓은 의미에서 '정욕*concupiscentia*'은 인간의 모든 부패한 욕망의 원천을 가리키지만, 좁은 의미에서는 그릇된 성적 욕구를 가리킨다.

성적 욕구는 정당하게 용인된 경우이든 그렇지 않은 경우이든 지성에 영향을 끼친다. 그릇된 경우에는 양심의 가책과 정죄 의식, 곧 본성의 빛으로 인한 억압과 율법의 판단으로 인하여 더 많은 혼란을 겪고, 영혼의 어두움과 마음의 굳어짐을 경험한다. 경우에 따라서는 육체의 질병까지 얻는다. 용인된 경우의 정욕이라 할지라도, 영혼과 지성에 어두움을 초래한다.

아우구스티누스가 결혼 후에 부부애와 육욕애에 대해 깊이 깨달은 것도 바로 이것이었다. 충동적인 욕망은 필연적으로 지성에 어두움을 가져오는데, 그 욕망이 용인된 것이든 아니든 인간의 영혼에 유사한 영향을 끼친다. 이러한 욕망은 모두 하나님을 향한 순결한 사랑으로 마음이 가득 채워지고, 그 사랑에 의해 지성이 최고의 능력을 발휘하는 원리에 어긋나기 때문이다.

'정욕을 따르는 삶'이란 특별한 죄를 짓기로 결단하는 삶이 아니다. 하나님 앞에 있지 아니한 것 자체가 정욕을 따름이다. 정욕은 살아 있는 생물체와 같아서 한두 가지 개별적인 정욕으로 그 힘을 뻗치기도 하고 구체적인 형상이 없는 두루뭉술한 생각의 상태로 떠다니다가 마음이 쏠리고 육신이 자극을 받는 때를 기다리기도 한다. 인간이 자기 정욕대로 살게끔 방치되는 것은 형통하게 하시는 하나님의 은총이 아니라, 이미 그런 마음을 가진 인간에 대한 심판이다.

한 사람의 마음 안에 형성된 악한 경향성은, 그가 인생에서 만나게 되는 악한 환경과는 비교도 할 수 없을 만큼 훨씬 더 가혹하고 무거운 짐이자 평생 짊어져야 할 형벌이다. 마음에 형성된 악한 습관은 일종의 필연을 형성하여 스스로 자유롭게 선택하면서도 도저히 거스를 수 없는 어떤 힘 안에 그를 가둔다. 그러므로 행복하게 살고 싶은 사람은 그것이 무엇이든지 간에 일평생 바람직하지 않은 경향성에 갇히지 않도록 자기 마음을 지켜야 한다.

인간이 악을 선택하는 것은 곧 선하지 않은 것을 아름답다고 판단하기 때문이다. 선한 것과 아름다운 것은 완벽하게 일치한다. 인간 안에서 발생하는 가치 판단의 착오는 선善과 미美의 불일치에 그 원인이 있다.

미美는 모든 존재의 원리이며 그 정체는 존재와 선의 일치다. 그러므로 존재하되 선과 일치하지 않는 것은 아름다울 수 없고, 아름답다면 반드시 그 존재는 선한 것이어야 한다. 그러나 인간은 이 사실을 올바로 판단하지 못하는데, 그 이유는 두 가지 때문이다. 첫째로 사물의 존재 자체의 결함 때문이고, 둘째로 사물을 바라보는 인간의 자연적 미감과 도덕적 미감의 결함 때문이다.

타락한 인간은 마음에 일어나는 욕망으로 말미암아 흔들리게 마련이고, 이때 선하지 않은 것이 아름다워 보이는 일이 얼마든지 생긴다. 그리고 이로 말미암아 인간은 불행해진다. 그러므로 모든 유혹을 물리치자. 더러운 악으로부터 우리 자신을 지키자. 유혹에 굴복하면 얻을 수 있는 즐거움보다는 절제함으로써 누리게 될 영혼의 행복을 더욱 기뻐하자. 인간의 모든 불행은 그릇된 방법으로 행복해지려다가 겪게 되는 고통이다. 인간이 불행으로 이끄는 욕심에 흔들리지 않는 것은 얼마나 지혜로운가!

매순간 우리 마음 안에 있는 정욕의 크기를 측정하자. 그리고 그것을 죽이기 위해 힘쓰자. 날마다 그리스도 안에서 죄를 향하여 죽자(고전 15:31). 소중한 것을 잃는 안타까운 슬픔으로서가 아니라, 더러운 것을 버리고 거룩해지는 기쁨으로 그리하자.

|

Sed quot et quanti fluctus impendere temptationum post pueritiam uidebantur … (1.11.18).

그렇지만 소년 시절이 지난 후에는 유혹의 물결이 얼마나 많고 얼마나 거셀 것인지가 자명했나이다.

8

음란, 자기사랑의 모상

인간의 음란 역시 삼위일체 하나님을 본뜬 것이다. 심리철학적으로, 나는 음란한 마음의 본질을 '독점적 사랑의 갈망'이라고 생각한다. 즉, 사랑의 대상에게 자신을 독점적으로 구현하려는 도덕적 열망이 육체적 열망으로 표출된 것이 음란淫亂이다. 어떤 사람이 이런 욕구를 한 사람에게 지속적으로 느끼느냐, 여러 명에게 느끼느냐는 심리철학에서 중요한 문제가 아니다. 감정의 본질은 대상이 누구인가 또는 몇 명인가에 따라 달라지는 것이 아니기 때문이다.

삼위일체 하나님의 위격적 관계를 생각해보라. 삼위의 사랑은 독점적인 사랑함이며 또한 사랑받음이다. 삼위는 각각 존재하시나 각 위는 자신의 존재를 서로의 위에 충분히 구현하심으로써 삼위가 동일 본질임을 밝히신다. 삼위는 본질적으로 동일하실 뿐 아니라, 그 동일한 본질 안에서 서로 구별되는 위位가 완전히 구현되므로 셋이면서 또한 하나이시다. 그래서 우리는 세 위격이신 하나님을 결코 '세 하나님'이라 부르지 아니하고 '한 분 하나님'이라고 부른다.

삼위일체 하나님의 위격들 간의 이러한 사랑은 각자 독자적으로 존재의 품격을 지니신 세 위가 다른 위에 자기를 철저히 합치시키는 동시에 다른 위에 의해 자신을 철저히 구현하는 교통이다.

인간의 음욕淫慾은 삼위 간에 이루시는 이러한 교통을 그릇되이 본뜬 것이다. 삼위 중 한 위가 다른 위에게 자신을 확장하고 전개하는 것처럼, 자신을 상대방에게 전개하고자 하는 욕구가 음욕의 실체이기 때문이다. 음욕은 이처럼 본질적으로 상대에게 독점적으로 자신을 구현하고, 자신 안에도 상대방이 온전히 구현되게 하려는 욕구다.

인간이 음욕에 사로잡혀 그것을 실행에 옮길 때에는 서로가 서로에게 심신心身이 무제한으로 흐른다. 물질적인 것은 물론 정신적인 것까지 모든 것이 교통한다. 이 교통이 하나님의 질서에 입각하여 타당성을 지니지 못할 때, 아우구스티누스는 그것을 '정당하지 못한 쾌락'이라고 불렀다.

더욱 놀라운 사실은 삼위의 교통의 본질인 사랑과 생명이 삼위의 교통을 본뜨려 한 인간의 욕망에서 시작된 음욕에도 나타난다는 점이다. 누구의 몸에도 있지 않던 사람의 생명이 새롭게 잉태되는 일이 음욕 없이 일어날 수 없게 하신 것은 얼마나 기묘한 일인가?

인간의 모든 악은 이처럼 삼위일체의 그릇된 모상이다. 인간이 하나님에게서 부여받은 지·정·의로 삼위 하나님 안에서 찾아야 할 것을 하나님 밖에서 찾는 것이 바로 사악이다. 그것은 창조 목적을 거스르는 죄로 이어진다.

하나님이 제시하신 명확한 질서가 있음에도, 그 질서 안에서 인간의 본분을 따라 하나님이 지시하신 것들을 열망하고 사랑하는 대신 자의적으로 하나님 밖에서 열망하고 사랑할 대상을 찾을 때, 그것은 인간을 사악한 욕망에 사로잡히게 하고, 이는 결국 악으로 이어진다. 이것을 가리켜서 아우구스티누스는 '영혼의 외도*fornicatio animae*'라고 불렀다.

영혼의 외도는 인간 존재가 하나님에게 회귀하지 않고는 얻을 수 없는 것을 하나님 밖에서 얻고자 할 때 나타나는 것이니, 이는 결국 그릇된 자기사랑에 빠지는 통로가 된다.

인간이 그릇된 자기사랑 속에 살아간다 할지라도, 이 역시 그가 삼위 하나님 안에 있는 것을 사악한 방식으로 본뜨려 한 결과이니, 이 모든 것은 결국 인간이 어떤 식으로든 하나님을 떠날 수 없는 존재임을 입증하는 것이다. 인간이 아무리 하나님을 멀리하고 적극적으로 악을 행한다 해도, 그것은 그의 의도와 상관없이 그가 자신의 존재의 근원이신 하나님을 그리워하고 그분을 본뜨려 하는 존재임을 보여준다. 그러므로 인간이 하나님을 떠나서는 살 수 없는 존재임을 어찌 의심할 수 있겠는가? 악을 행하는 자의 귀결은 언제나 고통이다(렘 4:18). 우리가 죄를 지어서는 안 되는 이유가 여기에 있다.

|

Non te amabam et fornicabar abs te et fornicanti sonabat undique: 'Euge, euge'(1.13.21).

나는 당신을 사랑하지 않았고, 당신을 떠나 음행하였사옵니다. 이렇게 음행하는 것을 보며, 제 주위에 있는 사람들에게서 소리가 나오기를 '잘했다. 잘했다' 하였사옵니다.

9

내재하는 성향으로서의 죄

본질적으로, 죄는 인간의 마음에 내재하는 성향이다. 그러나 이것은 마음 안에서 일어나는 움직임뿐 아니라 겉으로 드러나는 행동까지 포함한다. 따라서 죄에 대해 이렇게 정의할 수 있다. "작용적 측면에서 죄란 인간으로 하여금 해서는 안 될 일을 하도록 악한 의지를 불러일으키는 일관된 자기사랑의 감화력이다."

아우구스티누스는 죄가 어떻게 인간에게 악한 의지를 불러일으키는지를 설명하기 위해 은혜의 결핍*privatio gratiae*이라는 개념을 제시한다. 다시 말해서 인간이 선을 행하는 것은 하나님의 은혜의 작용 때문이지만, 악을 행하는 것은 자신의 죄된 의지 때문이고, 죄된 의지가 그렇게 발현할 수 있는 것은 하나님의 은혜가 결핍되었기 때문이라는 것이다. 죄의 본성을 지닌 인간에게 악을 행하는 것은 자연스러운 일이다. 그런데 악은 행할수록 더욱 강한 성향이 되어 인간을 죄에 얽매이게 한다. 이것이 바로 아우구스티누스가 탄식한 인간적인 속습俗習의 흐름*flumen moris humani*이다.

아우구스티누스는 죄인이 하나님의 은혜로 말미암아 다시 태어나지 않는 한, 이 흐름을 거슬러 항거할 수 없다는 사실을 분명히 알았다. 그가 기독교 신앙을 설명하면서 회심과 칭의를 강조한 이유도 바로 이 때문이다. 그가 믿음으로 얻는 칭의를 통해 하나님의 주권적 구원의 은혜를 강조했다면, 회심을 통해서는 죄인을 돌이키시는 하나님의 은혜의 힘과 함께 새로운 언약 생활 속으로 들어가는 신자의 의무를 강조했다.

그의 시대에는 칭의와 성화를 명확히 구분할 수 있을 정도로 구원의 교리가 상세하지 않았지만, 회심의 은혜가 지속됨으로써 성화가 이루어진다는 생각은 이미 그때에도 분명했다. 따라서 그가 성화에 대한 견해를 명백히 밝히지 않았기 때문에 이후 가톨릭교회로 하여금 '성사에 참여함으로 거룩해진다'는 미신적인 교리를 받아들이게 했다는 개신교 신학자들의 비난이 과연 타당한지는 면밀히 검토해보아야 한다.

아우구스티누스는 하나님을 향해 선하게 살고자 하는 결심을 실행하지 못하게 막는 큰 힘을 인간 안에서 발견했다. 그것이 바로 죄의 성향이다. 보편적 죄에 대한 성향은 선천적으로 물려받은 것이지만, 개별적 죄에 대한 성향은 신자가 앞서 범한 죄를 통해 형성된다는 사실을 유능하게 논증했다.

개별적 죄의 성향은 보편적 죄의 성향이 약화되지 않을 때 더 활발하고 다양하게 나타나며 추진력을 얻는다. 아우구스티누스는 인간이라면 누구도 죄의 성향에서 완전히 벗어날 수 없다고 보았다. 그래서 하나님의 은혜가 필요하다고 강조했다. 그러므로 하나님의 은혜를 구하자. 오직 하나님의 은혜만이 우리를 그 속된 억압에서 벗어날 수 있게 해주리니, 어린아이처럼 은혜를 간구하자. 사슴이 시냇물을 찾기에 목마른 것같이.

|

Sed uae tibi, flumen moris humani! Quis resistet tibi? Quandiu non siccaberis?(1.16.25)

오, 너 인간적인 속습의 끈덕진 흐름이여, 누가 너를 거스를 수 있겠느냐? 얼마나 오랫동안 그 흐름이 마르지 않겠느냐?

10
지성적 사랑과 육체적 사랑

인간의 내면에서는 두 가지 사랑이 끊임없이 다툰다. 지성적 사랑과 육체적 사랑이 바로 그것이다. 육체의 감각기관에 매이지 않는 지성은 더 정신적이고 영적인 것들을 열망하고, 육체의 감각기관에 매인 욕망은 일시적 만족을 안겨줄 수 있는 감각적이고 물질적인 것들을 열망한다.

육체적 사랑을 통해 누리는 만족은 즉각적으로 얻을 수 있는 것이지만, 지성적 사랑을 통하여 누리는 만족은 오랜 시간에 걸쳐 이성의 활동을 통해 관상하며 기다려야 하는 경우가 많다. 마음으로 좋은 것을 생각한다고 해서 지성의 평화와 안식을 즉각적으로 얻을 수 있는 것이 아니라, 의심의 폭풍과 거짓의 늪과 혼란의 개울을 끊임없이 통과해야 하기 때문이다. 그래서 인간은 가치 있으나 힘든 과정을 거쳐 어렵게 만족을 얻는 지성적 사랑보다는 즉각적으로 즐거움을 안겨주는 육체적 사랑에 쉽게 빠져든다. 그러나 육체적 사랑은 지성을 어둡게 하고 생각으로 하여금 점점 더 허망한 것에 매달리게 함으로써, 인간의 삶에 끊임없는 억압과 고통을 가져온다. 박막의 시간을 누리는 존재가 찰나의 시간 속에 존재하다 사라질 것들을 사랑하려 할 때, 어찌 거기에서 안식을 얻을 수 있겠는가?

사랑의 즐거움에는 언제나 잃어버리고 싶지 않은 두려움이 따른다. 사랑의 대상이 사라지고 나면 그것을 다시 붙잡고자 애태우지 않을 수 없으니, 무상하게 변전하는 사물을 사랑하는 일은 자신의 존재 기반까지 흔들리게 할 수 있는 위험한 일이 아니고 무엇이겠는가. 그러니 변전하는 것을 사랑하는 인생에게 어찌 안정이 있을 수 있겠는가. 그러나 인간은 익숙하지 않은 선을 행함으로 지성적 만족을 누리기보다는 익숙한 악을 행함으로 자기 쾌락에 빠지게 된다.

인간이 바람직한 삶을 살기 위해서는 마음이 하나님이 정하신 질서대로 움직여야 한다. 인간이 죄를 짓는 것은 모두 충동에 의한 것으로, 이것은 정서의 방탕이 가져오는 결과다. 마음의 정서가 억제하는 틀 없이 충동에 좌지우지될 때, 인간의 영혼은 위험해진다.

사람들은 흔히 감성이 풍부함을 자랑한다. 그러나 이성이 하나님을 아는 데 소용이 되도록 창조되었듯, 정서 역시 하나님을 느끼고 사랑하도록 주어진 것이다. 인간이 남들보다 사물 속에 담긴 아름다움을 더 많이 발견하고 더 큰 정동을 경험한다 할지라도 그러한 정서 능력이 하나님의 아름다움을 느끼고 그분을 사랑하는 데 이바지하지 못한다면, 그것이 무슨 유익이 되겠는가?

정욕의 방탕은 자유에 대한 갈망에서 비롯된다. 그리고 인간의 욕망 속에 깃든 자유를 향한 갈망은 하나님이 금하신 법도를 넘나들기 위한 자유다. 하나님이 허락하신 질서 안에서 제공되는 기쁨과는 종류가 다른 크나큰 기쁨이 하나님의 질서 밖에 있을 것이라는 착각이 아담과 하와로 하여금 죄를 짓게 했다. 그들이 죄를 범하여 얻은 자유는 하나님 면전에서 부여받은 떳떳한 자유가 아니었다. 그래서 하나님이 정하신 법을 벗어나 자기의 뜻대로 선악과를 따먹은 자유는 결국 영혼의 속박으로 돌아왔다.

인간의 육체적 사랑과 정서의 방탕함은 모두 영혼의 조화로운 질서가 깨지면서 생긴다. 인간의 진정한 행복은 하나님의 면전에서 그의 지복을 누리며 사는 것이다. 성결한 생활은 인간으로 하여금 하나님을 가까이하게 한다. 그리고 그러한 삶은 하나님을 즐거워하며 사는 행복으로 이어진다. 인간의 참된 행복은 인간이 하나님 앞에서 그분을 향하여 삶으로써 가능해진다. "하나님께 가까이함이 내게 복이라"(시 73:28).

인간이 불행해지는 이유는 복의 근원이신 하나님을 버리고 다른 곳에서 행복을 찾기 때문이다. 진리의 밝은 빛 가운데서는 이런 일이 일어날 수 없기에, 불행은 영혼의 어둠에서 시작된다. 영혼의 어둠 속에서 불쌍한 인간은 지성의 눈멂, 죄의 속임과 강압을 수없이 경험한다. 겸비한 마음으로 그리스도의 십자가를 바라보며 하나님께 나아가야 할 이유가 여기에 있다. 오직 그리스도만이 우리를 거룩하신 하나님의 면전에 세워주실 수 있기 때문이다. 그러므로 그리스도의 십자가를 의지하며 하나님의 긍휼 속에서 사는 신자만큼 행복한 이는 없다.

|

… *nam longe a uultu tuo in affectu tenebroso*(1.18.28).

[그때] 저는 당신의 면전에서 멀리 떨어져 캄캄한 욕정 속에 있었나이다.

11
사랑의 질서

참다운 사랑은 참답게 존재하는 것에 돌려야 한다. 사랑의 감정과 고통의 감정은 밀접한 관계가 있다. 사랑은 사람의 마음에 형성된 영혼의 경향성이다. 그 경향성은 마음의 욕구를 불러일으키는 원인이 되는데, 때로는 이런 경향성이 어떤 생각을 마음의 표면에 떠오르게 하여 정동으로 작용하기도 하는데, 이것이 바로 상상imagination이다. 사랑하는 사람을 잃었을 때 슬피 우는 것은, 마음 안에 그 사람을 향한 사랑의 경향성이 버릇처럼 남아 있는데, 그 경향성을 따라 사랑의 감정을 관계 속에서 드러냄으로써 자신을 구현할 대상이 사라진 데서 오는 고통이다.

그러므로 사람에 대한 사랑은 사랑의 질서를 넘지 말아야 한다. 없어질 것에 연연해하는 것은 모두 비참한 마음의 원인이 된다. 그렇다고 기독교 영성이 스토아학파에서 말하는 아파테이아*apatheia*, 곧 무정념無情念을 추구하는 것은 아니다.

스토아 철학자들의 이상적 인간상은 결코 슬픔과 같은 정념에 휩싸이지 않는 '돌과 같은' 상태다. 그런 상태를 이상으로 삼은 이유는 그것이야말로 그들이 이 세상에 있는 것을 사랑하지 않는다는 사실을 보여주기 때문이라고 생각했다. 그러나 이러한 아파테이아의 영성으로는 창조의 목적을 구현하며 살아갈 수 없다. 왜냐하면 인간은 하나님의 신성의 충만함을 그분에게서 온 사랑과 생명을 가지고 전달하여야 할 존재이기 때문이다.

사람에 대한 과도한 사랑은 자기 자신을 신으로 삼는 것에 다름 아니다. 누군가를 사랑하면서도 그 사람을 잃어버리길 원하는 사람은 아무도 없다. 사랑은 그 대상을 결코 잃어버리고 싶지 않은 마음이다. 원래 사랑은 유한한 존재인 인간을 향해 흘러나오는 경향성이 아니라 영원하고 변함없으며 완전하신 하나님을 향해 흘러나와야 하는 경향성이기 때문이다.

유한한 존재인 인간을 향한 사랑은 상실의 고통을 동반한다. 인간이 세상에서 흘리는 눈물은 대부분 이런 헤어짐의 눈물이다. 죽음이 사랑하는 이들을 헤어지게도 하고, 배신이 사랑하는 이를 빼앗아가기도 한다. 헤어짐에서 비롯된 모든 고통은 아직 사랑함에도 그 대상을 잃은 데서 오는 아픔이다.

그러면 우리는 하나님 이외에는 아무것도 사랑하지 말아야 하는가? 사랑하면서도 그 대상을 잃어버리지 않는 길은 없는가? 하나님을 향한 사랑의 질서 안에서 서로를 사랑할 때 유한한 대상을 향한 우리의 사랑도 영원에 잇대어 의미를 가질 수 있다.

하나님 안에서의 사랑은 개개의 사랑의 대상을 하나로 연결하고, 그 모든 연결을 궁극적으로 하나님과 연결하여 사랑의 목적을 성취한다. 그렇게 사랑할 때 인간은 아무것도 잃지 않는다. 사랑하는 개개의 대상이 모두 사라지거나 우리를 배신해도, 그 대상을 사랑하게 만든 궁극적 대상이신 하나님은 변함없이 사랑하시고 또 사랑받으시기 때문이다. 신자의 삶은 자신이 알지 못하던 대상들을 이 사랑의 질서 속으로 불러들여 사랑의 목적 속에 편입하게 하는 것이다. 이로써 모든 사람이 궁극적으로 하나님을 사랑하게 되는 것이니, 하나님의 나라는 모든 백성이 한 사람도 빠짐없이 하나님을 향한 사랑 안에서 살아가는 나라다.

사랑의 원인은 아름다움이니, 그 아름다움을 발견할 때마다 내가 그것을 발견했다고 생각하지 말고 그것을 발견하게 해주신 하나님에게 감사해야 한다. 그리고 그 아름다움을 지닌 현전現前하는 존재를 사랑하지 말고, 그에게 탁월한 아름다움을 부여하신 하나님을 사랑해야 한다. 아름다움의 원천은 신미神美로서, 우리가 신미를 사랑할 때 비로소 하나님 안에서 아무것도 잃어버리지 않을 수 있다. 그러므로 사랑의 질서는 다음과 같이 정리될 수 있다.

첫째로, 사람은 다른 이에게 사랑받기를 원하고 그에게 사랑할 것을 요구하는데, 사실은 자신도 그 사람에게 궁극적으로 사랑을 받을 대상이 아니고, 그 사람 역시 독자적으로 그를 사랑할 주체가 아니다. 여기에서 끊임없는 이별의 고통이 생긴다. 사람을 향한 사랑이 고통을 야기하지 않으려면, 사랑의 근원이시며 사랑하는 주체와 객체의 원인이 되시고 존재의 목적이 되시는 하나님을 사랑하는 것과 연관된 목적을 가져야만 한다.

둘째로, 하나님의 질서 안에서 사람을 사랑하는 자는 그 사랑이 아무리 커도 아무것도 잃어버리지 않으니, 자신은 물론 그가 사랑하는 대상도 하나님 안에 있기 때문이다.

셋째로, 하나님을 버리는 자는 반드시 그가 사랑하는 것들도 잃어버리게 되니, 하나님을 떠난 사람의 사랑은 찰나의 존재가 찰나의 사물을 사랑하는 것일 뿐이기 때문이다. 그러나 그 누구도 스스로 하나님을 버릴 수는 있을지 몰라도 하나님을 피할 수는 없다.

인간이 하나님의 질서를 따라 사랑할 때는 자신에게 사랑을 베푸시는 화평의 하나님을 만나고, 그 질서를 무시하고 하나님 이외의 것을 사랑할 때에는 진노하시는 하나님을 마주할 뿐이다. 그래서 시인은 이렇게 고백했다. “내가 주의 영을 떠나 어디로 가며 주의 앞에서 어디로 피하리이까”(시 139:7).

육욕은 삶의 중심을 잡지 못하게 한다. 마치 골격을 세우지 않고 진흙만으로 전신상全身像을 만들 때 진흙이 무너져 내리는 것과 같다. 정욕은 우리의 영혼의 맑은 사랑과 솟구치는 육욕을 구분할 수 없게 한다. 그러므로 우리가 지성의 눈멂과 마음의 정욕을 미워하며 부단히 하나님의 말씀을 탐구하자. 그리하여 이제는 어둠을 뿌리치고 빛 가운데 살아가자.

|

… sed exhalabantur nebulae de limosa concupiscentia carnis et scatebra pubertatis et obnubilabant atque obfuscabant cor meum, ut non discerneretur serenitas dilectionis a caligine libidinis(2.2.2).

저의 몽롱하고 어두워진 마음은 육체의 끈적한 욕망과 사춘기의 솟구침이 뿜어낸 안개로 인해 답답하여 사랑의 쾌적한 일기와 욕정의 안개가 구분되지 않았나이다.

12

아름다움과 하나님

아름다움의 원천은 하나님의 아름다움이다. 이 세상에 존재하는 모든 사물의 아름다움은 하나님의 아름다움을 투영한 것에 불과하다.

폴란드의 미학자 브와디스와프 타타르키비츠는 아우구스티누스를 가리켜 '서방교회 기독교 미학의 창시자'라 불렀다. 그는 아우구스티누스의 미학이 세 개의 연원에 빚을 지고 있다고 보았다. 바로 스토아학파와 플로티누스, 그리고 성경의 미학이다.

첫째로, 스토아학파의 미학이다. 제논이 창시한 것으로 알려진 스토아학파는 피타고라스, 헤라클레이토스, 플라톤, 아리스토텔레스, 키케로와 같은 사상가들의 미학 개념을 절충

하여 로마 철학의 미학을 발전시켰다. 스토아학파는 미美의 본질이 심메트리아*symmetria* 곧 비례에 있고, 추醜의 본질은 아심메트리아*asymmetria* 곧 비례의 결핍에 있다고 보았다.

둘째로, 신플라톤주의와 플로티누스의 미학이다. 신플라톤주의 미학은 '단순성의 미학*aesthetics of simplicitas*' 혹은 '빛의 미학'이다. 이는 초월적 일자一者의 아름다움에 관한 미학이다. 20세기의 대표적인 가톨릭 신학자 한스 우르스 폰 발타살이 지적했듯이, 미학적 관점에서 아우구스티누스의 회심을 설명하자면, 그것은 '더 낮은 미학에서 더 높은 미학으로의 개종'이었다. 비례의 관점을 따르는 미학에서 초월적인 단순성의 관점을 취하는 '신神의 미학'으로의 전향이었다. 신플라톤주의의 기초를 확립한 플로티누스는 《엔네아데스*Enneades*》에서 위의 두 미학 전통을 융화시키는데, 회심한 후 이 책을 탐독한 아우구스티누스는 플로티누스의 이러한 미학을 일부 계승했다.

셋째로, 아우구스티누스에게 영향을 끼친 미학은 성경의 미학 사상이다. 아우구스티누스는 성경에서 완전한 '선善'이신 하나님이 창조하신 모든 것이 완전하기에 아름답다는 '범미론*pankalia*'을 발견하여 앞의 두 미학 사상과 조화시킴으로써 기독교의 독특한 미학을 완성했다. 아우구스티누스의 미학 사상은 윤리학의 기초가 되었고, 특히 "선하신 하나님이 창조하신 세상에 어떻게 악이 존재할 수 있는가?"라는 질문에 답하는 신정론神正論의 철학적 토대를 제공했다.

인간의 행복과 불행은 모두 아름다움과 그것에 대한 지각과 관계가 있다. 인간의 내면에서 끊이지 않고 일어나는 사랑의 다툼은 아름다움에 대한 인식 사이의 다툼이다. 인간은 하나님이 아닌 것에서 아름다움을 발견할 때 사랑의 다툼을 경험하고 괴로움과 고통을 겪는다.

인간은 아름다움을 향해 끊임없이 나아가는 존재로서 결국 아름다움의 완성을 무無에서 성취한다. 비록 자신이 발견한 아름다움이 하나님 안에서 하나님이 존재하게 하신 만물을 통해 발견한 것이라 할지라도 하나님의 아름다움 때문에 그 아름다움이 아무것도 아니라는 사실을 깨달을 때 비로소 그의 영혼은 아름답게 된다.

존재하는 것이 아무리 아름다울지라도 그 아름다움이 있게 한 원미原美, 곧 원천적 아름다움을 능가하지는 못한다. 어떤 존재가 그 존재의 아름다움을 있게 한 원原 아름다움을 보여주기 위해서는 하위의 것들의 아름다움은 사라져야 한다. 그러나 이것이 하나님이 창조하신 모든 것이 하나님의 아름다움을 가리는 방해거리라는 뜻은 아니다. 그렇다면 어떤 존재가 지니고 있는 아름다움이 원 아름다움을 드러내기 위해 그 존재가 사라져야 하는 이유는 무엇일까? 그것은 모든 아름다움의 본체라 할 수 있는 하나님의 신미神美가 시공간 안에 있지 않기 때문이다. 가장 아름다우신 하나님은 영원 자체이시기에 시간과 공간 안에 담아낼 수 없다. 인간이 인식하는 하나님의 아름다움은 영원이신 하나님이 당신을 시공간 안에 뻗쳐 구현하신 아름다움을 통해 유추하는 아름다움이다.

밤하늘에 빛나는 별들을 보라. 거리와 근원을 알 수 없는 무한한 우주 안에서 수많은 별이 생겨나고 빛을 발하고 폭발하고 사라진다. 그리고 그렇게 별이 사라짐으로써 생겨난 성운은 또 다른 별을 만들어내는 재료가 된다. 그 별들의 찬란한 변천이 아무리 아름답다 한들 우주가 없다면 그 아름다움을 담아낼 수 없다. 아름다운 별이 생겨났다 사라지는 모든 변천은 궁극적으로 광대무변한 우주의 아름다움을 보여주는데, 하나의 별의 아름다움은 우주 전체의 아름다움에 비견할 수 없는 작은 아름다움에 불과하다. 시공간에 나타났다 사라지는 모든 사물의 아름다움은 영원 자체이신 하나님의 아름다움을 보여준다.

아름다움은 하나님과의 관계 속에서만 존재한다. 그런데도 인간은 어떤 아름다움을 발견하고도 그것을 하나님의 아름다움과 연결시켜 생각하지 못한다. 이는 두 가지 이유 때문이다. 첫째로, 하나님의 아름다움과 사물의 아름다움의 관계를 알지 못하기 때문이다. 둘째로, 사물을 보는 자신 안에 있는 욕망으로 말미암아 미감이 올바르게 작동하지 못하기 때문이다.

인간이 아름다움을 하나님 아닌 것에서 발견하고 그것을 사랑하게 될 때, 필연적으로 괴로움과 고통이 따른다. 인간은 하나님이 아닌 다른 대상에게서 아름다움을 발견할 때, 즉시 그 아름다움의 원천이신 하나님의 아름다움을 생각해야 한다. 하나님과 피조물 사이의 존재론적 관계와 자연과학적 법칙을 이해하면, 그 두 아름다움의 관계를 추론하는 데 도움이 된다. 이렇게 할 때 사람은 피조물 속에서 아름다움을 발견하더라도 피조물 자체를 사랑하거나 피조물에 대한 욕망에 영혼이 속박되지 않고, 하나님을 향한 사랑이 더 풍성해지는 것을 경험한다.

사물에는 우등한 미와 열등한 미가 있다. 그리고 그것은 하나님과 얼마나 가깝고 다른 사물과 얼마나 잘 어울리느냐가 좌우한다. 다른 사물과 조화를 이루고 하나님과 가까울수록 사물은 더 우등한 아름다움을 소유한다. 만약 어떤 사물이 하나님과 매우 가까이 있음에도 다른 사물과 조화를 이루지 못한다면, 그것은 주위 다른 사물이 하나님의 질서를 반영하고 있지 않기 때문이다. 이때 특정 사물의 아름다움에 대한 하나님의 판단과 인간의 판단은 현격한 차이를 보일 수밖에 없다.

인간의 불행은 참으로 선한 것을 좋아하는 대신 겉보기에 선한 것을 좋아하고, 참으로 아름다운 것을 사랑하기보다는 겉보기에 아름다운 것에 마음이 끌리는 데서 비롯된다. 이로써 인간은 자주 하나님과 다투고 하나님을 버린다. 매순간 우리의 눈에 좋아 보이고 마음에 기뻐 보이는 것들을 부인해야 할 이유가 여기에 있다. 수없이 많은 사물이 욕망으로 우리의 마음을 출렁거리게 할 때 그것들이 가져다주는 표상에 사로잡히는 대신 영혼의 상태를 헤아리는 일은 얼마나 중요한가! 날마다 더 많이 하나님을 사랑하자. 그래서 이 세상이나 세상에 있는 것들이 주는 어리석은 유혹에서 우리 자신을 지키자.

|

Et uita, quam hic uiuimus, habet inlecebram suam propter quendam modum decoris sui et conuenientiam cum his omnibus infimis pulchris(2.5.10).

여기서 우리가 살아가는 인생은 어떤 고유한 영광의 자태 때문에 자체의 매력을 가졌으며 모든 열등한 아름다운 것과의 조화도 갖추었사옵니다.

13

도덕과 하나님의 모상

하나님이 정위하신 존재론적 질서에서 이탈하여 자의적으로 자신의 위치를 다시 정하는 것이 교만이다. 그러므로 스스로 높아지는 것도 교만이지만, 자기를 비하하는 것도 교만이다. 이는 교만이 자신의 판단을 하나님의 판단보다 더 권위 있게 받아들이는 것이기 때문이다.

높아지려는 인간의 교만은 삼위일체 하나님의 모상이다. 만물 위에 뛰어나시고 가장 높으셔서 그 위에 존재하는 것이 아무것도 없으신 분으로서, 만물의 높임을 받으시나 사실은 그 무엇으로도 더 이상 높아지실 수 없는 하나님의 완전한 상태를 본뜨려는 것이기 때문이다.

인간은 하나님을 본뜨는 삶을 살 수 밖에 없는 존재다. 심지어 하나님 없이 살고자 하는 인간의 악함도 하나님의 독립성을 본뜨려는 것이 아닌가? 인간과 세계는 자신의 의지와는 상관없이 자신들의 존재의 근원이신 하나님을 본뜬다. 참된 선이고 진리이고 아름다움이신 하나님을 지성의 오해와 의지의 오용으로 잘못 본뜨려 하는 데서 인간의 모든 악이 생겨난다. 그리고 이로써 하나님이 창조하신 이 세계가 더럽혀진다.

인간은 하나님을 떠나 살 수 없는 존재다. 도덕道德은 인간의 어떤 행동이나 마음의 움직임에 대한 객관적인 평가 근거나 기준을 가리키는 도道와 그 기준에 합치하는 인간 영혼의 주관적인 힘을 가리키는 덕德으로 이루어진 단어다. 따라서 도덕은 객관적 기준과 그 기준에 부합하는 주관적 상태를 함께 의미한다. 선한 인간은 하나님을 올바르게 본뜨고, 악한 인간은 그릇되게 본뜬다.

인간의 도덕적인 행동은 하나님을 비교적 올바르게 본뜬 것이고 부도덕한 행동은 그릇되게 본뜬 것이다. 그러므로 인간이 도덕적이거나 부도덕하다는 사실을 고려하면, 인간은 피할 수 없이 하나님을 본뜨는 존재임을 알 수 있다. 하나님을 멀리 떠나 그분의 간섭 없이 살고자 하는 반역조차 독립적으로 존재하시는 하나님의 존재 방식을 본뜨는 것이니, 악하게 본뜨는 자는 진노하시는 하나님을 만나고 선하게 본뜨는 자는 자비로우신 하나님을 뵈옵는다.

죄는 하나님 없는 모든 사고방식과 관련된다. 자신의 존재를 온 우주의 중심으로 생각하고 자신의 행복을 최고의 가치로 여기는 것이 죄다. 그리함으로써 인간은 자신을 포함한 만물에 대하여 하나님이 정하신 존재 및 가치 질서를 전복하고 자신이 행복해질 것이라고 믿는 질서를 세우기 때문이다. 그리고 그 질서의 맨 꼭대기에 하나님 대신 자신을 두고자 하기 때문이다. 이처럼 죄의 궁극적인 목표는 인간 자신이 모든 질서의 최종적인 목적이 되는 것이며 자신이 생각하는 질서를 가능한 넓게, 그리고 확고하게 세우는 것이다. 인간은 자신이 그 모든 사물들의 주인임을 확인하는 데서 만족을 얻는다. 이것이 바로 자기사랑의 확장이니, 그리스도가 십자가에서 죽으실 때 대속하셔야 했던 인류의 죄의 정체다.

예수 그리스도께서는 우리에게 누구든지 당신을 따라오려거든 자기를 부인하라고 말씀하셨다(마 16:24). 우리는 매순간 어리석음에 빠져 죄의 유혹에 속고 선한 의지를 잃어버린다. 이전의 탁월한 신앙이 오늘의 신실한 삶을 보장하지는 않는다. 매순간 좋으신 하나님을 의지하자. 아침마다 새롭고 성실하신 하나님을 간절히 바라자(애 3:23).

I

… ecce species nulla est: non dico sicut in aequitate atque prudentia, sed neque sicut in mente hominis atque memoria et sensibus et uegetante uita, neque sicut speciosa sunt sidera et decora locis suis et terra et mare plena fetibus, qui succedunt nascendo decedentibus; non saltem ut est quaedam defectiua species et umbratica uitiis fallentibus(2.6.12).

보소서. 거기에는 어떠한 아름다움도 없나이다. 정의나 명철에 있는 아름다움은 고사하고 인간의 마음과 기억과 감각과 활력적인 생명에 있는 아름다움도 없으며, 각자의 궤도에서 빛나는 별들과 죽어가는 것들을 대신하기 위하여 이 세상에 태어난 젊은 생명으로 가득한 땅과 바다의 아름다움도 없으며, 심지어 기만적인 악의 그늘지고 결함 있는 미조차도 없나이다.

14

사랑과 진리

세상의 것을 사랑하는 일의 비참함은 찰나를 살고 사라져 가는 것에 마음이 뿌리를 박고 생명의 근원으로 삼고자 하는 데 있다. 인간을 향한 사랑도 마찬가지다.

인간에게 아름다움을 주신 것은 우리로 아름다움을 지닌 그 사람을 사랑하게 하기 위함이 아니라, 그 사람 안에서 아름다움의 근원이신 하나님을 발견하고 사랑하게 하기 위함이다. 그래서 그릇된 사랑에는 안식이 없다.

육체의 욕망을 따라 사는 자는 비록 신자라 할지라도 육체의 감각 안에서 전달되는 사물의 인상들에만 집착한다. 그래서 사물 전체를 사랑하지 못하고 일부만을 향유한다. 세상 사람들이 어떤 대상에게 지독하리만치 열렬히 끌리다가 너무나 쉽게 싫증을 느끼는 것도 바로 이 때문이다. 육체의 감각 안에서 사물의 일부만을 향유하기에 그 아름다움을 지속적으로 누리지 못하는 것이다.

모든 인간은 사랑하고 싶어 하고, 또 사랑받고 싶어 한다. 사랑하고 사랑받는 것이 행복에 이르는 가장 중요한 조건이라는 사실을 모르는 사람은 아무도 없다. 그러나 인간은 종종 사랑 때문에 불행해진다. 사랑 자체는 영원히 가치 있고 소중한 것이나, 인간의 사랑이 모두 영원하고 가치 있는 것은 결코 아니다.

진리 위에 굳게 서 있지 않는 한, 인간의 사랑은 도리어 불행의 씨앗이 된다. 이는 사랑이라는 감정이 사랑의 질서까지 형성하지는 못하는 까닭이다. 오히려 사랑의 질서는 사랑의 감정이 아니라 지성에 의해 형성되는 것이니, 지성이 진리의 빛 아래 있지 않을 때 인간의 마음속에 일어나는 사랑의 욕망은 오만해질 수밖에 없다. 그리하여 인간은 사랑으로 말미암아 오히려 더 불행해진다.

마음의 정념情念이 고르지 못하면, 인간의 마음은 육신적 쾌락의 샘이 되고, 이로 말미암아 인간은 죄를 짓는다. 인간의 마음은 영혼이 진리의 빛 아래에 있을 때에만 명정함과 질서로움을 유지할 수 있다. 따라서 진리의 빛이 비치는 곳에만 참된 사랑이 있다. 온전한 마음 없이는 올바르게 한 대상을 사랑할 수 없기 때문이다.

인간의 학문과 사물에 대한 지식은 하나님과 모든 피조물 사이에 존재하는 아름다움의 연관성을 보여준다. 또한 이 세상에 존재하는 두 개의 질서, 곧 자연 질서와 도덕 질서를 볼 수 있게 한다. 하지만 이런 깨달음이 참으로 하나님을 더 알아가는 데 이바지하는 지식이 되려면, 지식을 탐구하는 자신이 하나님을 향한 경외심과 사랑에 붙잡혀 있어야 한다.

사욕의 노예가 된 상태로는 아무리 학문이나 사물에 대한 이해력이 뛰어나도 그것으로 하나님을 더 알아갈 수 없고, 따라서 더 행복해질 수도 없다. 비록 사물의 이치에 대해 아는 바가 적고 이해력이 부족해도 어린아이처럼 하나님을 믿고 따르는 사람이 궁극적으로 더 행복하다. 신자의 참된 행복은 행복에 이르는 수단을 소유하는 데 있지 않고, 실제로 그것을 누리며 사는 데 있기 때문이다.

하나님에게 가까이 가고자 하는 사람들은 누구나 하나님의 사랑과 자비를 경험하지만, 경험의 정도와 깊이는 모두 다르다. 하나님의 자비와 사랑을 가장 풍성하게 경험하는 사람은 하나님에게 회귀하는 사람들이다. 그 이유는 두 가지다. 첫째로, 하나님은 당신에게 대항하며 살던 사람이 돌아오는 것을 그 무엇보다 기뻐하시기 때문이다. 둘째로, 그렇게 하나님에게 전향하는 사람들은 자신이 살아온 삶의 사곡邪曲함으로 말미암아 하나님의 사랑으로부터 아주 많이 소외되어 있었기 때문이다.

하나님 이외의 모든 것은, 아무리 보편적으로 좋은 것으로 인정받는 것이라 해도, 지나치게 탐닉하면 도리어 자신과 이웃을 불행하게 한다. 아무리 많이 사랑해도 우리의 영혼에 아무런 해가 없고, 우리의 존재를 더욱 아름답게 할 뿐 아니라 이웃까지 행복하게 하는 사랑은 오직 하나님 사랑뿐이다. 사랑함으로써 우리에게 질병과 같은 악을 남길 사랑은 부디 하지 말자. 하나님의 약속을 의심하여 시험에 들지 말자. 하나님을 사랑하는 것이 곧 우리의 행복임을 굳게 믿자. 그리고 거기에 우리의 마음을 두자.

|

... sed neque blandius est aliquid tua caritate nec amatur quidquam salubrius quame illa prae cunctis formosa et luminosa ueritas tua(2.6.13).

당신의 사랑보다 더 부드러운 것이 없고, 모든 것 앞에서 빛나는 아름다운 당신의 진리보다 더 유익한 것은 아무것도 없나이다.

15

영혼의 외도

'외도外道'는 정한 도리 바깥에서 이루어지는 일, 또는 그러한 일을 하고자 하는 욕망을 가리킨다. 하나님이 인간에게 다른 피조물에게는 없는 영혼을 주신 것은 영혼의 작용을 통해 하나님과 인간, 자기 자신과 세계를 알게 하기 위함이었다. 그리하여 인간의 영혼은 지성과 의지로 육체의 삶을 지도하고 하나님과 이웃, 자기 자신 및 자연 세계와 올바른 관계를 맺어간다.

인간의 모든 창조적 행위는 영혼의 존재와 작용에 힘입은 것으로, 영혼은 진리의 빛 아래 있을 때 가장 고르고 맑은 상태를 유지한다. 따라서 영혼의 외도는 인간이 하나님에게 돌아가지 않고는 얻을 수 없는 것을 하나님을 떠난 채 추구하고, 하나님 안에서만 얻을 수 있는 것을 하나님 밖에서 찾고자 할 때 일어난다. 스스로 이러한 길로 나아갈 때 인간의 영혼은 그 '고름eveness'을 상실하고 조화로운 상태에서 벗어난다. 그리고 이렇게 영혼이 '고름'을 상실할 때, 하나님을 알고 선악과 미추를 판단할 수 있는 영혼의 고등한 기능은 감각을 따라 욕망을 작동시키는 하등한 기능에 굴복하고 만다.

아우구스티누스에게 영혼의 외도外道는 하등下等한 정신의 기능이 본래 자신의 고유한 역할을 수행하는 데서 이탈하여 육욕에 굴복함을 의미한다. 영혼의 기능이 육욕에 지배될 때 인간의 마음은 정욕을 따라 사악한 삶을 살기에 적합해진다. 이러한 상태가 된 인간에게는 맑은 정신과 깨끗한 마음이 없으며, 거기서 비롯되는 희락도 없다. 그 모든 것은 하나님 안에 있는 것이기 때문이다. 하나님을 등지고 살아가는 인간이 하나님 안에서나 누릴 수 있는 행복과 희열을 누리려 할 때, 그는 필연적으로 거룩함이 아니라 방탕함을 좇게 마련이다. 그리고 그것이 그 사람의 영혼으로 하여금 외도에 빠지게 한다.

인간이 사악한 방식으로 하나님을 본뜨려 하는 것, 그것이 곧 악이다. 그러나 이런 악마저도 인간이 하나님의 모상임을 입증하는 것이다. 그러므로 하나님을 가장 멀리 떠난 영혼의 외도는, 역설적으로 그가 행하는 악을 통해 인간이 결코 하나님을 떠날 수 없는 존재임을 입증하는 셈이다. 인간이 하나님을 떠나 어디로 갈 것인가?(시 139:9) 어느 곳에 숨은들 하나님이 찾지 못하실 곳이 있겠는가. 하나님을 표독스러우리만치 미워하며 멀리 떠나도, 우리는 여전히 하나님의 품 안에 있다.

영혼의 하등한 정신이 고등한 기능을 지배하지 못하게 하자. 우리의 마음이 하나님의 질서를 기뻐하며 따르게 하자. 그리하여 하나님이 우리에게 원하시는 바가 우리에게도 즐거움이 되게 하자. 우리가 이 세상에 살아 있는 것이 티끌만큼이라도 하나님께 영광이 되게 하자. 그리고 우리로 인하여 기뻐하시는 하나님 안에서 우리도 행복해지자.

|

Ita fornicatur anima, cum auertitur abs te et quaerit extra te ea quae pura et liquida non inuenit, nisi cum redit ad te(2.6.14).

이처럼 당신에게로 돌아감이 없이 당신에게서 멀어지고, 순수하고 깨끗한 것을 당신 밖에서 추구할 때 영혼은 외도에 빠지게 되옵니다.

16

죄와 자아의 분리

사물에 대한 인간의 자기결정성과 독립적 주체성은 인간을 다른 피조물과 구별하는 가장 뛰어난 특징이자 영광이었다. 그러나 인간이 범죄하고 하나님을 떠나자, 인간을 가장 영광스럽게 하던 특징이 불안과 속박의 원인이 되었다. 그러므로 실존 철학자들이 인간 불안의 기원을 자유에서 찾은 것은 나름대로 타당성이 있다.

아무리 극악무도한 인간이라고 해도 죄를 범할 때 내적 갈등이 전혀 없을 수 있을까? 그리스도인의 경우에는 죄를 범할 때 내적 갈등이 더욱 가중된다. 죄의 유혹을 받을 때 그리스도인은 자신의 마음 안에 두 자아가 있는 것을 경험한다. 그래서 사도 바울은 탄식하며 그 경험을 토로했다. "그러므로 내가 한 법을 깨달았노니 곧 선을 행하기 원하는 나에게 악이 함께 있는 것이로다. 내 속사람으로는 하나님의 법을 즐거워하되 내 지체 속에서 한 다른 법이 내 마음의 법과 싸워 내 지체 속에 있는 죄의 법으로 나를 사로잡는 것을 보는도다. 오호라 나는 곤고한 사람이로다. 이 사망의 법에서 누가 나를 건져내랴"(롬 7:21-24).

마니교에 빠졌던 아우구스티누스처럼 스스로 죄를 범하면서 자기를 둘로 갈라놓고 자기가 아닌 또 다른 무엇이 그 죄의 주체인 것처럼 여기는 것은 잘못된 생각이다. 이것은 의지가 어느 한 쪽으로 완전히 기울지 않은 데서 오는 자아 분리 현상이다. 옛 본성도 자아고, 새로운 본성도 자아다. 이 둘의 싸움은 지상에서는 결코 끝나지 않는다. 싸움의 승기가 새로운 본성으로 완전히 기울 때, 인간은 하나님 한 분을 향하여 정향하는 삶을 살게 된다.

어떤 선한 일을 행하거나 악한 일을 행할 때, 자기 안에 그것을 반대하는 또 다른 자아가 있는 것처럼 느껴지는가? 그것이 바로 복합 의지 현상이다. 이때 우리가 기억하여야 할 것은 두 의지의 주체가 모두 나 자신이라는 사실이다. 복합 의지, 즉 자아가 분리되는 것 같은 경험은 우리가 하나님이 창조하신 본래의 올곧음과 전일성全一性을 잃어버렸음을 보여준다. 이는 죄로 말미암은 것이며, 여기서 우리는 다음과 같은 두 가지 결론에 도달하게 된다. 첫째로 인간이 불완전한 존재라는 것이고, 둘째로 죄로 말미암아 인간이 자아조차 하나 되지 못하고 분리되는 존재가 되고 말았다는 것이다. 이제 인간은 자신조차 신뢰할 수 없는 모순 속에서 살게 되었으니, 인간의 모든 고단함과 괴로움이 여기에 있다.

하나님은 죄인을 고치실 때 은혜를 사용하신다. 그러나 그 은혜가 인간에게 항상 기쁨을 주지는 않는다. 어떤 진수성찬도 미각이 사라진 사람에게는 곤혹스러움일 뿐이요, 아무리 입에 단 음식도 위가 고장 난 사람에게는 속을 쓰리게 하는 물질일 뿐이다. 선하신 하나님이 사랑으로 베푸는 은혜가 인간에게 고통이 되는 것은 그의 영혼이 망가져 있기 때문이다. 영혼이 망가지고 마음이 헝클어진 사람에게 진리는 상처에 바르는 약과 같아서, 하나님의 말씀이 닿을 때 통증을 느끼게 마련이다. 그러나 은혜의 작용으로 망가진 것이 고쳐지면, 진리에 대한 미각이 회복되어 그토록 피하고 싶어 하던 하나님의 영광의 광채를 헐떡이며 찾게 된다.

참으로 행복한 사람은 하나님을 아는 사람이다. 따라서 행복을 지키는 길은 하나님을 아는 지식에서 자라가는 것이다. 죄와 거룩함은 전이轉移의 특성이 있다. 인간의 사악한 행동이나 거룩한 생활은 사람들과의 사귐을 통해 증진되거나 약화될 수 있다. 그래서 시인이 악인들을 멀리했다. "나는 주를 경외하는 모든 자들과 주의 법도를 지키는 자들의 친구라"(시 119:63).

맑은 생수로 해갈을 경험한 사람은 더 이상 구정물을 찾지 않는다. 하나님 안에서 은혜 때문에 행복해본 사람은 죄와 불순종이 주는 기쁨에 속지 않는다. 그러한 기쁨은 참된 기쁨이 아니라 거짓된 기쁨이기 때문이다. 모든 기쁨은 기뻐하는 자신에게서 시작된다. 그러므로 우리가 죄를 기뻐하는 것은 곧 영혼이 망가진 상태에 있음을 보여준다.

하나님 이외의 다른 것에서 기쁨을 구하지 말자. 우리의 참된 만족은 오직 하나님께 있으니, 아무리 많이 누려도 후회하지 않을 그런 기쁨을 얻기 위해 우리의 마음을 쏟자.

Sed quoniam in illis pomis uoluptas mihi non erat, ea erat in ipso facinore, quam faciebat consortium simul peccantium(2.8.16).

그러나 저의 즐거움은 훔친 과실들에 있지 않았으니, 오히려 그것은 그 죄에 함께 참여한 다른 사람들과 무리 지어 함께 저지른 저의 범행 자체에 있었사옵나이다.

17

견고함과 영적 생명

인간은 육체와 영혼으로 이루어졌기에 이중의 생명을 필요로 한다. 바로 육체의 생명과 영혼의 생명이다. 영혼의 생명을 가리켜 영적 생명*vita spiritualis* 혹은 영원한 생명*vita aeternae*이라고도 부른다. 이는 그 생명의 근원이 영원하신 하나님에게서 왔고, 불멸할 영혼의 생명이기 때문이다.

생명은 '창조되지 않은 생명*vita increata*'과 '창조된 생명*vita creata*'으로 나눌 수 있다. 창조되지 않은 생명은 오직 하나님뿐이고, 모든 피조물은 창조된 생명이다.

창조된 생명은 기원뿐 아니라 유지에 있어서도 창조되지 않은 생명을 힘입는다. 창조되지 않은 생명은 삼위일체 안에 있는 사랑의 교통의 본질이다. 사랑의 교통으로 말미암아 하나님의 선이 피조물에게 끊임없이 베풀어지고, 이로써 창조 세계가 창조의 계획대로 존재하고 작용한다.

삼위일체 안에 있는 하나님의 생명의 본질을 꿰뚫어볼 수 없는 것처럼, 피조물 안에 있는 생명도 우리로서는 파악할 수 없다. 생물학이나 의학도 생명 현상을 연구할 뿐이지 생명의 본질에 대해서는 탐구하지 않는다. 마치 신학이 하나님의 속성의 나타남에 대해 탐구할 뿐 하나님의 존재의 본질에 대해서는 거의 탐구하지 못하는 것과 같은 이치다.

피조물의 생명은 초자연적 생명과 자연적 생명으로 구분된다. 자연적 생명은 인간의 육체를 비롯한 생명체들의 생명이고 초자연적 생명은 인간의 영혼의 생명이다. 생명 자체는 분석이 거의 불가능하고 설명도 할 수 없지만, 그 특성은 현상을 통해 희미하게나마 파악할 수 있다. 자연적 생명의 현상적 특징 중 특히 중요한 것은 다음 세 가지다.

첫째로, 생명의 전사轉寫다. 전사는 생명체가 끊임없이 자신을 닮은 개체를 생산하여 그 안에서 자기를 재현하는 것을 말한다. 생명체는 생육과 번성을 통하여 자신의 종자를 퍼뜨림으로써 그들 안에서 종種의 생명을 계속 이어간다.

둘째로, 생명의 변양變樣이다. 변양은 생명체가 자신의 존재를 유지·보존하기 위해 외부 환경에 맞춰 끊임없이 자신을 조정하고 변화시키는 것으로, 흔히 적응이라고도 한다. 이러한 작용을 통하여 자신의 생명의 안전을 도모하고 끊임없이 환경에 적응해감으로써 종족을 보존한다.

셋째로, 생명의 신진대사metabolism다. 생명체는 자신 안에서 신진대사를 함으로써 생명을 유지한다. 신진대사는 생명체가 스스로 자신을 지탱하고 있는 것처럼 보이게 하지만, 이것은 생명을 물질의 차원에서만 본 것이다. 생명은 물질로서 전부 설명되지 않는다. 오히려 그 본질이라 할 수 있는 관계의 고리는 물질적인 차원을 넘어선 영적인 연결 고리 안에 존재한다. 그러나 그것은 과학으로 파악할 수 없는 영역이다. 더 이상의 상위의 연결 고리 없이 스스로 존재하는 생명은 오직 하나님의 생명이고, 이것이 바로 하나님의 자존성aseity의 근거다.

영혼의 생명은 하나님의 생명에 의해 초자연적인 방식으로 유지된다. 신자의 영적 생명은 하나님의 다양한 속성을 자신의 삶과 인격 속에 드러내는 영혼의 힘으로서, 인간은 영적 생명을 힘입어 사랑과 정의를 비롯해서 도덕적 완전함을 추구한다. 따라서 신자의 견고한 삶은 충만한 영적 생명에 의해서만 가능하다고 말할 수 있다.

인생의 행복은 그가 영적 생명을 소유했느냐 여부에 달려 있다. 이 세상에 사는 동안 인간은 수많은 상황에 부딪힌다. 그리고 그중 대부분은 우리가 기대한 것과는 다르게 전개된다. 만약 인생이 자신의 의도대로 되지 않을 때마다 마음이 요동친다면, 어찌 행복할 수 있겠는가? 인생의 행복이 영원한 생명이 아니라 이 세상 사물들의 우연한 질서에 달려 있다면, 그 삶에 어찌 안정이 있겠으며 안정 없는 삶에 어찌 쉼이 있겠는가?

오직 하나님만이 순결한 아름다움이시니, 그분에게만 완전한 사랑이 있고 그 사랑 안에만 불변하는 생명*vita immutabilis*이 있다. 그리스도는 우리를 이 생명에 접붙여져 살아가게 하시려고 십자가에서 고난을 당하셨다. 그리스도의 죽음은 신자의 생명이 되었다. 그분의 죽음으로써 이루어진 하나님과의 교통의 본질은 생명과 사랑이다. 교회의 본질은 그리스도와의 연합이며 그 연합을 통해 신자들에게 생명이 부어진다. 이 생명이 그리스도의 교회에 넘치기를 기도하자.

|

Quies est apud te ualde et uita imperturbabilis(2.10.18).

안식과 평정한 삶은 놀랍도록 당신과 더불어 있사옵니다.

part 2

없어질 것을 열애함

18

정서의 미끄러짐

사람들은 흔히 인격의 세 요소로 지성, 감정, 그리고 의지를 이야기한다. 그러나 의지는 욕구 없이 작용하지 않으니 감정의 움직임은 그 자체로 이미 의지에 속하는 것이다. 그러므로 엄밀한 의미에서 인간은 지성과 의지를 통해 자신의 독립된 인격성을 드러내고 타자와 구별된다.

인간의 마음에 일어나는 다양한 감정, 또는 그 감정을 불러일으키는 작용을 우리는 정서라고 한다. 정서 능력이 클수록 더 많은 정동을 경험한다. 정동 자체는 중립적인 것으로, 선도 아니고 악도 아니다. 새로운 경치를 보기 위해 멀리 여행을 떠나는 것은 정동을 경험하기 위해서다.

인간의 마음은 끊임없는 정동의 경험을 추구한다. 자신이 불행한 상황에 처하기를 원하지는 않지만, 비극 연기나 슬픈 노래에서 비장미悲壯美를 찾는 것은 다양한 정동을 경험하려는 욕구가 본성 안에 있기 때문이다.

인간은 불행이나 비극 자체를 좋아하지는 않지만, 비감한 정동은 경험하고 싶어 한다. 그러나 지성이 하나님을 아는 데 사용되어야 하듯, 정서 또한 하나님과 세계의 아름다움을 느끼고 사랑하는 데 기여해야 한다. 다른 사람보다 다양한 정동을 경험할 수 있는 능력이 있을지라도 그것을 올바로 사용하지 않는다면 무슨 유익이 있겠는가? 정서가 미끄러지면, 우리는 영원하고 참된 아름다움을 떠난 시름까지도 사랑하고 만다. 그러나 시름은 우리의 영혼에 염증을 일으켜 피고름을 내는 손톱자국과 같다. 이처럼 미끄러진 정서는 가치 없는 것을 욕망하는 데 생명을 소모하게 한다.

하나님 없는 설움에 잠김으로써 삶의 위안을 얻으려 하는 인간은 얼마나 어리석은가? 영혼의 안식은 세속의 즐거움에 출렁거리는 정동을 통해서 얻어지는 것이 아니다. 진리가 없는 그곳에 어찌 안식이 있겠는가? 진리가 우리의 마음속에서 모든 사물의 가치와 존재의 질서를 배열하여 정돈시켜주지 않는다면, 어디서 우리의 영혼이 안식을 얻을 수 있겠는가? 사람들은 삶의 안식을 구하며 자연을 찾기도 하고, 자신이 하는 일을 잠시 떠나기도 한다. 그러나 진리와 그것에 반응하는 인간 영혼의 올바른 반응이 없다면, 어디서 안식을 찾을 것인가? 매순간 마음을 기울여 기도하자. 우리의 두 눈이 진리를 찾아 빛나도록, 우리의 마음이 그 진리대로 살기 위해 모든 것을 버리기까지 헌신하도록.

|

Quid autem mirum, cum infelix pecus aberrans a grege tuo et impatiens custodiae tuae turpi scabie foedarer? Et inde erant dolorum amores, non quibus altius penetrarer - non enim amabam talia perpeti, qualia spectare - sed quibus auditis et fictis tamquam in superficie raderer(3.2.4).

무엇이 이상한 일이겠나이까? 당신의 양떼와 목양 받음에서 떨어져 나와 길을 잃은 한 마리 짐승이 불행하게 되고 더러운 옴에 감염된 것이 말이옵니다. 슬픈 연극에 대한 저의 사랑은 그것들에 의해 더 깊이 상처를 입으려는 경향에서 비롯된 것은 아니었사오니, 이는 보고 싶어 하기는 했어도 저 자신이 그 상처를 그대로 겪고 싶어 하지는 않았기 때문입니다.

19

지혜에 대한 사랑

모든 인간이 한결같이 죄와 욕망에 눈이 먼 것은 아니다. 하나님이 인간의 방탕한 마음을 욕망대로 움직이도록 방치하셨다면, 이 세상은 무질서와 폭력으로 가득했을 것이다. 그러나 하나님은 인간의 본성 안에 신적 질서에 대한 인식을 심으셨다. 그래서 인간은 스스로 선악을 판단하고 선으로부터 멀어졌을 때 양심의 고발과 율법의 정죄를 경험한다.

하나님을 사랑하지 않는 사람이라 할지라도 그의 마음에는 본성의 율법인 양심이 새겨져 있어서 양심에 거리낌이 없을 때에야 비로소 평안할 수 있다. "율법 없는 이방인이 본성으로 율법의 일을 행할 때에는 이 사람은 율법이 없어도 자기가 자기에게 율법이 되나니 이런 이들은 그 양심이 증거가 되어 그 생각들이 서로 혹은 고발하며 혹은 변명하여 그 마음에 새긴 율법의 행위를 나타내느니라"(롬 2:14-15).

외국에는 범죄자에게 인문학을 가르쳐서 새로운 인생을 살게 하는 프로그램이 있다고 한다. 죄와 방탕에 탐닉하는 삶을 사는 데도 상당한 분량의 정신과 마음의 에너지가 필요하다. 인간에게는 이런 에너지조차 무한하지 않기에 미친 듯이 정욕과 방탕을 좇다가도 이내 지치고 만다. 이렇게 지친 마음을 쉬게 해주는 것은 또 다른 악한 유혹이 아니라 '선'을 향한 정신의 끌림, 즉 지혜와 아름다움에 대한 사랑이다.

예술이 비범한 이유는 우리의 영혼과 정신에 미치는 작용 때문이다. 헤겔은 철학을 '진리에 대한 인식 경험'으로, 예술을 '진리에 대한 감각 경험'으로 보았다. 여기서 헤겔이 말하는 진리는 객관적인 질서를 가리킨다. 그것을 인간의 관념 안에 내재하고 있는 질서에 대한 감각으로 붙들 때에 진리가 경험되는 것이다. 도덕적인 질서는 철학을 통해 인식으로 경험되고, 자연적 질서는 예술을 통해 감각으로 경험된다. 진리와 아름다움은 하나의 실체의 다른 국면이라고 할 수 있다.

진리가 아름다움의 철학적 국면이라면, 아름다움은 진리의 미학적 국면이다. 같은 방식으로 선은 진리와 아름다움의 윤리학적 국면이라고 말할 수 있다.

육욕을 따르는 인간의 마음은 욕망하는 대상에서 참됨, 아름다움, 선함을 발견하고 거기에 고착하여 즐거움을 누리려 한다. 하지만 그것은 아주 열등하고 주관적인 진선미眞善美일 뿐이다. 이에 비해서 학문과 예술이 주는 진선미는 훨씬 우월하다. 범죄자들이 인문학을 통해 인간에 관하여, 그리고 인간으로서 잘 사는 법에 관하여 배움으로써 욕망으로 헝클어진 삶에서 벗어나 안정을 되찾는 것도 바로 이러한 이유 때문이다. 그러나 본질적으로 인문학은 인간을 세계의 주인으로 삼은 학문임을 잊지 말자.

이 세상의 거짓 종교들조차 인간에게 짐승처럼 살아야 행복을 얻을 수 있다고 가르치지 않는다. 그런 점에서 볼 때, 아우구스티누스가 젊은 날 극단적인 방탕에 자신을 내던졌다가 이내 그 삶에 싫증을 느끼고 철학에 관심을 갖게 된 것은 어떤 탁월한 덕 때문이라기보다는 인간 본성에 잠재된 지혜에 대한 욕구가 자연스럽게 발동했기 때문일 것이다.

가끔은 미친 듯이 달려가는 관성慣性의 삶을 멈추자. 그리고 자신을 돌아보자. 우리의 마음이 무엇에 끌리는지 곰곰이 생각해보자. 아직 진리를 깨닫지 못했다면 본성의 빛으로라도 우리의 삶을 비추어보자. 그러면 진리에 대한 필요를 더 많이 느끼게 될 것이다.

우리의 모든 것을 팔아서라도 사야 할 것이 있다면, 바로 하나님나라의 행복일 것이다. 그러나 하나님의 지혜가 없다면, 누가 그 나라의 행복이 가장 소중함을 알겠는가?

|

Viluit mihi repente omnis uana spes et immortalitatem sapientiae concupiscebam aestu cordis incredibili et surgere coeperam, ut ad te redirem(3.4.7).

저의 모든 헛된 희망이 갑자기 시시하게 보였고, 지혜가 약속하는 것처럼 보이는 불멸성에 대한 그리움이 믿기지 않을 정도의 집중력으로 저의 마음을 불타오르게 했나이다.

20
구속자가 없는 철학

철학이 중요한 이유는 모든 학문의 제1원리라 할 수 있는 확고부동한 진리를 찾으려 하고, 윤리의 토대를 논하기 때문이다. 철학은 끊임없이 사물의 근원에 대해 묻고 답을 찾게 한다.

철학의 전통적인 관심사는 지혜*sapientia*다. 여기서 지혜는 인간이 열등한 감각에 몰두하여 충동적으로 살아가지 않게 도와주고, 세계와 인간과 자신의 존재 의미를 찾아가게 돕는 것이다. 그러나 아우구스티누스가 고백했듯이 이 지혜에는 속임이 있다. 이 속임은 지혜의 속임이라기보다는 지혜를 잘못 가르치는 '속이는 자들'과 판단이 미숙하여 참 지혜와 기만적인 가르침을 구별하지 못하는 '어리석은 자들'의 합작품이다.

지혜를 찾으려는 북받치는 열정은 아우구스티누스만의 것이 아니다. 이 세상을 미련하게 살다가 불행하게 마치고 싶은 사람이 누가 있으랴. 그러나 지혜를 찾는 데에는 육욕을 따라 방탕하게 사는 것과는 비교도 되지 않는 정신의 에너지가 필요하다. 그래서 대부분의 사람들이 차마 엄두를 내지 못한다. 그래도 인류 역사에는 탁월한 지성으로 철학을 통해 인간과 세계의 존재 의미를 찾으려 한 사람들이 있다. 그들은 인간으로서 잘 사는 길에 대해 진지하게 궁리했고, 그들이 내린 결론 중 어떤 것은 하나님이 세우신 질서에 부합하기도 했다.

그러나 철학적 사유는 인간에게 생명과 사랑을 안겨주지 못한다. 북받치는 지혜의 열정 속에서도 '마음이 싸늘해지는 것'을 경험한 아우구스티누스의 고민도 바로 여기에서 비롯되었다. 그러니 사람의 몸으로 오신 예수 그리스도와의 사귐을 통해 인격적인 하나님을 알아가는 것은 얼마나 놀라운 특권이며 큰 행복인가!

기독교 신앙이 철학에 비할 데 없이 탁월한 이유는 그리스도의 구속 때문이다. 철학도 일정 부분 인생의 이치를 밝혀주는 까닭에 인간은 철학을 통해 동물적 충동을 따르는 삶에서 어느 정도 벗어날 수 있다. 그러나 철학에는 구속자가 없으므로 인간을 궁극의 행복으로 인도하지 못한다. 중보자와 관련하여 철학은 다음 네 가지를 결핍하고 있다.

첫째로, 철학에는 죄의 용서가 없다. 인간의 도덕적 삶과 의미를 규정하는 최종 근거이신 하나님에게서 오는 용서가 없다. 둘째로, 철학에는 죄의 성향을 죽이는 은혜가 없다. 비록 인간이 인생과 행복에 관하여 올바른 견해를 갖게 된다 할지라도 깨달은 바대로 살 수 있는 것은 아니다. 신자 안에 은혜가 역사할 때에야 비로소 그는 은혜의 힘으로 말미암아 깨달은 진리를 따라 살 수 있다. 셋째로, 철학에는 영적 생명이 없다. 생명은 인간으로 하여금 끊임없이 타자와 관계를 맺게 하는 힘의 원천이다. 넷째로, 철학에는 하나님의 사랑이 없다. 신적 사랑에 대한 경험은 하나님의 엄위에 대한 경험과 함께 경건의 근거가 되고, 신자로 하여금 하나님을 전적으로 의존하고 신뢰함으로써 순종하는 삶을 살게 한다.

용서, 은혜, 생명, 사랑. 이런 것들은 철학이 줄 수 없는 것으로 구속자이신 그리스도를 통해 주어지는 것이다. 그리스도를 통해 우리가 누리는 것이 어디 이뿐이겠는가? 모든 좋은 것이 구속자를 통해서 하늘 아버지에게서 온다.

인간의 탁월한 철학과 사상은 그것을 접하는 이들로 하여금 벌떡 일어나 박수를 치며 환호성을 지르게 할 수는 있을지 모르지만, 거기서 사랑을 발견하게 하지는 못한다. 왜냐하면 그것들은 이성이 주인이 되어 발견한 것이지, 누군가 그를 사랑함으로써 가르쳐준 것이 아니기 때문이다. 문학 작품은 우리에게 공감을 불러일으키고, 우리가 경험하지 못한 인생의 문제에 눈을 뜨게 해준다. 그리고 철학과 사상은 그 문제에 대한 답을 제시해준다. 그러나 그 답은 기껏해야 비참한 처지에 있는 우리 자신의 모습을 깨닫게 하고, 사랑하고 사랑받아야 할 필요성을 보여줄 뿐이다.

참된 철학은 참된 신앙 안에서만 발견된다. 거기에는 방황하는 인간을 사랑하시는 하나님이 계시기 때문이다. 너무나 거룩하시기에 차마 가까이할 수 없는 하나님께 나아갈 수 있는 것은 그리스도의 덕을 힘입기 때문이다. 기독교의 위대함은 인류가 철학과 사상으로 찾지 못한 바를 하나님의 사랑으로 완성한 데 있으니, 우리가 인간의 모든 철학과 사상보다 그리스도의 복음이 위대하다고 믿는 이유가 바로 이 때문이다.

|

… hoc solum me in tanta flagrantia refrangebat, quod nomen Christi non erat ibi … (3.4.8).

저의 타오르는 열정 속에서도 한 가지 숙고가 저를 제약하고 있었으니, 거기에는 그리스도의 이름이 없기 때문이었습니다.

21

지성에 말을 건네심

인간이 감각적 쾌락에 지나치게 자신을 내맡기는 것은 바람직하지 않다. 그 이유는 단지 감각적 쾌락이 악하기 때문만이 아니다. 감각적 쾌락은 점점 더 많은 자극을 요구하고, 이러한 자극에 익숙해질수록 인간은 지성을 훈련하는 일에 게으르게 되기 때문이다. 인류는 이 사실을 경험을 통해 깨달았다.

인간 정신의 힘은 감각에 자극받는 능력이 아니라 사색하고 숙고하는 능력이다. 자신의 존재와 삶을 객관적으로 성찰하는 행위는 반성의 훈련을 반복할 때 얻을 수 있는 습관이고, 이 습관은 자신과 사물을 객관적인 진리의 빛 아래서 끊임없이 숙고하고 의미를 부여하는 엄정한 사유 활동을 통해서만 실천할 수 있다. 따라서 하나님 안에서 충만한 영적 생명과 사랑을 누리며 살고 싶어 하는 그리스도인은 감각적 쾌락에 자신을 내어 맡기지 않도록 유의해야 한다. 더욱이 감각적 쾌락을 경계하는 것은 그것이 언제나 신자로 하여금 세상을 사랑하게 하기 때문이다. 인간에게 감각적 쾌락을 선사하는 것들은 본질상 '육신의 정욕과 안목의 정욕과 이생의 자랑'으로 세상에 있는 것들이기 때문이다(요일 2:16). 성경은 이 것들을 향한 사랑과 하나님을 향한 사랑이 양립할 수 없다고 말한다. "이 세상이나 세상에 있는 것들을 사랑하지 말라. 누구든지 세상을 사랑하면 아버지의 사랑이 그 안에 있지 아니하니"(요일 2:15).

우리의 마음에는 하나님과 사귈 공간이 필요하다. 이는 물리적 공간이 아니라 정신적 공간이며, 사색하고 숙고할 수 있는 여유를 가리킨다. 이 공간은 텅 빈 공간이 아니라 사랑으로 채워진 공간이며, 타자를 사랑할 수 있도록 개방된 자아의 공간이다.

신앙은 하나님의 은총에 대한 인간의 마땅한 반응이다. 일반적으로 하나님은 인간의 지성을 초월하여 당신의 은혜를 주입하는 대신 인간의 지성을 통로로 사용하신다. 우리가 믿어야 할 내용을 하나님이 우리에게 제시하시는 곳도 우리의 지성이고, 이미 주신 계시를 깨닫도록 성령으로 조명하시는 곳도 우리의 지성이다. 믿음을 통해 이해하는 것이든 추론을 통해 이해하는 것이든 모든 이해 과정은 우리의 지성 안에서 일어난다.

이처럼 하나님은 당신의 생명과 사랑을 우리에게 주시기 위하여 우리의 지성에 말을 건네신다. 아우구스티누스가 자신의 젊은 시절을 회상하며 참회했듯, 우리도 그 얼마나 많은 시간을 지성의 헌신 없이 하나님을 찾으려고 했었는지 자신을 돌아보며 반성해야 한다. 지성의 스위치를 꺼야만 은혜를 받을 것이라는 어리석은 생각은 지성에 말을 건네심으로 우리와 사랑의 교제를 나누고 싶어 하시는 하나님에 대한 인격적 모독이다. 하나님께 경외심을 표현하는 최고의 길 중 하나는 지성에 말을 건네시는 하나님을 믿고 이해하는 것이다. 그러므로 하나님을 향한 최고의 헌신은 지성을 그분께 바치는 것이다. 그분의 거룩한 속성들과 그 속성들의 시행 방식을 이해하기 위해 마음을 기울이자.

|

… cum te non secundum intellectum mentis, quo me praestare uoluisti beluis, sed secundum sensum carnis quaererem(3.6.11).

당신을 찾음에 있어서, 저를 짐승보다 뛰어나게 하신 정신의 지성으로써가 아니라 육체의 감각으로써 찾으려 했사옵나이다.

22

눈물의 자식은 망하지 않는다

어떤 일은 미처 기도하기도 전, 우리가 필요를 느끼기도 전에 하나님이 이루어주신다. 그런데 또 어떤 일은 하나님에게도 선하고 우리 역시 마음으로 간절히 원하는데도 이상하게 좀처럼 이루어주시지 않는다. 심지어 가혹하리만치 긴 세월을 눈물로 간구하며 아픈 마음으로 기다리게 하신다. 그래서 믿음이 식을 때에는 하나님의 살아계심과 선하심을 의심하기도 한다.

아우구스티누스의 어머니 모니카는 탁월한 기도의 사람이었다. 방탕하게 사는 아들이 신앙의 길로 돌아오도록 간절히 기도하던 중, 모니카에게는 (안티고누스로 추정되는) 학식 높은 주교와 대면할 기회가 생겼다. 모니카는 주교에게 한 번만 자기 아들을 만나서 마니교의 이설에서 빠져나오라고 충고해

줄 것을 간청했다. 그러나 주교는 모니카의 간청을 거절하며 이렇게 말했다. "그냥 그대로 두시오. 다만 그를 위해 주께 기도하시오. 그는 혼자 책을 읽다가 자연스럽게 그 사상의 오류와 불신을 발견하게 될 것이오." 그러면서 주교는 자신도 유년 시절 마니교에 심취하여 방황했지만, 어느 시점에 이르자 다른 사람의 설득 없이 스스로 거기에 환멸을 느끼고 벗어났노라고 말했다. 주교의 설명을 듣고도 모니카는 그의 말을 받아들일 수 없었다. 그래서 울면서 아들을 직접 만나 타일러달라고 매달렸다. 그러자 주교가 차갑게 돌아서며 외쳤다. "이제 그만 가시오. 잘 될 것이오. 당신처럼 눈물 흘리는 어머니가 키워낸 자식이 망하는 건 불가능한 일이라오"(3.12.21).

하나님은 종종 우리가 기도할 때 행동도 함께하기를 원하신다. 그러나 때로는 무엇도 의지하지 않고 잠잠히 하나님만 바라기를 원하신다. 마치 우리 마음을 잔처럼 여기시고 빈 잔이 당신을 향한 눈물로 가득 차기를 기다리기라도 하시는 것처럼 말이다.

기도만큼 인간을 대하는 하나님의 지혜를 극명하게 보여주는 것도 드물다. 모든 것을 아시는 하나님이 마치 인간을 통해 어떤 사실을 더 알고자 하는 것처럼 기도하도록 분부하심은 인간으로 하여금 하나님을 향한 절대 의존의 마음으로 살아가게 하기 위함이다. 이러한 절대 의존의 마음 안에서 인간은 하나님에게 온전히 순종할 수 있고, 이로써 인간은 자신의 행복을 좇는 자기중심의 삶을 버리고 하나님 사랑을 중심으로 살아간다. 가혹하리만치 큰 안타까움과 슬픔 속에서 긴 세월을 눈물로 보낸 모니카의 기도 생활은 어쩌면 아우구스티누스보다 그녀에게 더 큰 유익을 주었을지 모른다. 아들의 눈에 그녀가 '신앙에 있어서 여장부' 같이 비칠 수 있었던 것은 모두 그러한 기도의 연단 때문이었을 것이다.

거룩한 경외심의 탁월한 표현은 간절한 기도다. 시시때때로 무릎을 꿇자. 그리고 그분 앞에서 우리의 마음을 물 같이 쏟자. 우리의 지식이 얼마나 하찮은지, 우리를 하나님 앞에 받아들여질 만큼 온전하게 하는 데 있어 얼마나 무능한지 인정하자. 하나님의 긍휼과 자비를 구하자. 아침마다 마음을 쏟는 간절한 기도 속에서 하나님을 만나자.

|

'Vade' inquit 'a me; ita uiuas, fieri non potest, ut filius istarum lacrimarum pereat'(3.12.21).

이제 그만 가시오. 잘 될 것이오. 당신처럼 눈물 흘리는 어머니가 키워낸 자식이 망하는 건 불가능한 일이라오.

23
육욕애와 부부애

아우구스티누스에게 육욕애는 이성을 사랑함에 있어서 그저 욕망을 충족시키기 위해 성관계를 갖는 것을 의미하고, 부부애는 아내와 남편으로 서로를 사랑함에 있어서 아이를 낳을 목적으로 성관계를 갖는 것을 의미했다.

아우구스티누스가 철학을 통해 상당한 지식의 빛을 받은 후에도 벗어나지 못했던 육욕의 습관이 바로 성적 탐닉이다. 그는 회심 전야에 기독교에서 상당한 진리의 빛을 받은 후에도 여전히 성적 탐닉을 떨쳐버리지 못했다. 존 오웬 역시 인간이 쉽게 끊어버리지 못하는 습관적 죄로 성적 탐닉을 거론한 바 있다.

이처럼 성적 욕심이 강한 힘으로 인간을 끌어당기는 것은 그것이 하나님 없이 하나님의 희락을 닮으려 하는 그릇된 본뜸의 대표적인 예이기 때문이다. 그 누가 이러한 유혹으로부터 자신을 넉넉히 지킬 수 있다고 자신할 수 있겠는가. 그래서 사도 바울은 이렇게 고백했다. "나는 날마다 죽노라"(고전 15:31).

아우구스티누스는 세 가지 유익을 위해 결혼이 이루어져야 한다고 보았다. 첫째로, 자식을 낳기 위해서다. 둘째로, 부부의 정신을 사랑으로 연합시키기 위해서다. 셋째로, 정욕을 피하기 위해서다. 아우구스티누스는 이 세 가지 중 첫 번째 유익을 가장 탁월한 것으로 여기고, 세 번째 유익을 가장 열등한 것으로 여겼다.

아우구스티누스는 하나님이 아니면 채울 수 없는 영혼의 갈망을 성적 탐닉 속에서 찾던 과거가 있는 인물이다. 합법적으로 결혼하여 떳떳하게 사랑을 나눈 사이는 아니었지만, 그래도 15년 가까이 이어진 동거 관계를 통해 부부애와 육욕애가 어떻게 다른지 깨달았다. 아우구스티누스는 동거하는 동안 상대방에게 성실했고 신의를 지켰노라고 고백한다.

그러나 어머니 모니카의 강요에 못 이겨 더 나은 결혼을 하기 위해 그녀를 버렸다. 다시는 남자를 알지 않겠노라며 눈물을 흘리며 떠나는 여자를 붙잡지 않았으니, 얼마나 나쁜 사람인가. 이러한 죄인에게 은혜를 베푸사 거룩한 성자로 만들어 당신의 교회를 영광스럽게 하셨으니, 하나님은 또 얼마나 높임을 받으셔야 하는가.

회개하지 않는 죄인들은 그리스도의 교회를 욕보이지만, 회개하는 죄인들은 그리스도의 교회에 아름다움을 더한다. 왜냐하면 그들의 진실한 회개는 죄인을 용서하시는 하나님의 위대한 사랑을 드러내기 때문이다. 하나님 앞에 구원받기에 너무나 절망적인 죄인은 없다.

|

... sed unam tamen, ei quoque seruans tori fidem; in qua sane experirer exemplo meo, quid distaret inter coniugalis placiti modum, quod foederatum esset generandi gratia, et pactum libidinosi amoris, ubi proles etiam contra uotum nascitur, quamuis iam nata cogat se diligi(4.2.2).

저에게는 그녀 하나뿐이었고, 실제로 그녀에게 침상의 신의를 지켰습니다. 그러는 중 제가 참으로 저의 경험을 통해 확인한 것은 생육의 은총에 의한 언약이 되는 결혼과 부모의 소원을 거슬러 자녀들이 태어날 수도 있는 정욕적인 사랑의 합의 사이에는 어떤 차이가 있다는 것이었습니다.

24
없어질 것을 열애함

인간은 사랑 때문에 행복해지고, 또 사랑 때문에 불행해진다. 아우구스티누스는 사랑하던 한 친구를 두 번 잃은 경험을 이야기한다. 한 번은 그 친구가 죽기 직전 세례를 받음으로써 자신과 멀어졌던 잠깐 동안의 정신적 이별이고, 또 한 번은 낫는 듯하던 그가 죽음으로써 맞이해야 했던 영원한 육체적 이별이다.

아우구스티누스는 그와의 우정을 무려 여섯 장에 걸쳐 회고한다. 그래서 이탈리아 문학가 지오반니 파피니를 비롯한 여러 학자들은 아우구스티누스가 동성애에 탐닉했고 죽은 친구가 바로 그 상대였을 것으로 판단한다. 실제로 《고백록》에는 그렇게 추측할 만한 단서가 나온다(2.2.2). 당시에는 동성애가 특별한 것이 아니었으므로 실제로 그러했을 가능성도 없지 않다. 그러나 중요한 것은 그것이 아니다. 그와의 우정을 회고하면서, 아우구스티누스가 밝히려 했던 진리는 따로 있다. 사람을 향한 과도한 사랑을 경계하라는 것이다.

그는 인간이 결국 사멸할 존재이므로 그의 육체만을 사랑하는 것은 다른 사물에 대한 사랑과 마찬가지로 사실상 '없는 것에 대한 사랑'이라고 보았다. 아우구스티누스는《영혼 불멸에 대하여*De Immortalitate Animae*》에서 이렇게 말한다. "참으로 존재하는 모든 것은 단지 존재한다는 이유가 아니라 또 다른 이유 때문에 없는 것이다*Omnis enim essentia non ob aliud essentia est, nisi quia est*"(12.19).

이러한 사유는 인간 인식의 한계와 관련이 있다. 존재하는 것에 대한 인간의 인식은 제한적이다. 육체의 감각기관이 대상을 감지하여 존재 여부를 판단하는 것은 어디까지나 물질적인 것에 국한되기 때문이다. 감각기관의 능력이 한정되어 있으므로 시각, 후각, 청각, 미각, 촉각을 통한 인식은 제한적일 수밖에 없다. 눈이 있다고 모든 것을 볼 수 있는 것이 아니고, 코가 있다고 모든 냄새를 감지하고 구별할 수 있는 것도 아니다. 혀에 닿아도 감지할 수 없는 맛이 있고, 살갗에 닿아도 그 모양과 성질을 다 알 수 없는 물질이 있다. 감각기관으로 인식할 수 있는 대상에 대해서도 이러할진대, 하물며 시공간에 크기와 모양을 가지고 존재하지 않고 정신에 속하는 관념에 대해서는 어떠하겠는가.

정신의 관념들은 육체의 감각으로 존재 여부를 판단하는 것이 아예 불가능하다. 따라서 육체의 감각기관에 의존하여 어떤 물질적 사물이나 정신의 관념이 '있다' 혹은 '없다' 하고 판단하는 것은 정확할 수 없다. 있는 것들 속에서 사실은 그것이 없는 것임을 알고, 또한 없는 것들 속에서 사실은 그것이 있는 것임을 파악하여 늘 올바른 가치 판단을 내리는 것, 그것이 바로 지혜다. 아우구스티누스에게 세상이나 세상에 있는 것들에 대한 사랑이 비극이었던 이유는 그것들이 사실은 없는 것이기 때문이다. 더욱이 그것들을 사랑하는 욕정의 주체인 자신도 사실은 없는 것이기 때문이다. "이 세상도, 그 정욕도 지나가되 오직 하나님의 뜻을 행하는 자는 영원히 거하느니라"(요일 2:17).

인간에게 가장 큰 불행은 사랑의 근원이신 하나님을 사랑하지 않는 것이고, 그다음의 불행은 자기를 사랑하는 것이고, 마지막은 하나님 아닌 것을 하나님처럼 사랑하는 것이다. 인간을 사랑하는 데에는 더욱더 진리의 빛이 필요하다. 진리의 빛이 없으면, 인간은 육체와 영혼 중 육체만을 편애하기 때문이다. 이는 타인에 대해서도 그러하고 자신에 대해서도 그러하다. 사랑의 대상을 잃을 때 우리는 정신이 찢어짐을 경험하고, 거기서 인간의 실존이 회피할 수 없는 인간 본래의 비참을 만난다.

사라질 것들을 열렬히 사랑하는 것보다 더 비참한 불행이 무엇이겠는가? 비록 인간으로 태어났다 할지라도 진리의 빛을 받아서 참으로 사랑해야 할 것과 그 사랑으로 사용해야 할 것을 구별하지 못한다면 어찌 행복할 수 있겠는가? 그러므로 마음을 모아 간절히 기도하자. 우리의 눈을 열어 주님의 말씀의 참스러움과 아름다움을 보게 해주시도록(시 119:18).

|

Miser eram, et miser est omnis animus uinctus amicitia rerum mortalium et dilaniatur, cum eas amittit, et tunc sentit miseriam, qua miser est et antequam amittat eas(4.6.11).

저는 비참했사옵니다. 사멸할 것들과의 정에 얽매인 마음은 그것들을 잃어버릴 때에 갈가리 찢어져서 그것들을 잃어버리기 전부터 그러했던 비참을 깨닫게 되고, 그것을 깨닫는 모든 사람은 불행하나이다.

25
헤어질 수 없는 자아

인간은 하나님을 떠나 살 수 없는 것처럼 자아自我와 대면하는 것 역시 회피할 수 없다. 인간은 언제나 자아로서 생각하고 행동하기 때문이다.

하나님의 존재는 볼 수 없지만 피조물과의 관계를 통해서 하나님의 속성과 성품을 알 수 있는 것처럼, 자아도 눈으로 볼 수는 없지만 그 작용으로 그 존재를 확인할 수 있다. 그러나 그것은 자아와 타자와의 관계를 통해서 파악되는 것일 뿐이기에, 인간은 자아의 무엇임whatness은 알 수 없고 누구임whoness만을 알 수 있다. 그리고 이것이 바로 인간이 자아와 대면하기 어려운 이유다.

철학적으로 어떤 사물의 본질과 본성은 동의어다. 그러나 나는 전자는 사물의 독립성 혹은 개별성과 관련되고, 후자는 그 사물이 다른 사물들과 맺는 관계성과 관련된다고 생각한다. 다시 말해서 나는 어떤 사물의 고유한 정체가 본질本質이라면, 그 본질의 특성이 다른 사물들과의 관계를 통해 드러나는 것을 본성本性이라고 보는 것이다.

자아에 대한 개념 설정은 학자들마다 다르겠지만, 자아가 그 사람으로 하여금 자신만의 고유한 삶을 살게 하는 주체라는 점에는 모두 동의할 것이다. 자아에 대한 사유와 관련하여 인간이 늘 부딪히는 문제는 자아의 정체를 무엇으로 규정하든지 간에, 자아의 주도로 영위하는 현실의 삶이 그가 이성적으로 바람직하다고 판단하는 삶과 일치하지 않는다는 점이다. 바람직한 삶에 대한 이성의 판단도 자아 안에서 일어나는 작용이고, 현재의 삶을 영위하는 정신의 주도도 자아 안에서 일어나는 작용인데, 이 둘이 서로 다른 방향을 향하는 이유는 무엇일까? 그런 점에서 자아는 친숙한 것만큼이나 낯설고 낯선 것만큼이나 친숙하다. 거울에 비친 우리의 얼굴처럼.

우리 자신조차도 자신의 자아의 본질을 직시하지 못한다. 인간의 내면을 들여다보며 그 본질을 파악하고자 하는 것은 깊은 바다에 뛰어들어 물의 본질을 파악하려는 것처럼 어리석은 짓이다. 자아를 들여다보려는 시도에는 수많은 미혹이

도사리고 있으니, 자아의 본질을 파악하는 것은 하나님의 본질을 이해하는 것만큼이나 불가능한 일임을 기억해야 한다. 심리학이 대부분 임상에 의지하는 것도 바로 이 때문이다. 인간은 오직 하나님을 아는 것만큼만 자신을 알고, 자신을 아는 것만큼만 하나님을 알 수 있다.

우리가 발견하는 자아는 대개 우리의 본질이 아니라 본성이다. 때때로 우리는 다른 사람들과의 관계 속에서 그동안 몰랐던 자아의 어떤 특성을 발견하고 깜짝 놀라곤 한다. 그러나 이것은 자아의 '무엇임'에 대한 새로운 발견이 아니라 '누구임'에 대한 새로운 경험이다. 즉, 이미 그렇게 있어왔던 자신의 본질이 그제야 비로소 본성으로 드러난 것뿐이다.

인간의 자아 성찰은 익숙해졌다고 생각하는 자신의 자아를 낯설게 바라보는 것이다. 자신을 객관적으로 성찰할 수 있는 능력을 빼놓고는 한 사람의 신앙의 깊이를 논할 수 없다. 인간은 이러한 성찰을 통해 진정한 자아의 발견으로 나아가는데, 그것을 가능하게 하는 것이 하나님을 아는 지식이다.

하나님을 아는 지식 안에서 참된 자아를 만날 수 있는 것은 자아가 하나님의 창조로부터 유래했다는 원인론적 이유 때문이기도 하지만, 인간이 하나님을 바라보며 살도록 창조되었다는 목적론적 이유 때문에 더욱 그러하다. 우리는 하나님을 아는 것만큼 자아를 알 수 있고, 자아는 그리스도와의 실제적인 연합 안에서만 가장 자유로울 수 있다. 신앙을 갖는 것이 자아와 분리되지 않는 삶을 사는 길이다.

자기를 사랑함으로써는 결코 자신의 참모습을 찾을 수 없다. 이것이 바로 많은 사람이 참으로 자신을 찾기 위해서는 자신을 떠나야 한다고 주장하는 이유다. 그러나 그렇게 떠난 것도 자신이거늘, 인간이 자신을 떠나 도대체 어디로 갈 수 있다는 말인가. 많은 사람이 여기서 길을 잃었다.

하나님을 사랑하지 않는 데 익숙해진 인간의 자아는 참된 자아가 아니다. 오직 하나님을 사랑하는 사람만이 그 사랑 안에서 참된 자아를 발견하게 된다.

|

Quo enim cor meum fugeret a corde meo? Quo a me ipso fugerem? Quo non me sequerer?(4.7.12)

제 마음이 제 마음을 피해서 어디로 가오리까? 제가 제 자신을 떠나 어디로 가오리까? 제가 제 자신이 따라오지 못하도록 도망칠 피난처가 그 어디에 있으오리까?

26

기억과 상기, 정동

플라톤은 《티마이오스*Timaios*》에서 인간의 기억을 위胃에 비유했다. 위는 소화관의 일부분으로 식도와 샘창자를 이어주는, 속이 빈 주머니다. 구강과 식도를 통해 내려온 음식물을 잠시 동안 저장하고 소화 작용을 거쳐 소장으로 내려 보내는 역할을 맡는다. 인간이 삶에서 경험하는 슬프고 기쁜 숱한 사건은 시간을 지나 과거로 흘러가 기억 속에 저장된다. 그리고 기억 안에서 그가 경험한 다양한 사건은 감정을 배제한 채 자기만의 인식 속에 재해석된 관념으로 존재한다.

기쁨이나 고통의 경험은 어떤 사건이나 사물이 현재라는 시공간 안에 있을 때 발생한다. 여기서 '현재'는 물리적 시공간이 아니라 그의 인식 속 시공간이다. 즉, 어제 발생한 사건일지라도 오늘까지 그의 인식을 장악하고 있다면 그것은 현재 진행 중인 사건이다.

인간은 현재 진행 중인 사건이 만들어내는 감정 파동을 마음으로 경험한다. 현재 일어나고 있는 일로 인해 당장은 삶과 죽음을 오가는 고통이 마음에 느껴질지라도 시간이 흐르면 그 일에 관한 것은 모두 기억 속으로 내려가고 마음은 더 이상 그 일로 인해 고통받지 않는다. 이는 마치 물 위에 얇게 언 얼음에 돌을 던지면 당장은 그 얇은 얼음막이 손상을 입고 요동할지라도 시간이 흐르면 돌은 물 속 깊은 곳으로 내려가고 얼음 막은 평정을 찾는 것과 같다. 그러나 그렇게 기억 속에 가라앉은 관념은 물 밑으로 가라앉은 물체와 같아서, 육신의 감각을 통해 전달된 또 다른 정보에 의해 수심 깊은 곳에서 끌어올려지기도 한다. 그리고 그렇게 기억의 심연에 저장된 것들이 수면에 떠올라 살얼음과 같은 마음에 닿을 때, 과거의 모든 감정이 다시 되살아나고 경우에 따라서는 실제로 그 일이 일어났을 때보다 더 큰 감정의 진폭을 동반하기도 한다. 어릴 때 부모에게 버림받은 아이가 그때 당시에는 외로움과 방치감을 견디어냈으나, 성인이 된 후에 되살아난 과거의 기억 때문에 괴로워하다 우울증을 겪는 경우가 바로 그러한 예다.

이 지점에서 우리는 사랑이라는 경험의 초시간성을 생각하지 않을 수 없다. 과거와 현재는 물론 미래까지 넘나드는 기억의 휘저음, 그것을 생각할 때 인간의 내면세계는 무한하기 그지없는 우주와 같은 영원의 공간이다.

정동*affectio*의 사전적 의미는 다음과 같다. "희로애락과 같이 일시적으로 급격히 일어나는 감정. 진행 중인 사고 과정이 멎거나 신체 변화가 뒤따르는 강렬한 감정 상태." 그러나 대부분의 심리학자는 정동을 간단히 정의할 수 없다는 데 동의한다. 나는 '정동情動'이라는 단어가 격렬한 감정 상태만을 가리키는 것은 아니라고 생각한다. 그래서 인간의 인식 작용에 동반되는 감정의 움직임을 총칭하는 말로 정동이라는 단어를 사용한다. 인식은 현재 육체의 감관을 통해 지각하는 것으로만 이루어지는 것이 아니다. 상상이나 기억을 회상하는 과정을 통해서도 인식이 이루어지는데, 이것들은 마치 고요한 수면에 떨어진 물체가 파문을 일으키는 것처럼 감정에 움직임을 부여한다. 이것이 바로 인간이 가진 상상이라는 창조적인 능력이다.

인간이 시간과 공간 속에서 경험하는 무수한 변화는 이렇게 수많은 정동을 불러오고, 그 모든 것은 시간의 흐름 속에서 선별되어 기억에 저장된다. 그리고 그렇게 저장된 기억은 시간이 지나도 회고할 수 있는 추억이 된다. 추억은 기억의 상기인데, 인간은 상기를 통해 또 다른 정동을 경험한다. 현실적인 어떤 경험이 밖에서 정동을 불러온다면, 상기는 안에서 정동을 불러온다. 그런 점에서 아우구스티누스의 다음 고백은 우리에게도 그대로 적용된다. "어제의 고통과 괴로움을 잊게 해주는 오늘의 즐거움은 내일에 또 다시 직면할 괴로움의 씨앗이었다"(4.8.13).

이것이 바로 시간 안에서 울고 웃는 인간의 한계다. 모든 행복을 보이는 사물들의 질서 속에서 찾는 한 인간은 결코 행복할 수 없다. 왜냐하면 오늘을 행복하게 한 것이 내일을 불행하게 만드는 이유가 될 것이기 때문이다. 그러므로 전심으로 우리의 마음을 이 세상이나 세상에 있는 것들에 대한 사랑으로부터 떼어놓자. 참된 만족을 오직 하나님과 영원 안에서 찾자(요일 2:15-16).

|

... paulatim resarciebant me pristinis generibus delectationum, quibus cedebat dolor meus ille; sed succedebant non quidem dolores alii, causae tamen aliorum dolorum(4.8.13).

[시간은] 나를 기쁨의 오랜 근원으로 돌아가게 했고 그 기쁨으로 인해 나의 슬픔은 가시어지기 시작했사옵니다. 그러나 그것들은 육적인 슬픔이 아니라 육적인 슬픔의 씨앗들로 바뀌었을 뿐이옵나이다.

27

사랑하는 사람의 죽음

죽음은 돌이킬 수 없는 이별이다. 사랑하는 사람의 죽음은 살아 있는 사람의 존재 기반을 뒤흔든다. 사랑하는 사람을 잃고도 삶이 흔들리지 않는다면, 그 사람을 사랑한 것이 아니다.

사랑과 가장 가까이 있어 짝을 이루는 단어가 죽음인 것은 사랑의 상실이 곧 죽음에 방불함을 암시한다. 다시 말해서 사랑의 버릇은 남아 있는데 사랑할 대상이 현존하지 않을 때 그에게는 사는 것이 곧 죽음이다. 죽은 자를 향한 사랑은 살아 있는 자의 죽음이 되고, 떠나간 자가 남긴 기억은 남겨진 자의 상실이 되고, 배신한 자에 대한 믿음은 배신당한 자의 불신으로 남아 그 사람의 일생에 영향을 준다. 이러한 경험을 사랑과 덕으로써 극복하지 못하면, 그는 평생 굽은 성품으로 인생을 산다. 하지만 그 경험을 극복하면 자신과 인간에 대한 이해가 깊고 넓어져서, 다시 말해 정신의 깊이와 사유의 넓이가 더해져, 덕스러운 삶으로 나아갈 수 있다. 인간에 대한 이해는 호의好意보다는 상처를 통해서 깊어진다. 인간은 본성적으로 악한 존재이기 때문이다.

인간이 타인을 사랑하는 것은 대개 자기사랑이 동기가 되어 사랑하는 것일 때가 많다. 인간이 행복해지는 것도 사랑 때문이고 불행해지는 것도 사랑 때문이다. 사랑에 빠진 인간이 생각할 수 있는 영원은 두 가지다. 첫째로 사랑을 잃었을 때 찾아오는 침묵과 어두움이 무한히 이어지는 절망이고, 둘째로 사랑을 하면서 누리는 시간과 공간을 초월한 환희다.

사랑의 도덕성 여부를 떠나 인간의 사랑은 하나님의 삼위일체적 사랑을 본뜬 것이다. 각 위격의 개별적 아름다움과 다른 위격과 조화를 이루는 아름다움, 기쁨, 소중히 여김 등을 본뜬 것이다. 그 사랑이 신적 질서를 따를 때, 인간은 사랑 때문에 생명을 누리고 또한 영원과 가까워진다. 그리고 영원의 빛 아래서 잠세적인 사물들의 질서와 가치를 생각하며 살아갈 수 있다.

올바른 사랑은 항상 사랑의 근원이시며 궁극적 대상이신 하나님을 향한 사랑의 질서 안에서, 지금 사랑하는 대상 때문이 아니라 모든 사물의 원인이신 하나님을 향한 사랑 때문에 그 대상을 기뻐하고 소중히 여기는 것이다. 사랑하는 사람의 죽음 앞에서 느끼는 비통의 정은 사랑의 진정성을 가늠하는 척도임에는 분명하지만, 그 슬픔이 지나쳐 하나님을 향한 사랑까지 흔들 정도라면, 그것은 올바른 사랑이 아니다.

사람을 사랑하되 하나님 안에서 사랑할 때에만 그 사랑을 영원히 잃어버리지 않을 수 있으니, 이것은 사랑하는 대상이 죽어도 그를 사랑하는 동기가 되었던 하나님은 언제나 살아계시기 때문이다.

하나님을 향한 사랑의 질서 안에서 사랑하지 않는 사랑은 제아무리 열렬하고 순결하다 해도 '없는 것을 향한 열애'에 불과하다. 죽은 이의 상실한 생명이 살아 있는 이의 죽음이 되어 남겨진 이의 인생을 압도하는 비극을 피할 수 있는 길이 여기 있으니, 바로 하나님 안에서 사랑하는 것이다.

|

Hinc ille luctus, si quis moriatur, et tenebrae dolorum et uersa dulcedine in amaritudinem cor madidum et ex amissa uita morientium mors uiuentium(4.9.14).

이로 인하여 누군가가 죽으면 슬픔과 애통의 어두움이 엄습하고, 유쾌함이 비통으로 변하므로 마음은 눈물에 젖나니, 죽는 이의 상실한 생명이 살아 있는 이의 죽음이 되옵나이다.

28

아름다움과 '없음'

세상의 모든 사물은 완전성을 향해 나아간다. 그러나 죄가 세상에 들어왔고, 그 결과 이 세상에서 완전성을 온전히 성취하고 영원히 존재하는 피조물은 없다. 세상의 모든 사물은 절정에 다다른 후에는 무無, 곧 '없음'을 향한다. 그러므로 사물의 성장 혹은 성숙은 '완전성을 발현하고 소멸하는 과정'이라고도 할 수 있다.

갓난아이를 생각해보자. 그 아이도 사람임에는 틀림없으나 성장 과정을 통해 육체적으로 성인의 상태에 도달하기 전까지는 사람으로서의 육체적 완전성이 충분히 발현된 것이 아니다. 그러나 육체적 완전성이 절정에 다다르고 나면, 다시 완전성을 조금씩 잃어간다. 그래서 시간의 흐름에 따른 사물의 변천은 최고의 완전성이 발현되는 성장의 절정을 중심으로 그 이전까지가 완전함을 향하는 것이라면, 그 이후부터는 소멸을 향하는 것이 된다. 이처럼 처음 시작부터 최종 소멸의 전 과정을 기준으로 볼 때, 완전성을 향해 나아가는 사물의 성장은 그 자체로 소멸로 나아가는 것이나 다름없다. 곧, 모든 사물의 성장은 '없음'에로의 회귀다.

모든 만물은 무에서*ex nihilo* 창조되었다. 그러므로 존재하는 모든 피조물이 비존재로 돌아가는 방향으로 성장하는 것은 사물의 귀소성歸巢性에 부합하는 일이다. 영원의 관점에서 볼 때 '없음'은 이미 없어진 것들뿐 아니라 아직 있는 모든 것들까지 내포한다. 다시 말해서 '있는 것'은 어떤 의미에서는 이미 '없는 것'이고 '없는 것'은 또한 이미 '있는 것'이다. 그래서 어떤 신학자들은 하나님의 창조를 무로부터의 창조*creatio ex nihilo*라고 설명하는 것에 반대한다. 하나님 자신이 '최고의 있음*summa esse*'이시기 때문이다. 따라서 세계는 오히려 가장 충만하고 완전한 '최고의 있음으로부터의 창조*creatio ex summa esse*'라는 것이다.

창조된 사물들의 존재 원리는 '선함'과 '아름다움'이다. 도덕적으로 악한 것들조차도 존재론적으로는 선함과 아름다움을 소유하고 있다. 소멸하는 사물들의 '사라져 없음'은 곧 또 다른 방식의 '있음'에로의 이동이다. 존재하는 모든 것들은 있는 것들인데 '이 있음'에서 '저 있음'으로 끊임없이 이행한다. 우주 안에서 만물이 '이 있음'에서 '저 있음'으로 이행하는 것이 유한한 인간에게는 '있음'과 '없음'의 교차로 보인다. 마치 수많은 작은 등불이 명멸하는 것처럼 비치는 것이다. 그리하여 사라져가는 것들은 있는 것들을 더욱 아름답게 한다. 그러나 또 다른 측면에서 보면 사라져가는 것들도 또 다른 '있음'으로 이동하는 것이라고 볼 수도 있다. 그리고 그것을 인식하는 나 또한 그렇게 '있음'에서 '없음'으로, 혹은 '이 있음'에서 '저 있음'으로 이행하는 존재로 박막의 현재를 살고 있을 뿐이다.

어두운 밤, 드넓은 하늘에 떠 있는 무수한 별을 본 적이 있는가? 수십억 년의 세월을 두고 흐르는 우주 공간의 끝없는 침묵 속에서 '나'라는 존재를 생각해보자. 무한한 공간 안에서 인간은 헤아릴 수 없이 많은 사물과 함께 있다.

인간 존재의 아름다움은 홀로 있어 얻어지는 것이 아니라 함께 있는 수많은 사물과 질서 있게 연출하는 어울림 안에서 나타나는 것이다. 그리고 그 수많은 사물의 어울림 안에서 생성과 소멸은 조화를 이루며, 온갖 '있음'과 '없음' 안에서 반짝이는 아름다움을 연출한다.

우리의 존재는 우주적인 아름다움을 구현하는 하나의 요소다. 잠시 있다 사라지는 유한한 존재임에도 불구하고 우리가 다른 모든 사물과 어울려 연출하는 아름다움은 영원을 기린다. 사실은 없는 것들조차도 그 없음 때문에 있음의 아름다움을 더욱 빛나게 한다는 사실을 생각할 때, 있는 것과 없는 것 사이의 경계는 무엇이며 사라진 것과 다시 태어나는 것 사이의 차이는 무엇인가?

이러한 모든 변화를 초월하여 계신 위대하신 분 앞에서 우리는 어린아이처럼 입을 다물지 못한다. 하나님의 그 무한한 지혜와 사랑 때문에. 그 앞에서 우리가 할 수 있는 일은 다만 그분의 위대함을 찬송하는 것뿐이리라.

|

Ergo cum oriuntur et tendunt esse, quo magis celeriter crescunt, ut sint, eo magis festinant, ut non sint. Sic est modus eorum(4.10.15).

그러므로 그것들이 자라나서 실존을 향해 뻗어나갈 때조차도, 그것들이 더 빨리 자라서 존재하기를 애쓰는 것만큼 더 신속히 없어지기를 서두른 것이옵니다. 이것이 바로 그것들의 본성의 법칙이옵나이다.

29
육체적 감각의 무능

인간의 삶은 아름다움에 대한 정동의 연속이다. 인간의 마음이 고요한 호수라면, 정동은 그 호수에 돌이 떨어졌을 때 일어나는 물결의 파동이다. 육체적 감각이 외부 사물과 접촉할 때, 혹은 상상을 통해 마음 안에서 외부 사물의 심상과 만날 때, 인간의 마음에는 정동이 일어난다. 그리고 거기서 인간은 희로애락을 경험한다.

육체의 감관이 실어 나르는 인간 밖에 있는 수많은 사물에 대한 인식은 인간 안에 있는 성향과 만나 해석되고 적용된다. 인간이 삶에서 경험하는 기쁨과 슬픔, 애달픔과 분노, 애호와 오혐惡嫌의 감정적 출렁거림이 바로 이러한 작용의 결과다. 정동은 도덕적 가치와 무관하게 인간에게 다양한 감정을 선사하고 거기서 끝나기도 하지만, 도덕적 가치와 맞물려 사람에 대한 사랑과 미움, 삶에 대한 희망과 절망, 사물에 대한 만족과 탐욕을 불러일으키는 경우가 더 많다.

육체적 감각 자체는 도덕성이 없다. 도덕성은 육체의 감각기관이 실어 나른 것들이 마음의 성향과 만나서 의지를 통해 행사될 때 성립한다. 육체의 사랑으로 흐르는 마음이 다양한 감각의 인상과 접촉할 때 수많은 표상이 생겨나고, 여기에서 '없는 것'을 '있는 것'처럼 생각하고 열등한 아름다움에 이끌리는 일이 발생한다.

아우구스티누스는 육체의 감각 작용 안에 있는 이러한 한계에 대해 말한다. "지정된 시작점에서 출발하여 지정된 종점까지 가로지르는 것을 붙잡기에는 충분하지 않사옵니다"(4.10.15).

육체의 감각 작용 안에는 감각을 불러일으키는 사물의 가치를 확정할 능력이 없으니, 이 하등한 영혼의 기능에 자신을 맡기고 사는 인생이 어찌 가엾지 않겠는가! 인간이 자신의 내면의 빛이 아닌 진리의 빛 아래 살아야 할 이유가 바로 여기에 있으니, 이 진리는 곧 하나님의 말씀이다.

그러므로 단지 육체의 감각에 매여 사는 인간은 얼마나 불행한가? 그렇게 살아가는 것은 인간을 창조하신 하나님이 그에게 기대하시는 삶이 아니다. 당신의 형상을 가진 인간이 그런 동물적인 삶을 사는 것을 보면서 그분의 마음이 어떠할까? 날마다 우리의 육체의 감각이 가져다주는 정보를 의심하자. 한순간도 그것들이 우리의 영혼을 속이지 못하게 하자. 예수 그리스도께서 우리를 위해 십자가에서 죽으실 때 우리에게 기대하시던 그런 인생을 살기 위하여.

|

Sufficit ad aliud, ad quod factus est, ad illud autem non sufficit, ut teneat transcurrentia ab initio debito usque ad finem debitum. In uerbo enim tuo, per quod creantur, ibi audiunt : 'Hinc et huc usque'(4.10.15).

[육체의 감각은] 원래 그것이 만들어진 목적에는 충분히 부합하지만, 지정된 시작점에서 출발하여 지정된 종점까지 가로지르는 것을 붙잡기에는 충분하지 않사옵니다. 이는 만물을 조성하신 당신의 말씀 안에서 그것들이 '너희는 여기로부터 시작해서 저기까지 갈 것이니라'라는 말씀을 듣기 때문입니다.

30

감각과 즐거움

젊은 시절은 감각적 즐거움에 끌리기 쉬운 때다. 그러나 육체의 쾌락을 좇으려는 인간의 본성이 비단 젊은이에게만 국한된 것은 아니다. 육적 쾌락에 탐닉하거나 소비의 즐거움에 마음을 빼앗기면, 영혼과 정신의 훈련을 등한시하게 마련이다.

인간의 고귀함은 하나님을 닮은 형상에 있다. 그 형상은 최초의 인류에게 부여하신 하나님 닮은 영혼의 특성으로, 그 형상을 담지한 효력은 육체에까지 미친다. 그래서 타인의 영혼을 고귀하게 여기는 사람은 또한 그의 육체에서도 하나님의 형상을 본다.

인간의 가장 큰 의무는 이 세상에 사는 동안 영혼과 정신을 훈련하여 이 세상의 모든 사물을 볼 때 표상에 매여 일부만 보지 않고 그 모두를 포괄하는 질서 안에서 전체를 보는 능력을 배양하는 것이다. 이것이 곧 정신의 훈련*excercitus animi*이다.

육체의 즐거움만 좇는 사람들은 그 대가로 일시적 쾌락을 얻지만, 영원한 행복에 이르지는 못한다. 육체의 즐거움을 좇는 삶이란 육체의 감각기관이 전달하는 정보를 자기만족적 사랑으로 해석하여 스스로 즐기는 데만 급급한 삶을 가리킨다. 그러한 삶은 육체의 쾌락을 추구하는 자기사랑의 성향만 강화시킬 뿐이다.

자기사랑의 성향이 극단으로 치달을 때 인간은 동물과 다름없는 삶을 산다. 육체의 즐거움을 좇는 삶의 비극은, 쾌락을 우리가 어떤 사물을 취하는 궁극의 목적으로 생각한다는 데 있다. 그러나 이런 식으로는 우주 전체에서 그 사물이 갖는 의미를 파악하지 못한다. 더욱이 그 사물의 가치와 그 사물이 자기 인생에 어떤 의미가 있는지를 하나님과의 관계 안에서 판단하지 못한다.

'영원한 있음*esse aeterna*'이신 하나님 이외의 다른 사물을 궁극적인 사랑의 대상이라도 되는 것처럼 사랑하는 것은 그 사랑의 목적이 자기만족이기 때문이다. 이러한 사랑은 그 대상이 아무리 고귀한 것이라 할지라도 자기사랑에 불과하다. 자기사랑은 모든 사물을 휘돌아 자기 자신에게 회귀하는 사랑이다. 인간이 이러한 자기사랑으로 다른 사물을 즐거워하는 것은, 그 사물을 포함하는 세상 전체가 주는 즐거움 대신 전체의 아주 작은 일부에 불과한 그 사물이 주는 즐거움만을 맛보는 것이다. 하지만 하나님을 사랑하는 사람들은 이 모든 사물이 속한 우주 전체의 질서와 의미를 알기에 하나님을 포함한 모든 사물이 갖는 아름다움을 시간을 초월하여 영원히 누릴 수 있다.

만물을 있게 하시고, 그것들을 알고 누리는 인간 자신을 있게 하시는 하나님을 모른 채 살아가는 것은 자신의 존재의 기반을 잊은 채 살아가는 것이다. 거기서 어떻게 올바른 삶의 목표가 설정될 수 있겠는가.

|

Quidquid per illam sentis, in parte est et ignoras totum, cuius hae partes sunt, et delectant te tamen(4.11.17).

네가 그것(육체)으로 느끼는 것은 부분이며, 부분들이 구성하는 전부는 알지 못하느니라. 비록 그 부분들이 너를 유쾌하게 만든다고 할지라도.

31

아름다움이란 무엇인가?

아름다움이란 사물 안에 있어서 인간의 마음을 끌어 좋아하게 만드는 그 무엇이다. 사물의 아름다움은 인간에게 애호愛好의 정동을, 사물의 추함은 오혐의 정동을 불러일으킨다. 반복되는 애호의 정동은 사랑의 성향을 만들어 아름다워 보이는 것에서 결점을 찾지 못하게 하고, 오혐의 정동은 미움의 성향을 만들어 추해 보이는 것에서 장점을 발견할 수 없게 한다. 그렇다면 어떤 사물을 아름답게 하는 것은 무엇일까? 거기에는 두 가지 요인이 있다.

첫째로, 개별적 사물의 완전성이다. 개개의 사물은 각자 사물로서의 완전성, 혹은 탁월함의 수준이 다르다. 플라톤은 사물의 탁월함*arete*의 기준을 이데아*idea*와의 합치로 보았다. 개별적 사물의 완전성은 그 사물을 아름답게 하는 중요한 요소다. 개별적 사물의 완전성의 정체는 두 가지다. 하나는 그 사물을 이루는 각 구성 요소의 독립적 완전성이고, 또 하나는 그 구성 요소들이 다른 구성 요소들과 이루는 조화와 일치의 협력적 완전성이다. 이 두 가지 완전성을 통하여 사물은 그 사물로서 고유하게 작용함에 있어 완전하게 된다. 사람들이 개별적 사물의 완전성을 아름답게 여기는 이유는 그것을 통하여 가장 큰 만족을 얻을 것이라는 기대 때문이다.

둘째로, 보편적 질서 안에서의 완전성이다. 개별적 사물의 완전성이 다른 외부 사물과의 관계를 고려하지 않은 그 사물 자체에 관한 것이라면, 보편적 질서 안에서의 완전성은 다른 사물과의 관계를 고려한 것이다. 잘 자란 한 그루의 소나무는 그 자체만으로도 아름답지만, 푸른 바다와 하얀 모래사장, 파란 하늘과 어울릴 때 더욱 아름답다. 이렇게 함께 어울릴 때 더욱 아름다운 것은 바로 보편적 질서 안에서의 완전성 때문이다.

이러한 사실들을 인간 존재에 적용해보자. 인간으로서의 탁월함은 바로 그의 정신의 요소들의 완전함과 타자와 선한 관계를 맺는 것에서 찾을 수 있다. 이것이 바로 인간의 아름다움이자 덕*virtus*이다. 선한 삶을 살려면, 참으로 아름다운 것을 아름답다고 느낄 수 있어야 한다. 인간이 고상한 아름다움보다 열등한 아름다움에 끌리는 것은 아름다움을 인식하는 인간의 주관적 정신이 완전하지 않기 때문이다. 다시 말해서 정신의 결함 때문에 참으로 아름답지 않은 것을 좋아하는 탓에 고상한 아름다움을 버리고 열등한 아름다움에 탐닉하는 것이다.

인간의 마음이 고상한 아름다움에 익숙하면 열등한 아름다움에 끌리지 않지만, 그러지 않으면 열등한 아름다움에 현혹되어 더 높은 가치를 향한 정신의 비상을 포기하고 만다. 시간에 속하는 것들의 아름다움을 영원의 빛으로, 사람의 소견에 옳은 것들을 진리의 빛 아래서 다시 판단하여야 하는 이유가 바로 여기에 있다.

|

Et quid est pulchritudo? Quid est quod nos allicit et conciliat rebus, quas amamus?(4.13.20)

그리고 아름다움이란 무엇인가? 우리가 사랑하는 사물들에게로 우리의 마음을 끌고 매료시키는 것이 도대체 무엇인가?

32
존재의 층차와 아름다움

하나님이 창조하신 피조물은 본래 모두 선했다. 어떤 철학자들은 만물의 층차를 '존재도degrees of reality'로 설명한다. 예를 들어 플로티누스는 존재의 단계the levels of reality가 네 단계, 곧 신(혹은 一者), 지성*mens*, 영혼, 질료의 단계가 있다고 보았다.

플라톤주의의 왜곡된 이해에 영향을 받은 2세기의 이단인 영지주의 사상가들은 이 존재도를 극단적으로 잘못 해석하여 소위 '물질개악설物質皆惡說', 즉 모든 물질은 영적이고 정신적인 것보다 열등하고 악하다는 이론으로 발전시켰고, 이것이 기독교에 나쁜 영향을 미쳐 비성경적 이원론에 흐르도록 했다. 그리하여 교회와 세상, 성스러운 것과 속俗스러운 것 사이에서 극단적으로 이원론적 태도를 갖게 한 것이다.

그러나 정신과 물질에 관한 그러한 생각은 성경적이지도 않을뿐더러 플라톤적이지도 않다. 실제로 플라톤은《국가·政體 *Politeiā*》에서, 형상 곧 이데아를 순전하고 완전한 실재라고 보며 인간의 경험의 대상은 '순수하게 실재인 것과 완전히 비실재인 것 사이에 존재하는 것'이라고 본다.

플라톤은 존재를 세 계층, 곧 가지계可知界, 가시계可視界, 무존재無存在로 분류했다. 그는 감각적 사물의 세계라는 이유로 가시계를 악한 세계로 규정하지 않았다. 가시계는 '단지 순수하게 실재가 아닌' 사물들로 이루어진 세계일 뿐이다. 따라서 영적이고 정신적인 것이 아니기 때문에 모든 물질에는 그것들을 결핍한 만큼 악이 침투했다는 물질개악설은 창조 세계를 잘못 이해한 것이다.

성경은 결코 그런 식의 존재도 개념으로 만물을 이해하라고 가르치지 않는다. 하나님은 만물을 각각 다른 존재로 창조하셨고, 그 다름은 곧 자연 세계의 다양성 및 만물이 서로 다른 원인이 되었다. 창조 세계는 존재들 사이의 서로 다름과 차별성 때문에 조화로운 아름다움을 갖게 되었고, 그 모습 그대로 하나님 보시기에 좋았다. 그러나 인간의 악한 의지로 말미암아 악이 들어왔고, 그 결과 자연적 사물들 안에 자연악이, 도덕적 사물 안에 도덕악이 생겨났다.

오늘날 인류가 자연 세계 안에서 경험하는 각종 재앙과 그 속에서 살아남기 위해 투쟁하는 인간의 고단한 삶은 자연악을 극복하기 위한 인간의 노력이라 할 수 있다. 자연악이 생겨난 근본적인 원인은 인간이 지은 죄 때문이지만, 이후 인간이 생태계를 파괴하면서 더욱 증대되었다(창 3:17; 롬 8:22). 한편 도덕악은 인간의 내면에 깃든 것으로서 창조 목적을 이탈하여 살려는 죄의 경향성에서 생겨나는 도덕적 무질서 혹은 무질서에 대한 사랑을 가리킨다. 또한 인간이 집단을 이루고 사는 사회에 나타나는 죄의 결과를 의미하기도 한다.

비록 인간의 타락으로 말미암아 인간뿐 아니라 모든 자연 만물이 완전성을 잃어버렸다고 할지라도 만물은 본질적으로 여전히 선하다. '선'은 '아름다움'과 함께 모든 사물의 존재 원리*principia essendi*이기 때문이다. 최고선*summum bonum*이신 하나님은 모든 사물을 선하게 대하시니, 인간이 하나님을 거슬러 살 때 경험하는 모든 고통과 불만족은 오히려 하나님이 선하시다는 증거다. 이는 고통과 불만족이 인간을 창조 목적인 선으로 돌아오게 하시려는 하나님의 꺾이지 않는 의지를 보여주기 때문이다.

하나님을 떠난 인간이 불행해지는 것은 하나님의 성품을 그릇 본뜨고 하나님이 주신 선한 것들을 그분의 의도에서 이탈하여 잘못 사용하기 때문이다. 그리고 이는 인간이 스스로 자신을 온 우주의 중심으로, 자신의 행복을 선악의 기준으로 잘못 생각하기 때문이다.

존재하는 모든 사물의 아름다움은 삼위일체 하나님의 아름다움에서 비롯된 것이다. 고대로부터 인류의 최고 스승은 자연과 인간이었다. 인류는 자연을 통해서는 자연적 아름다움에 대해 배우고 그 속에서 간접적으로 도덕 생활의 원리를 터득했다. 그리고 인간을 통해서는 직접적으로 도덕 생활의 원리를 배웠다. 인간의 불행은 참으로 아름다운 것의 아름다움을 느끼지 못하고 아름답지 않은 것을 아름답다고 여기거나, 고상한 아름다움 대신 열등한 아름다움에 마음이 끌리는 데에서 말미암는다.

아름다움과 관련하여 생각할 때, 중생은 신미神美 곧 하나님의 아름다움에 대한 감각을 부여받는 것이며, 회심은 그 감각이 최초로 작용하는 것이다. 성화는 그 아름다움을 자신의 안팎에 구현해가는 것이고, 영화는 지상에서 그 아름다움을 완성하는 것이다. 이러한 측면에서 생각할 때, 인간이 참으로 '잘 사는 것'은 하나님의 아름다움을 성경과 학문, 인간과 자연 속에서 발견하고 하나님을 더욱 사랑하며 살아가는 것이다. 그리하여 모든 만물 속에서 하나님의 아름다움을 발견하고 그분이 주신 세계와 인간을 더욱 사랑하는 것이 인간의 아름다운 삶이다.

존재하는 모든 것은 아름답다. 하나님이 그것들 안에 저마다 지정된 선함을 갖게 하셨기 때문이다. 그러나 그것들이 모두 우리에게 동일한 사랑을 받아야 하는 것은 아니다. 그것들은 하나님이 정하신 존재와 가치의 질서를 따라 저마다의 아름다움으로 자기의 자리에 존재한다. 참으로 인간을 행복하게 하는 것은 그 질서를 아는 것이다. 이것을 칼뱅은 '질서 지워진 선한 삶*la vie bien ordonnée*'이라고 하였다. 그러므로 말씀을 통해 하나님의 마음을 알자. 우리의 마음이 그분의 마음을 닮게 하자. 그래서 그분이 세우신 질서 속에서, 그리스도께서 이 세상에 계셨더라면 사셨을 그런 삶을 살아 드리자. 그것이 이 땅에 현존하는 우리의 존재가 그분의 기쁨이 되는 길이다.

|

Non enim noueram neque didiceram nec ullam substantiam malum esse nec ipsam mentem nostram summum atque incommutabile bonum(4.15.24).

악은 어떤 실체가 아니라는 것과 우리의 마음이 최고의 불변적인 선이 아니라는 것을 저는 알지도 못했고 듣지도 못했사옵니다.

33
정념과 마음의 움직임

마음은 바다와 같다. 바다는 고요할 때에도 큰 물결로 출렁거릴 가능성이 있으며 험한 파도가 요동칠 때에도 언제든 고요해질 가능성이 있으니, 그 어느 상태를 기준으로 바다의 본모습을 정의할 수 있겠는가? 인간의 마음도 이와 같다. 영혼이 온갖 정념의 창고라고 한다면, 마음은 정념이 뛰노는 곳이다. 원래 그리스어에서 정념*pathos*은 '이성이 배제된 열정'을 의미하며 진리에 의해 질서가 잡힌 열정과는 거리가 있다.

영혼은 본질적으로 경향성이다. 영혼은 보이지 않는 실체로서 합당한 기능과 작용을 마음의 성향 안에서 행한다. 이 마음 안에서 지·정·의의 작용이 일어나고, 하나님의 은혜와 인간의 자유의지가 만난다. 그래서 마음은 인간의 무수한 자연적 · 도덕적 행동을 산출하는 공장이라고도 말할 수 있다.

선이신 하나님을 이탈하여 선한 것을 악하게 사용하려는 인간의 의지는 불안과 고통과 악을 이 세상에 들어오게 했다. 인간 개인과 사회의 모든 악은 하나님의 선함과 선하게 창조된 것들을 그릇 사용하는 데서 비롯된다. 하나님이 주신 만물은 선한 것이지만, 하나님 사랑으로 만물을 사용해야 할 인간이 자기사랑으로 사용하면 도리어 악한 것이 되고 만다. 즉, 모든 악과 고통은 하나님을 기쁘게 해드리는 데 사용해야 할 만물을 인간이 자신의 정욕을 위해 사용하고자 본래적 선을 변형했기에 생겨난 것이다.

인간이 비참을 경험하는 참된 원인은 하나님의 창조 목적을 거스르는 방식으로 하나님과 자신, 이웃과 자연 사물의 가치 질서를 파악한 데 있다.

마음의 움직임은 멀리는 영혼의 경향성에 달려 있고 가깝게는 마음의 성향에 달려 있다. 마음의 성향은 선천적으로 주어지기도 하고 후천적으로 형성되기도 한다. 도덕적 성향과 관련해서 마음이 후천적으로 선한 성향을 갖는 것은 본질적으로 하나님의 은혜가 작용한 결과다. 고유한 의미에서 인간의 마음이 선한 성향을 지니는 것은 중생과 회심, 그리고 하나님을 사랑한 결과다. 그러나 하나님을 향한 사랑이 없이도 외적으로 하나님의 율법에 부합하는 바람직한 도덕적 성향을 갖거나 그런 성향으로 변화될 수 있는데, 이는 본성의 빛과 훈련의 결과다.

마음이 진리의 가르침을 받는 올바른 이성이 아니라 충동에 따라 움직일 때, 인간의 정념은 '고름eveness'을 상실하고 인간의 욕망은 지혜의 통제를 받지 않는다. 그 결과 이성의 판단은 오류와 억견에 흐릿해지고 일상생활은 부패를 좇게 된다.

인간이 육체의 쾌락에 탐닉하고 의미 없는 일에 몰두하는 것은 하나님의 사랑이 아니면 채울 수 없는 공허감을 애써 회피하는 것이다. 그러나 인간이 얼마만큼의 쾌락을 즐겨야 영원을 향해 살지 못하는 데서 오는 공허함을 채울 수 있겠는가? 또 얼마나 오래 헛된 일에 몰두하여야 하나님 없는 삶의 외로움을 영원히 직면하지 않을 수 있을 만큼 충분히 도망칠 수 있겠는가?

Sicut enim facinora sunt, si uitiosus est ille animi motus, in quo est impetus, et se iactat insolenter ac turbide, … (4.15.25).

추동력의 근간인 영혼의 움직임이 사악하게 기울어져 오만하고 불손하게 거칠어질 때 범죄가 있나이다.

34

하나님의 존재 양식

신의 존재를 부정하는 사람들은 두 부류로 나뉜다. 하나는 무신론atheism이고 또 하나는 최근 확산되고 있는 반신론antitheism이다. 무신론은 신이 없다고 확신하거나 신이 존재한다는 증거를 납득하지 못하는 사람들의 사상이다. 그러나 반신론反神論은 신이 실제로 존재하는지 그렇지 않은지에 상관없이 신이라는 존재 자체가 싫은 사람들의 사상이다. 즉, 무신론자보다 반신론자가 더 신의 존재에 적극적으로 반대하는 사람들이다.

"하나님이 없다"라고 말하는 사람들은 대부분 사물의 실존양식*modus existendi*에 대한 지성적 혼란 때문에 그렇게 생각한다. '있다'와 '없다'의 판단은 항상 기준을 요구한다. 예를 들어 "바위가 있다"라고 말할 때 사용하는 '있다'의 개념으로 "여기 사랑이 있다"라는 말을 판단한다면, 사랑은 없는 것이다. 사랑은 바위처럼 크기나 부피를 가지고 특정 장소에서 볼 수 있게 존재하는 것이 아니기 때문이다.

우리는 시간과 공간에 실제로 존재하는 것을 '실존'이라고 한다. 한편, '본질'은 어떤 사물이 지니는 '그것으로 하여금 필연적으로 그 사물이게 하는 고유한 성질'을 가리킨다. 모든 사물은 본질과 실존이 다르다. 그러나 하나님은 피조물처럼 시간과 공간에 매여 있는 존재가 아니기 때문에 본질이 곧 실존이다. 17세기 신학자 프란시스 튜레틴에 따르면, 사물은 실존 양식에 따라 세 범주로 구분할 수 있다.

첫째로, 한정적circumscriptive 사물로서 크기, 모양, 한계 등이 있는 사물을 가리킨다. 돌, 칼, 집, 책 같은 것이다. 둘째로, 제한적definitive 사물로서 한계는 있으나 크기와 모양을 시각적으로 측정할 수 없는 사물을 가리킨다. 인간의 영혼, 천사 등이 여기에 해당한다. 셋째로, 충만적replective 사물로서 없는 곳이 없이 존재하는 사물을 말하며, 이에 해당하는 존재는 하나님뿐이시다. 한정적 사물이나 제한적 사물의 존재 유무를 판단하는 기준으로 하나님의 존재를 판단하면, 하나님은 어디에도 없으시다.

아우구스티누스는 아리스토텔레스의 《범주론*Categoriae*》을 읽고 마니교의 세계관에서 벗어나오기 더 어려워졌다. 그가 《범주론》을 통해 하나님의 존재를 피조물의 실존의 범주에서 찾으려 했기 때문이다. 모든 피조물은 하나님을 벗어날 수 없고, 어떠한 사물에 대하여 아무리 그 사물 가까이 있는 피조물이라도 하나님보다 더 가까이 있을 수 없으며 하나님을 벗어날 수도 없다. 그러나 하나님은 어떤 피조물 속에도 피조물이 존재하는 방식으로 존재하지 않으신다.

이 세상 모든 만물 중 하나님의 흔적을 지니지 않은 것은 아무것도 없다. 그러나 이 세상에 존재하는 어떤 것도 그분을 온전히 닮은 것은 없다. 이것이 바로 우리가 무한한 경외심으로 하나님을 찬송하는 이유다.

|

... cum etiam te, deus meus, mirabiliter simplicem atque incommutabilem, illis decem praedicamentis putans quidquid esset omnino comprehensum, sic intellegere conarer, quasi et tu subiectus esses magnitudini tuae aut pulchritudini ... (4.16.29).

놀랍도록 순전하고 변함이 없으신 저의 하나님이시여. 이 10범주론이 실존하는 모든 것을 포괄하는 줄로 상정했기에, 저는 마치 당신도 당신의 위대하심과 아름다움에 종속되어 계신 것처럼 이해했나이다.

part 3

행복한 거지와 불행한 철학자

35

철학보다 귀한 사랑

세상의 학문 가운데 그 가치가 가장 탁월한 학문은 철학이다. 고전적 의미에서 철학은 모든 학문의 성과가 갖는 의미를 규명하고, 학문의 결과를 어떤 방식으로 사용해야 할지를 통합적으로 보여주기 때문이다. 그래서 철학은 '모든 학문을 위한 학문'이라고 말할 수 있다.

탁월한 삶은 올바른 지식에 기초를 둔 삶이다. 올바른 지식의 안내를 받아 하나님과 이웃, 자연 만물과 관계를 맺으며 살아가는 삶이 바람직한 삶이다. 인간에게 가장 중요한 것은 삶을 구축할 기반이 되는 지식이다. 철학은 분명 모든 학문의 원리를 가르쳐준다. 하지만 그 원리를 이용해 살아가는 삶의 궁극적 목적인 행복의 원리까지 가르쳐주지는 못한다.

그리고 하나님 없는 이성의 능력만으로 쌓아올린 지식의 체계는 진리를 온전히 반영하지 못한다. 철학이 세계와 인간, 나아가 그 둘에 관한 학문의 원리를 가르쳐준다고는 하나, 저마다의 견해가 다르다. 그래서 서양 철학의 역사는 끊임없이 앞선 이론을 무너뜨리고 새 이론을 세우는 방식으로 이어져 왔다. 또한 그 역사는 멀리 보면 파괴와 복구를 되풀이한 역사다.

삶의 기반이 되는 지식은 이성의 탐구만으로 얻을 수 있는 것이 아니다. 이 지식은 비밀스러운 것으로서 인간의 이성뿐 아니라 신앙을 요구한다. 철학이 아무리 뛰어난 학문이라고 해도, 성경의 계시로 규명된 궁극적인 해답에는 미치지 못하는, 하위 지식만을 전달해줄 뿐이다.

회심하기 전에, 내 마음에서 끝까지 떠나지 않았던 의문은 도덕의 근거에 관한 것이었다. 때로는 저항할 수 없는 권위로, 때로는 폭력의 얼굴로 다가오는 도덕의 근거가 어디에 있는가 하는 질문이었다. 젊은 시절 실존주의에 심취했던 것도 바로 이 때문이다. 그러나 니체나 하이데거, 사르트르와 같은 철학자들뿐 아니라 카뮈나 카프카, 엘리엇, 조이스 등의 작가들에게 공감하면서도, 그들에게서 안식을 얻을 수는 없었다.

나는 신학을 공부한 뒤에도 오랜 세월 지적 여정을 거친 후에야 그 원인을 알 수 있었다. 인간이 삶의 근거와 행복에 관한 궁극의 지식에 도달하려면, 그 모든 것의 근원인 절대자에 대한 믿음과 사랑이 필요한 까닭이었다. 자기를 위한 욕심의 종이 된 상태에서는 어떠한 학문 지식과 탁월한 이해도 인생의 근원을 묻는 질문에 답을 주지 못한다. 비록 학문에 대한 이해와 철학적 통찰이 부족하다 해도 성경의 진리를 어린아이처럼 믿으며 하나님을 신뢰하고 사랑하며 사는 것이 행복하고 의미 있는 삶을 사는 길이다.

우리는 하나님을 찬송하기 위해 이 세상에 태어났다(사 43:21). 그분을 사랑하며 그분의 이름을 높이는 것이 우리에게 즐거움이 되지 않는다면, 그분도 우리가 이 세상에 존재하는 것이 기쁘지 않으실 것이다. 인간의 참된 행복은 하나님이 영광을 받으시는 그 일 안에서 자신의 존재 가치를 발견하는 것이다.

|

Sed te laudet anima mea, ut amet te, et confiteatur tibi miserationes tuas, ut laudet te(5.1.1).

하오나 저의 영혼이 당신을 찬미하여 당신을 더욱 사랑하게 하옵시고, 당신의 자비로운 돌보심을 감사로 당신께 고백하게 하사, 당신께 영광을 돌리게 하옵소서.

36

가까이 계신 하나님

그 어떤 피조물도 하나님의 품을 벗어나지 못한다. 하나님이 만물보다 크시기 때문이다. 하나님이 만물 속에 사물처럼 계신 것은 아니지만, 어떤 사물도 하나님 없이 존재하지 않는다. 지상 만물 중 하나님이 거하시기에 가장 훌륭한 처소는 인간의 마음이다. 인간의 마음 안에서 하나님은 당신의 음성을 들려주시고 인간의 소리에 귀를 기울이신다.

인간에게는 세상 어떤 만물도 하나님보다 더 가까이 있는 것이 없다. 심지어 우리의 자아도 하나님보다 우리 곁에 더 가까이 있다고 말할 수 없으니, 우리의 자아가 낯설어질 때도 하나님은 더욱 친근하기 때문이다. 인간에게 하나님이 낯설게 느껴지는 것은 하나님이 그를 버리셨기 때문이 아니라 인간이 마음으로 하나님을 떠났기 때문이다. 하나님은 언제나 가까이 계시며, 인간은 하나님을 피해서 살 수 없다. 다시 말해서 인간은 원하던 원치 않던 하나님을 향해 살 수밖에 없다. 그가 진리 안에서 하나님을 경외하면 자비롭고 친근하신 하나님을 뵈옵고, 진리를 떠나서 하나님을 거스르면 진노하시고 침묵하시는 하나님을 뵈올 것이기 때문이다.

인간이 하나님을 경외하며 살지 않는 실제적인 이유는 하나님보다 자기 자신을 사랑하는 이기심 때문이다. 이 이기심의 정체는 자기사랑이지만, 이것으로는 자기 자신조차 제대로 사랑할 수 없다. 자기사랑은 곧 결코 나뉠 수 없는, 인간을 인간 되게 하는 두 요소, 곧 영혼과 육체 중 영혼은 버리고 육체만을 편벽되이 사랑하는 것이기 때문이다.

자기사랑은 영원히 있을 영혼은 버리고 시간 속에서 소멸될 육체만을 사랑하는 것이다. 그러므로 아우구스티누스가 말한 바와 같이 진정으로 자기를 사랑함이 자기를 미워하는 것이며 자기를 미워함이 자기를 사랑하는 것이다. 그래서 '회개'는 언제나 자기사랑에 대한 후회, 슬픔, 하나님 사랑으로 돌아가는 회귀를 포함한다.

인간의 영혼이 가장 아름다울 때가 두 번 있다. 바로 하나님을 온전히 사랑할 때와 자기사랑에서 깨어질 때다. 이때 만물을 초월하셔서 만물 중 어느 곳에도 아니 계신 것 같던 하나님이 그 사람 마음 안에서 자아보다 더 가까이 계신 분으로 일체를 이루신다. 이것이 바로 하나님과 연합된 삶을 사는 길이다.

인간이 하나님을 믿지 못하는 것은 그분의 존재를 생각할 때 사물의 실존 양식에 비견하여 생각하기 때문이다. 그러나 하나님은 사물처럼 공간 안에 일정한 부피를 가지고 존재하는 방식으로 계시지 않는다. 따라서 하나님에게는 멀리 있는 사람도 없고 너무 가까운 사람도 없다. 하나님에게서 멀게, 혹은 가깝게 느껴지는 것은 오직 하나님을 향한 그 사람의 사랑에 달린 것이다.

|

… ecce ibi es in corde eorum, in corde confitentium tibi et proicientium se in te et plorantium in sinu tuo post uias suas difficiles … (5.2.2).

당신은 그들의 마음 안에, 여기 당신에게 고백하는 자들과 자신을 당신께 내맡기는 자들과 당신의 고단한 발자취를 따라 당신의 가슴에 파묻혀 절규하는 자들의 마음에 계시나이다.

37
배향과 불안

생각과 생활로 하나님을 등지는 것을 가리켜 배향*aversio*이라고 부른다. 배향은 회심, 곧 하나님에게 돌아오는 전향*conversio*과 짝을 이루는 단어다. 하나님을 향하여 배향하는 사람은 불안하다. 마치 태양을 등진 사람이 자기 앞에 드리우는 그림자를 피할 수 없는 것처럼, 배향하는 사람은 육신대로 살 자유를 얻는 대신 불안을 떨쳐내지 못한다.

실존주의자들은 인간이 불안Angst을 통해 자신의 실존을 확인하는 것으로 생각했다. 그들은 인간과 세계를 그 근원을 설명할 수 없는, 그 존재들이 꼭 있어야 할 필연을 발견할 수 없는 우연적인 존재들이라고 보았다. 그들의 주장대로라면 인간은 도덕의 근거조차 없이 이 세계에 내동댕이쳐진 존재,

곧 피투(被投, Geworfenheit)의 존재다. 그는 도덕의 근거 역시 자기 안에 가지고 있는 완전히 자율적인 존재로, 존재에 있어서도 독립적이며 의지 행사에 있어서도 자기 결정력을 가지고 있다. 이는 인간을 다른 모든 피조물과 구별하는 특징이자 영광이지만, 진리이신 하나님을 떠나자 이것이 도리어 불안의 요인이 되었다.

지위고하와 빈부귀천을 막론하고 인간은 자유를 간절히 원한다. 그러나 하나님을 거역하고 배향의 삶을 사는 동안 육체는 잠시 자유를 누릴지라도 영혼은 더 깊은 속박을 경험한다. 이러한 자유에 한없이 만족하며 살 수 있는 인간은 없다. 인간이 하나님의 사랑의 속박에서 벗어나서 누리는 자유는 하나님을 등지고자 하는 육적 자아의 자유다. 그러나 인간은 그분의 속박 안에 있어야 참다운 행복에 이를 수 있다. 그러므로 육적 자아의 자유를 누리자마자 그는 제일 먼저 자기 자신을 잃어버리고, 그 때문에 늘 함께 있으면서도 자기 자신을 발견하지 못한다. 하나님을 알아야 참된 자신을 마주할 수 있는 줄 모르기 때문이다.

인간은 자유롭기 위해 하나님을 등지고 멀리 떠나지만, 그렇게 할수록 잃어버리는 것은 하나님이 아니라 자기 자신이다. 죄인이 아무리 극렬하게 하나님을 버리고 대적하여 멀어질지라도, 그렇게 달려간 길 끝에서 그를 대면하고자 기다리시는 하나님과 만나게 마련이기 때문이다. 사실 자유를 위해 하나님을 떠나는 것은 그릇된 인생길을 가려는 자신에게 매이는 것이니, 인간의 자유를 빼앗는 속박은 자기 밖에 있는 것이 아니라 자신 안에 있음을 알아야 한다. 진리는 우리의 지성과 의지에 자유를 준다. 이를 이해하려면 다음 두 가지 사실을 숙고해야 한다.

첫째로, 진리가 지성에 자유를 주는 방식이다. 진리는 질서에 대한 깨달음을 통해 지성에 자유를 준다. 이 질서는 하나님을 정점으로 하는 존재의 질서이며 가치의 질서다. 이 존재의 질서를 따라서 우리가 누구와 어떤 관계를 맺으며 살아야 하는지를 알고, 또 이 가치의 질서를 따라서 우리가 누구를 어떻게 사랑해야 하는지를 알게 됨으로써 우리의 지성은 자유를 얻는다.

둘째로, 진리가 의지에 자유를 주는 방식이다. 의지는 진리의 은혜가 불러일으키는 사랑을 통해서 자유를 얻는다. 비록 지성이 존재와 가치의 질서를 깨달았다고 할지라도, 그 질서를 따라 사는 것은 별개의 문제다. 여기에는 지성의 깨달음뿐 아니라 실제로 그렇게 살 수 있는 정신의 힘이 필요하기 때문이다. 성령은 진리를 사용하여 역사하는 은혜의 작용으로 인간의 마음에 하나님을 향한 사랑을 불러일으키신다. 인간의 마음에 이러한 역사가 일어날 때, 그는 지성으로 발견한 존재와 가치의 질서를 따라 살게 된다.

하나님을 배향하는 인간은 존재 및 가치 질서의 정점에 자신을 둔다. 그리고 타인이 자신을 향해 저지르는 죄를 무한한 크기를 가진 것으로 여기는데, 이것이 바로 죄에 대한 도덕철학적 설명이다. 자기사랑 속에 조각조각 찢겨진 인간의 마음 안에서 하나님을 잃고 상실한 자아를 찾지 못한 채 살아가는 그는 삶을 살아도 살아 있는 것이 아니니, 살았다 하는 이름을 가졌으나 실상은 죽은 자다(계 3:4).

그러므로 하나님을 등진 인간이 해야 할 가장 시급한 일은 돌이켜 그분에게 돌아가는 것이다. 죄에 대한 회개와 그리스도에 대한 믿음으로.

|

Et ubi ego eram, quando te quaerebam? Et tu eras ante me, ego autem et a me discesseram nec me inueniebam: quanto minus te! (5.2.2)

제가 당신을 찾았을 때에 저는 어디에 있었나이까? 당신께서 바로 제 앞에 계셨건만 저는 제 자신에게서 떨어져 나와 방황하느라 제 자신조차 찾지 못했사오니, 그런 제가 어찌 당신을 찾을 수 있었겠나이까?

38

행복과 하나님을 앎

이 세상에서 구원의 은사 다음으로는 지식만큼 소중한 것이 없다. 인간의 지식은 자연적 지식과 도덕적 지식으로 나뉜다. 전자가 자연 만물에 대한 지식이라면, 후자는 인간이 무엇을 행하고 어떻게 살아야 마땅한지를 아는 지식이다. 이 두 지식은 전혀 다른 영역을 다루지만, 둘 사이의 벽을 허물어 자연 안에서 도덕적 가르침을 배우고, 도덕 안에서 자연의 올바른 사용을 배울 수 있어야 한다. 이것이 원래 인류가 지식을 통해 삶과 행복을 얻는 방식이었다.

법法이라는 글자를 생각해보자. 법은 물水과 흘러감去을 합친 것이다. 물이 높은 곳에서 낮은 곳으로 흐르는 자연 현상*physica*을 보면서, 인간 삶에 적용할 논리*logica*를 찾고, 이를 통해 인간 사회가 자연의 이치를 따라 살아가는*ethica* 사회가 되어야 한다는 사실을 배운 것이다. 이것이 바로 지식과 삶의 관계인 자연-논리-윤리다. 오늘날의 인문학 열풍은, 과학 발전과 함께 자연적 지식은 폭발적으로 증가했지만 지식의 의미를 묻고 그 결과를 삶에 적용하여 덕스러운 사람이 되고 선한 생활을 영위하는 데는 실패한 오늘날의 교육 현실을 반영하는 것이다. 참다운 인문학은 성경이 가르치는 인간학에 기초를 두어야 한다.

아우구스티누스는 마니교에 빠진 뒤에도 철학은 물론 자연과학, 음악, 역사 등을 탐구하며 진리를 찾고자 했다. 그래서 많은 사람이 예언이라고 생각한 것들이 사실은 자연 법칙에서 비롯된 것임을 입증했다. 철학에 대한 이해도 출중해서 젊은 시절에 빠져든 마니교가 사실은 거짓 가르침에 기초하고 있다는 사실을 깨달았다. 여기서 그는 자연적 지식을 습득하는 능력이 아무리 탁월해도 그 지식을 내신 하나님을 알지 못하면 행복에 이를 수 없다는 사실과 학문이 아니라 하나님을 경외함으로 행복에 이를 수 있다는 사실을 절감했다.

기독교 신앙의 위대함은 두 가지 측면에서 찾을 수 있다. 첫째로, 사상의 위대함이다. 기독교 신앙은 신자가 이 세상에 태어난 목적을 따라 살아갈 수 있도록 체계적인 사상을 충분히 가르친다. 성경과 신학은 신자로 하여금 삶을 사는 데 필요한 하나님과 인간과 세계에 대한 지식을 갖추게 한다. 모든 인간은 철학자다. 저마다 자신의 세계관과 인생관이 있기 때문이다. 기독교의 힘은 제각각 지니고 있는 그릇된 철학을 꾸짖고, 인간으로 하여금 하나님의 관점에서 세계를 볼 수 있게 한다는 데 있다. 둘째로, 윤리의 위대함이다. 기독교 신앙은 신자가 이 세상에 태어난 목적을 따라 살기에 충분한 은혜를 주어 사랑으로써 윤리적인 삶을 살게 한다. 기독교의 모든 사상과 윤리는 하나님을 향한 지식과 사랑 안에서 하나다. 하나님을 아는 것은 하나님을 사랑하는 것이고, 그것이 곧 기독교의 사상과 윤리의 원천이다.

인간의 행복은 하나님 안에서 모든 사물과 관계를 맺으며 지복至福에 참여하는 것이다. 하나님 안에서 누리는 사랑은 그 대상이 사라져도 영원히 있는 사랑이니, 이 사랑을 누림이 인간 최고의 행복이다.

|

Infelix enim homo, qui scit illa omnia, te autem nescit; beatus autem, qui te scit, etiamsi illa nesciat … (5.4.7).

그것을 모두 안다고 해도 당신을 알지 못하는 사람은 불행하오나, 이것들을 모두 알지 못한다 해도 당신을 아는 사람은 행복하옵나이다.

39

어미 같은 교회의 사랑

사람이 태어났다고 해서 그가 곧 온전한 사람인 것은 아니다. 물론 갓난아이일지라도 사람임에는 틀림없다. 그러나 그는 아직 온전한 사람이 아니다. 신자도 이와 같으니, 비록 회심하여 그리스도의 몸에 한 지체로 접붙여졌다고 할지라도 영적으로나 인격적으로 아직 어린아이와 같다.

교회는 세 가지 대상을 위하여 존재한다. 하나님과 교회 자신과 세상이다. 첫째로 교회는 하나님을 예배하고 섬기며, 둘째로 이웃에게 복음을 전파하고 섬기기 위해 존재한다. 셋째로 교회는 교회 자신을 위해서도 존재하는데, 이는 교회의 일부인 지체들이 지식과 사랑에 굳건해지게 하여 교회를 온전하게 하는 것을 의미한다. 어린아이와 같던 신자들은 교회의 사랑 어린 돌봄 가운데 온전해진다. "사람의 궤술과 간사한 유혹에 빠져 모든 교훈의 풍조에 밀려 요동"하는 것은 신자가 아직 어리다는 증거다(엡 4:14). 그가 요동하는 이유는 세 가지가 결핍된 탓이다. 첫째는 지식의 결핍이요, 둘째는 믿음의 결핍이고, 셋째는 경험의 결핍이다. 어린 신자는 성경을 통해 하나님과 인간과 세계에 대한 지식을 얻고, 경험과 논리를 통해 지식의 체계를 갖추며 성숙해간다.

성숙한 신자는 사랑 안에서 참된 일을 행하는 것으로 자신의 온전함을 입증한다(엡 4:15). '참된 일을 행하는 것*alethuontes*'이 가능하려면, 그의 삶에 '진리'와 '행함'이라는 두 요소가 있어야 한다. 이는 곧 진리에 합치하는 삶을 말하고, 여기서 '진실함*verum*'이 나온다. 그러므로 진실한 삶은 진리에 부합하는 인격, 그리고 그 진리를 따라 살고자 하는 실제적인 순종에서 나온다고 할 수 있다.

교회의 첫째가는 사명은 신자가 된 지체들이 온전한 신자가 될 수 있도록 '진리*veritas*'를 보여주는 것이다. 그때 비로소 신자의 삶이 세상에 진리를 보여주는 삶이 될 수 있다. 그러므로 교회의 목회 사역은 하나님을 아는 지식의 보고를 여는 일이라 할 수 있다. 그 지식의 정수가 바로 하나님의 계시의 책인 성경이다.

교회가 소유한 지식의 풍부함은 갓난아이를 기르는 어미의 풍만한 젖가슴에 비유할 수 있다. 이 지식은 반드시 충만한 사랑 가운데 전달되어야 하는 것이니, 이는 마치 어미가 자식에게 젖을 먹일 때 마음에 가득한 사랑으로 하는 것과 같다. 갓난아이였던 지체가 유아기와 소년기를 거쳐 청년과 장년에 이르기까지 사랑으로 돌보아야 하니, 교회에 얼마나 많은 사랑이 필요하겠는가? 교회가 하나님을 향한 '지순한 사랑*caritas*'으로 가득 차야 할 이유가 여기에 있다.

교부 키프리아누스는 말했다. "교회를 어머니로 여기지 않는 자는 하나님을 아버지로 여길 수 없다*Habere jam non potest Deum patrem, qui ecclesiam non habet matrem*"(《교회의 일치에 관하여 *Liber de Unitate Ecclesiae*》 6). 어머니는 자식의 부족함과 약함을 자신의 운명처럼 끌어안고 사랑한다. 정상적인 어머니는 자기 자식을 결코 버리지 않는다. 교회는 그런 사랑의 공동체가 되어야 한다. 그리스도의 몸의 지체들인 신자의 허물과 죄를 자신의 것으로 끌어안고 아파해야 하며, 몸 전체가 완전한 머리이신 그리스도의 순전함을 닮아가도록 말씀과 성령 안에서 하나님의 성품들을 가르치는 일에 힘써야 한다.

어머니의 품을 그리워하는 어린아이처럼 교회를 사랑하자. 하나님을 아버지로 모시듯 교회를 어머니로 여기며 사랑하

자. 그 교회 안에서 배우는 진리로 사랑을 이루고, 그 사랑으로 교회와 세상 안에 진리의 말씀이 이루어지게 하자.

|

Sed etiam talis infirmitas in fidei cunabulis a caritate matre sustinetur, donec assurgat nouus homo in uirum perfectum et circumferri non possit omni uento doctrinae(5.5.9).

하오나 신앙이 아직 유아 상태일 동안에는 이런 종류의 연약함이 생겨나도 우리의 어미(교회)가 사랑으로써, 새롭게 창조된 인간성이 완전한 성인의 상태에 이르러 온갖 그릇된 가르침에 흔들릴 수 없게 될 때까지 감당하나이다.

40

범죄와 자아의 찢어짐

칼뱅은 인간이 죄를 지을 때 자신이 마귀 때문에 죄를 짓는다고 말해서는 안 된다고 했다. 마귀의 존재와 악이 밀접한 관계가 있다고 설교하던 그가 왜 인간이 짓는 범죄에 대해서는 그렇게 말했을까? 그것은 악이 인간 안에서 역사하는 방식과 인간 밖에서 역사하는 방식이 다르기 때문이다. 인간 밖에 있는 악은 인간을 객체로 삼아 해를 입히지만, 인간 안에서 역사하는 악은 인간이 주체가 되어 악을 선택하고 행사한다.

그리스도에게로 회심하기 전, 아우구스티누스를 혼란에 빠뜨린 것은 마니교의 선악관이었다. 마니교는 인간 안에 선성善性과 악성惡性이 함께 있어 이 둘이 서로 싸우는데, 악성이 이김으로써 인간이 악을 행하게 된다고 보았다. 마니교의 시각에서 보면 인간이 악을 행할 때 그 역시 자기 안에 있는 악성의 피해자가 되는 셈이다. 그러나 특정한 악을 향한 성향이 인간의 내면에 형성되기까지 반복적인 실천이 있었다는 점을 간과해서는 안된다. 반복적인 실천을 통해 일단 특정한 악에 대한 성향이 내면에 형성되면, 아주 작은 유혹도 마음 안에서 큰 힘을 형성하여 그 사람을 쉽게 악으로 굴러 떨어지게 한다. 알코올 중독증이나 성性 중독증 같은 것이 바로 그러한 예다.

이런 상황에 빠졌을 때, 인간은 자신의 의지로 그 악을 행하는 것이 아니라 자기 안에 존재하는 악한 무엇인가가 자신의 의지와는 상관없이 악을 행하는 것처럼 느낀다. 자신이 아닌 어떤 힘에 의해 그렇게 되는 것 같은 착각을 하는 것이다. 이것이 바로 악을 행할 때 경험하는 자아의 찢어짐이다.

자신은 원하지 않고 되레 싫어하는데도, 좋은 듯 죄에 이끌리는 것은 왜인가? 인간은 마음 한편으로는 어떤 행동을 하기 원하면서도 또 한편으로는 그것을 행하기 싫어할 수도 있는 복잡한 존재다. 그런데 행하고 싶으면서도 또 한편으로는 행하고 싶지 않은 그 행동을 반복적으로 실천하다 익숙해져서 어느덧 마음의 성향이 되었을 때, 인간은 표면적으로는 그것을 행하지 말자고 다짐하면서도 쉽게 그 행동에 이끌리며 만족을 얻는다. 그래서 세상을 사랑하면서도 하나님을 그리워하고, 죄를 지으면서도 성결함에 향수를 느낀다. 하나님을 안타깝게 부르면서도 막상 그분의 음성이 들릴 때면 뿌리치며 달아난다. 이렇게 찢어진 자아를 가지고 사는 동안, 인간의 마음에는 평안이 없다.

우리는 친숙하지도 낯설지도 않은 자아의 두 민낯을 매 순간 마주하며 살아간다. 그러나 진리의 빛이 없기에 그 두 얼굴 뒤에 있는 참 모습을 알지 못한다. 분열하는 자아를 가지고 매일 마주하는 현실을 인식하고 판단하고 행동할 뿐이다. 그 결과 자신이 주체가 되어 인식하고 판단하고 행동했는데도, 마치 자신이 객체로서 피해를 당한 것처럼 느껴지는 찢어짐의 경험을 자아 안에서 늘 반복하며 산다.

선악 간에 무언가를 원하고 행하는 주체는 오직 '나'뿐이다. 그런데 가끔 여러 개의 '내'가 있는 것 같은 느낌을 받을 때가 있다. 악을 행할 때는 선을 행하고자 하는 자신이, 선을 행할 때는 악을 행하고자 하는 자신이 타자처럼 느껴지는 '낯섦'이 그러한 예다. 그러나 이 갈등은 서로 근원이 다른 두 개의 무엇 사이의 갈등이 아니라 하나의 자아 안에 있는 선한 의지와 그것의 결핍 사이에서 일어나는 갈등이다. 존 오웬은 "불신자가 죄를 지을 때는 단일 의지로 하지만, 신자가 죄를 지을 때는 복합 의지로 행한다"고 말했다. 여기서 '복합 의지'란 서로 다른 두 인격의 의지가 있다는 말이 아니다. 단지, 신자 안에 있는, 선을 행하고자 하는 거듭난 새 본성과 악을 행하고자 하는 옛 본성을 구별하여 일컫는 말이다. 악을 행하고자 하는 옛 본성은 거듭난 새 본성이 힘을 잃을 때 고개를 든다.

찬란한 진리의 빛, 열렬한 기도, 충만한 은혜를 갈망하며 사는 것은 매일 새로운 본성이 우리 안에서 힘을 발휘하게 하기 위함이다. 이미 구원을 받고 하나님의 자녀가 되었음에도 불구하고 날마다 십자가의 은혜를 더욱 갈망하는 이유가 여기에 있다. 이것으로써 우리는 이 세상을 사는 동안 운명처럼 지고 가야 하는 옛 사람의 본성을 이길 수 있기 때문이다.

|

Adhuc enim mihi uidebatur non esse nos, qui peccamus, sed nescio quam aliam in nobis peccare naturam … (5.10.18).

그때까지 저는 죄를 저지르는 것이 우리가 아니라 죄에 대해 책임져야 할 우리 안에 있는 어떤 다른 본성 때문이라 여겼던 까닭이옵나이다.

41

인간과 하나님의 모습

인간은 하나님의 형상을 닮은 존재로 창조되었다. 그러나 이 말은 인간의 육체가 하나님의 모습을 닮았다는 뜻이 아니다. 이렇게 확언할 수 있는 이유는 두 가지 때문이다.

첫째로, 하나님은 인간과 같이 시간에 얽매이는 분이 아니다. 인간처럼 과거는 지나갔고 미래는 아직 앞에 있어서 누리지 못하는 그런 분이 아니다. 하나님은 시간 안에서 우리의 삶에 간섭하시고 통치하시지만, 당신 자신은 시간을 초월해 계시는 분이다.

둘째로, 하나님은 장소에 매이는 분이 아니다. 인간처럼 여기 있으면 저기에는 있을 수 없는 존재가 아니기에, 여기부터 저기까지가 하나님이고 그 밖에는 하나님 아닌 다른 무엇이라고 말할 수 없다. 따라서 인간이 하나님의 형상으로 창조되었다는 것은 인간이 하나님의 육체적 모양을 닮은 존재로 창조되었다는 의미가 아니다. 신학에서 '하나님의 형상'이라는 개념이 인간의 영혼과 정신뿐 아니라 육체까지 포함한다고 말하는 것은 정신뿐 아니라 육체에 대해서도 인간으로서의 존엄성을 인정해야 한다는 뜻이다. 특히 인간의 외형적 삶과 영혼의 하등한 기능을 통솔하는 하나님을 닮은 능력, 그것이 곧 '하나님의 형상'이다. 그리고 하나님을 닮은 능력의 핵심에 지성과 의지가 있다.

하나님은 모든 인간의 지성이 한결같이 당신을 알기를, 모든 인간이 당신과 같은 관점으로 세계 만물을 알기를 원하셨다. 그렇지만 인간의 지성을 각각 서로 다른 개별자로 창조하셨다. 또한 하나님은 모든 인간의 의지가 하나같이 당신의 뜻을 행하기를, 모든 인간이 당신과 같은 마음으로 타자에게 의지를 행사하길 원하셨다. 그렇지만 의지에 있어서 인간을 각각 서로 다른 개별자로 창조하셨다. 그러므로 우리 안에 있는 하나님의 형상을 회복하여 하나님에게 가까워지는 것이 우리 인간의 가장 큰 의무다.

사람의 몸을 입고 오신 예수 그리스도는 인간이 보이지 않는 하나님의 형상을 온전히 담지할 때 어떤 존재가 되는지를 분명히 보여주셨다. 그래서 하나님의 형상을 그리스도의 형상 *imago Christi*이라고 부르기도 한다(고후 4:4). 이 형상은 곧 하나님이 인간을 창조할 때 기대하셨던 참 인간의 됨됨이와 살아감을 가능하게 하는 근원이다. 인간의 타락으로 상실한 하나님의 형상을 하나님은 그리스도의 구속으로 회복하게 하셨다. 비록 구원받은 신자라도 이 세상에서는 하나님의 형상을 완전히 회복할 수 없으나 종말에는 온전히 회복하게 될 것이다.

아우구스티누스가 마니교의 악습에서 벗어나지 못한 이유는 바로 이 진리를 알지 못했기 때문이다. 그러니 삶과 동떨어진 것처럼 보이는 사변적 지식이 실제 삶의 행복과 얼마나 밀접한지 생각해보라.

|

Vbi uero etiam comperi ad imaginem tuam hominem a te factum ab spiritalibus filiis tuis, quos de matre catholica per gratiam regenerasti, non sic intellegi, ut humani corporis forma determinatum crederent atque cogitarent ... (6.3.4).

실로 저는, 그들의 어머니인 보편 교회로부터 은혜로 새로 태어나게 하신 당신의 영적인 자녀들은 사실상 당신의 형상을 따라 인간들을 창조하신 진실을, 당신께서 인간의 육체의 형태에 의해 한계 지어진 것으로 믿는 조잡한 방식으로 이해하고 있지는 않았던 것이었음을 깨닫게 되었나이다.

42
설교와 영혼의 자유

어른이 어린아이와 이야기할 때 어른들에게는 이미 자명한 사실이나 어린아이에게는 도무지 이해가 가지 않는 것이 있다. 그러니 3차원의 공간과 4차원의 시간밖에 경험하지 못하는 인간이 무한차원에 속하신 하나님이 아시는 바를 어찌 다 이해할 수 있겠는가! 인간에게 정말로 필요한 위대한 지식, 다른 모든 이성적 사유의 토대가 되는 지식은 이성으로 알 수 있는 것이 아니라 믿음으로 받아들여야 하는 것이다.

신앙 밖에서도 이는 명백한 사실이다. 우리는 모두 자신의 생일을 알고 있다. 어느 해 어느 달 며칠에 태어났는지 인식하고 있다. 그러나 우리 중 누가 자신이 태어나는 것을 직접 눈으로 보았거나 분명하게 기억할 수 있겠는가! 그저 모든 사람이 증언하는 바를 믿음으로 받아들였을 뿐이다.

인간이 비행기에 탑승하는 것도 추락하지 않고 목적지까지 갈 수 있다는 믿음이 있기 때문이다. 그러나 이 믿음은 어떤 인격자에 대한 신뢰에 바탕을 둔 믿음이 아니라 단순히 확률에 대한 믿음이다. 이러한 믿음은 하나님의 존재나 성경을 믿는 믿음과는 다르다.

성경의 진리를 믿는 믿음은 철저히 그 진리를 계시하신 하나님의 인격에 대한 신뢰*fiducia*에 뿌리를 두고 있다. 그래서 좋은 믿음은 언제나 하나님을 향한 진실한 사랑과 나뉘지 않는다. 사랑을 '믿고자 하는 성향*dispositus credendi*'이라고 부르는 것도 이런 이유 때문이다.

하나님은 우리에게 믿음과 생활을 규율하는 규칙과 교훈의 토대가 되는 진리를 주셨다. 이 진리는 이성을 통해 이해하는 것이 아니라 믿음으로 받아들여야 하는 것이다. 여기에는 계시된 진리를 쉽게 이해하지 못하는 인간에 대한 하나님의 배려도 담겨 있고, 근본 진리를 받아들일 때마다 그것을 다 이해할 수는 없어도 진리를 주신 하나님의 존재와 사랑의 성품을 인격적으로 신뢰하게 하시는 하나님의 지혜도 담겨 있다.

우리가 믿음과 삶의 토대가 되는 지식을 받아들일 때마다 하나님을 전심으로 의존하게 하신 것이다. 조나단 에드워즈가 말한 바와 같이 하나님은 당신을 의존하는 인간의 마음 안에서 가장 영광을 받으신다.

아우구스티누스는 마니교의 유물론적이고 기계론적인 세계관에 갇혀 있었다. 자연 사물에게 적용되는 수학 법칙이 하나님의 존재를 규명하는 데에도 적용되어야 한다고 믿었기에 마니교의 허망한 가르침에서 벗어날 수 없었다. 그러나 그는 믿음을 통해 이성으로 도달할 수 없는 진리에 눈을 떴고 이로써 맑은 이성을 갖게 되었다. 믿음은 이해할 수 없는 것들을 하나님의 사랑 때문에 받아들이는 오성悟性의 작용이다. 지식에 대한 사랑이 믿고자 하는 마음을 가로막지 못하게 하자. 지식을 하나님의 은혜의 물에 깊이 잠기게 하자.

|

Et sanari credendo poteram, ut purgatior acies mentis meae dirigeretur aliquo modo in ueritatem tuam semper manentem et ex nullo deficientem … (6.4.6).

묘하게도 그런 생각이 고쳐질 가능성은 저 하기에 달려 있었사오니 만약 제가 기꺼이 믿으려고만 했더라면 그렇게 되었을 것입니다. 이는 그때 제가 더욱 순결해진 마음으로 저의 시선을, 항상 있어 아무 일에도 모자랄 것이 없는 당신의 진리에 맞추었을 것이기 때문이옵나이다.

43
철학과 성경

아우구스티누스의 말에 의하면, 성경은 크게 두 가지 지식을 포함하고 있다. 하나는 믿음의 규칙*regulae crededi*이고, 또 하나는 생활의 교훈*praeccepta vivendi*이다. 전자는 우리에게 믿도록 요구하고, 후자는 살도록 지시한다. 그러므로 우리가 성경을 잘 깨닫는 가장 좋은 방법은 믿어야 할 규칙은 아무런 의심 없이 받아들이고, 살아야 할 교훈은 기쁜 마음으로 실천하는 것이다.

하나님이 우리에게 믿으라 하신 이유는 이성으로 쉽게 이해할 수 없는 진리를 받아들이게 하기 위함이다. 우리는 믿음을 통해 삶과 사유의 토대가 되는 지식을 얻는다. 아이들이 수학 문제의 답을 알 때 문제 풀이 과정을 더 정확히 이해할 수 있는 것처럼, 믿음은 이성이 정확한 추론을 할 수 있게 해준다. 타락한 이성은 믿음과 싸우지만, 참된 이성은 믿음을 통해 온전해진다. 믿음을 통해 받아들인 하나의 지식과 또 다른 지식 사이의 연관 관계를 추론하는 것이 이성의 몫이고, 이 추론을 통해 하나님의 성품의 아름다움이 찬란하게 드러난다. 하나님의 아름다움이 드러날 때 애호의 정동affection of love이 일어나고, 이 정동이 반복되면 마음 안에 사랑의 성향이 형성된다. 이로써 인간은 이 세상에서 하늘의 가치를 따라 살아간다.

젊은 아우구스티누스는 많은 철학 사상을 접했다. 합리성 면에서 서로 다른 층차가 있는 다양한 사상 가운데 어떤 사상은 아우구스티누스를 지성적으로 매료시켜 기존에 그가 가지고 있던 관점을 허물기도 했다. 그러나 그중 어떤 사상도 다음 두 가지 사실까지 의심하게 하지는 못했다. 그것은 바로 하나님의 존재와 하나님의 통치였다.

세계 만물 안에 깃든 자연의 빛과 인간 마음 안에 있는 본성의 빛에는 한계가 있다. 그래서 하나님이 얼마나 거룩하신 분이고, 우리가 어떠한 죄인인지, 그리스도가 왜 이 세상에 오셨는지, 우리가 구원받는 길은 무엇인지에 관한 지식을 우리에게 알려주지는 못한다. 그러나 절대자의 존재와 그분의 통치에 관한 지식에 대해서만큼은 죄인들이 핑계할 수 없을 정도로 분명하게 전달해준다(롬 1:20).

아우구스티누스는 누구의 가르침도 받지 않고 홀로 독서하고 사색하며 수많은 철학자의 사상을 깨우쳤다. 그리고 자신이 만난 사람 중에 아주 똑똑하다고 하는 사람들이라야 자신의 철학적 설명을 겨우 이해했다고 말한다. 그러나 그렇게 박식했던 아우구스티누스 역시 수많은 철학 사상을 섭렵하면서도 하나님의 존재와 그분의 통치에 대한 앎만큼은 포기할 수 없었다. 이런 지식에 대한 사랑이 우리의 마음속에 불길처럼 타오르게 하자.

|

… quoniam nulla pugnacitas calumniosarum quaestionum per tam multa quae legeram inter se confligentium philosophorum extorquere mihi potuit, ut aliquando non crederem te esse quidquid esses, quod ego nescirem, aut administrationem rerum humanarum ad te pertinere(6.5.7).

왜냐하면 제가 읽은 방대한 책 중 어느 것에서도, 견해가 다른 철학자들의 작품 속에서 발견되는 서로 헐뜯는 변론 중 단 하나도, 저를 당신의 본성이 무엇이든지간에(그에 대해 저는 무지했사옵나이다), 당신이 존재하신다는 사실과 인간의 만사의 귀정歸正이 당신과 관련되어 있다는 사실에 대한 믿음으로부터 저를 떼어놓지는 못했기 때문이옵나이다.

44
행복한 거지와 불행한 철학자

인간의 행복이 본질적으로 '각 사람이 느끼는 만족에 달려 있는가?'라는 질문에 답하기는 쉽지 않다. 나는 이러한 사실이 철학적으로나 신학적으로 매우 중요한 함의를 지닌다고 생각한다.

언젠가 집회 인도 차 프랑스를 방문했을 때, 박사 과정에서 칼뱅의 신학을 전공하는 젊은 목사가 나에게 물었다. "인생의 목적이 행복에 있다고 말할 수 있겠습니까?" 이 질문에 대한 답의 핵심은 거기서 말하는 '행복'이 어떤 종류의 행복이냐에 달려 있을 것이다. 만약 그 행복이 인간의 주관적인 만족을 의미하는 것이라면, 행복은 인생의 목적이 될 수 없다. 그러나 그 행복이 삼위일체 하나님 안에 있는 지복*beatitudo*이라면, 행복이야말로 인생의 목적이라고 정확히 말할 수 있다.

어느 날 아우구스티누스는 친구들과 함께 길을 가다가 술에 취해 히죽히죽 웃는 거지를 보았다. 그리고 자신에게 스스로 물었다. "행복한 저 거지처럼 되고 싶은가, 아니면 고민하고 괴로워하는 철학자로서 지금처럼 살고 싶은가?" 아우구스티누스는 "지금처럼 살고 싶다"고 대답했다. 그러나 그렇게 대답한 이유는 철학자로서 괴로워하는 것이 거지로서 만족해하는 것보다 더 좋아서가 아니었다. 그가 진심으로 원하는 것은 철학자로서 행복해지는 것이었다.

우리가 참으로 행복하다고 말할 수 있는 상태는 주관적으로 만족할 뿐 아니라 객관적으로도 선해야 한다. 그러나 행복에 이르는 '선한 상태'라는 것이 사회적 지위와 신분, 외모와 물질의 풍요에 달린 것은 아니다. 선한 상태란, 인간으로서 인간이라는 존재에게 마땅히 기대하는 바를 따라 잘 사는 것을 의미한다. 그러면 인간이 마땅히 도달해야 할 '선한 상태'를 규정하는 주체는 누구인가? 다시 말해서 누가 인간에게 "이러저러한 상태가 네가 마땅히 머물러야 할 바다"라고 명할 수 있는가?

키케로를 비롯한 많은 철학자가 그것을 인간 본성*natura hominis*에서 찾았으니, 이는 곧 자연*natura*이었다. 그들은 인간의 공통 본성이 곧 인간 안에 들어와 있는 자연이라고 생각했기 때문이다. 그러나 이러한 인간의 공통 본성은 어디서 왔으며, 그것은 어떤 방식으로 인간에게 마땅히 도달하고 머물러야 할 '선한 상태'를 규정하는 것일까? 인간의 이성이 진리의 근원이 아님을 인정한다면, 이러한 질문과 그에 대한 대답은 공허한 도돌이표에 불과하다. 기독교는 모든 도덕의 근거를 인간으로 하여금 하나님 안에서 행복하게 하시려는 하나님의 선한 의지에서 찾는다.

인간은 주관적인 만족과 행복감이 아무리 커도 객관적으로 선하다는 인정을 받지 못하면, 그것을 행복으로 받아들이지 못한다. 그러한 판단을 내리기에 충분한 최소한의 이성의 빛이 남아 있는 한에서는 말이다. 만족한 거지와 불행한 철학자는 모두 우리가 이상적이라고 생각하는 상태가 아니다. 거지로 하여금 만족을 느끼게 한 요인은 참 행복의 조건이 아니고, 철학자가 불행을 느끼는 것은 참 행복에 도달한 것이 아니기 때문이다.

한 인간의 진정한 행복은 하나님의 창조 목적을 따라 하나님 및 인간과 올바른 관계를 맺으며 사는 데 있다. 이것은 철학을 통해서가 아니라 경건한 신앙으로 되는 것이다. 치열하게 학문을 탐구하되 거기서 얻은 지식 때문에 교만하지는 말

자. 그 지식이 곧 행복 자체가 아니며 반드시 행복으로 인도하는 것도 아니기 때문이다. 하나님의 말씀의 꾸짖음과 은혜의 고치심 없이는 그 어떠한 지식도 우리를 참된 행복으로 인도하지 못한다. 많은 지식을 가지고 하나님과 올바른 관계를 맺지 못하는 사람은 적은 지식을 가졌지만 하나님과 올바른 관계를 맺고 있는 사람만 못할 것이니, 행복은 지식이 아니라 관계에 있기 때문이다.

|

… rursus si interrogaret, utrum me talem mallem, qualis ille, an qualis ego tunc essem, me ipsum curis timoribusque confectum eligerem, sed peruersitate; numquid ueritate?(6.6.9)

그러나 만약 그 질문자가 저를 더욱 압박하여 저에게 그 거지처럼 되기를 더 원하느냐고 묻는다면, 저는 차라리 근심과 두려움을 짊어지고서라도 제 자신이기를 택할 것입니다. 그러나 그것은 확실히 패역함 속에서 이루어진 선택이지 진실함 속에서 이루어진 선택일 수 있으오리까?

part 4

영혼의 무게

45

영원불변하신 하나님

하나님은 완전하고 영원하며 불변하시는 존재다. 그러나 하나님을 인식하는 인간은 불완전하고 한시적이며 변하는 존재다. 하나님의 존재는 육체의 감각으로 파악할 수 없으니, 이는 인간과의 무한한 질적 차이 때문이다.

하나님 안에 없던 것이 생기거나 있던 것이 없어질 수 있고, 그것이 하나님에게 꼭 있어야 하는 것이라면, 그것이 없으므로 그분은 불완전한 존재가 되실 것이고, 그것이 꼭 있어야 하는 것이 아니라면, 그것이 있을 때의 하나님은 불완전한 분이 되시기에 하나님은 반드시 불변하셔야 한다. 불변해야 완전할 수 있고 완전하지 않다면 영원하다고 말할 수 없다. 그러나 인간은 하나님이 창조하신 세계와 함께 끊임없는 변화를 겪으면서, 시간과 공간을 초월해 계시는 하나님의 통치를 시간과 공간 안에서 경험한다. 만약 하나님이 온 땅과 만물 위에 뛰어나 모든 사물과 전적으로 구별되는 타자로서만 존재한다면, 인간은 하나님을 알 길이 없고 하나님은 인간을 교훈하실 길이 없을 것이다.

하나님은 시간과 공간을 초월하는 존재이면서도 그것들 안에서 인간에게 자신의 뜻을 보이시고, 불변하시면서 변화를 겪으시는 것처럼 자신을 계시하신다. 성경은 신의 존재를 사색함으로써 지성의 호기심을 충족시키는 데 쓰라고 기록된 책이 아니고, 하나님을 향해 잘 살라고 주신 책이다. 그래서 성경은 하나님의 본질이 무엇인지를 진술하기보다는 하나님이 어떤 분이신지를 보여준다. 무한하신 하나님은 유한한 인간과 교통함으로써 당신의 성품을 보여주신다.

인간이 사는 세상사가 모두 무가치해 보일 때는 그렇게 느끼도록 우리의 지성을 비추는 빛이 무엇인지 숙고해야 한다. 본성의 빛을 조금 받은 인간들의 속단으로는 모든 세상사는 물론이고 자신의 존재조차 허무해 보이기 십상이다. 그러나 성경의 빛을 받고 나면 세상사의 허무를 직시하기보다는 온 땅과 만물 위에 뛰어나신, 불변하시고 영원히 존재하시는 하나님을 더욱 생각하게 된다. 이로써 인간은 세상사와 자기 존재의 진정한 가치를 인식한다. 그리고 이것이 참 행복에 이르는 길이다.

우리는 얼마나 많은 시간과 마음을 영원하지도 않고 불변하지도 않은 사물들을 사랑하는 데 허비하는가. 신앙은 영혼의 응시다. 우리의 마음을 하나님에게 고정하자. 그분의 존재와 성품의 빛 아래서 우리 자신과 모든 사물을 보자. 매순간 진리의 말씀으로 우리의 마음의 마당을 쓸어내자. 세상 사랑의 쓰레기들이 그분이 오시는 길에 널려져 있지 않도록 그렇게 하자.

|

… quia nesciens, unde et quomodo, plane tamen uidebam et certus eram id, quod corrumpi potest, deterius esse quam id quod non potest, et quod uiolari non potest, incunctanter praeponebam uiolabili, et quod nullam patitur mutationem, melius esse quam id quod mutari potest(7.1.1).

왜냐하면 비록 저는 이것이 어찌하여 그렇게 되는지는 몰랐을지라도 꽤 명백하게 그리고 확신을 가지고 부패하는 것들은 부패하지 않는 것보다 열등하다는 사실을 알았사오며, 주저함이 없이 침해에 종속되는 사물보다 침해받을 수 없는 것이 더 뛰어나고, 또한 지속적이고 불변하는 것이 변하는 것보다 더욱 좋다는 사실을 알았습니다.

46

물질과 정신

정신은 물질이 아니다. 그러나 물질과 떨어질 수 없는 연관이 있다. 인간의 정신을 육체와 엄밀하게 구분하여 이원론을 주장한 데카르트의 사유는 이미 16세기의 갈릴레이 갈릴레오와 15세기의 코페르니쿠스, 그 이전의 르네상스 과학자들이 확립한 기계론적 자연관에 기초를 두고 있다.

처음 데카르트가 등장하여 영혼의 독자성과 불멸성을 밝히기 위해 종교에 속하는 것을 이성적인 학문의 범주에서 제외시켰을 때, 많은 사람들은 그것이 인과론을 따르는 근대의 기계론적 사상으로부터 기독교를 보호하는 것이라고 이해했다. 데카르트가 원인과 결과의 폐쇄적인 학문의 고리 속에서 자유의지의 근거로 영혼의 독자성을 밝힘으로써 당시의 새로운 과학주의와 기독교의 조화를 도모한 것은 사실이다. 그러나 데카르트의 이런 엄격한 이원론은 인간의 정신과 육체의 관계를 제대로 설명할 수 없는 어려움을 자초했다.

데카르트는 척추동물의 뇌 속에 있는 내분비 기관으로 솔방울샘이라고도 하는 송과선(松果腺, *glandula pinealis*)에서 육체와 정신이 만난다고 생각했다. 이러한 그의 주장은 후일 인간을 기계론적이고 유물론적 관점에서 바라보게 했다. 그러나 오늘날 많은 학자는 인간의 육체와 정신이 서로 밀접한 관계에 있는 것으로 생각한다. 유물론의 입장을 취하는 사람들조차도 인간의 정신이 육체로부터 독립하거나 종속되어 있는 것이 아니라 육체와 정신이 상호작용하는 것으로 본다. 심신관계에 있어서 심적인 것은 물리적인 것에 수반되어 나타난다고 보는 '수반물리주의'나 신체 질병의 원인을 정신에서 찾으려 하는 심신의학Psychosomatics이 대표적인 예다.

사물에 대한 인식은 대상에 대한 육체적 감각이 전달하는 정보와 이미 인간의 정신 안에 있던 정보 및 상상력이 만남으로써 이뤄진다. 인간의 감각에 비친 것은 물질이지만, 그 물질을 파악하고 판단하며, 하나의 지식에서 또 다른 사물을 상상하고 유추하는 정신의 작용은 물질적인 작용이 아니다. 인간은 시간과 공간 안에서 사물을 인식한다. 하지만 사물을 상상할 때는 시간과 공간의 제약을 넘나드는데, 이는 인간의 정신이 물질이 아니기 때문에 가능한 일이다.

존재하는 모든 만물과 인간은 하나님 안에 있는 영원한 관념이 시간과 공간 안에서 나타난 것이다. 하나님의 존재와 사물에 대한 그분의 관념은 구분되지만 분리할 수 없다. 하나님 안에 있는 사물에 대한 관념은 시간의 순서에 따라 발생한 것이 아니기 때문이다. 다시 말해서 하나님 안에 있는 사물에 대한 관념은 이전에 없다가 생긴 것이 아니므로, 하나님의 관념은 하나님 자신과 함께 영원하다.

학문을 연구하는 능력이 탁월했고, 특히 철학적 사변에 있어서 천재였던 아우구스티누스가 미련하리만치 마니교의 세계관과 쉽게 결별하지 못한 이유는 정신세계를 유물론적 관점으로 바라보았기 때문이다. 당시 그는 정신 속에서 일어나는 상상의 창조적 기능조차 물질 현상과 같은 것으로 보았다. 하나님의 존재에 대해 무지했기 때문에 영혼이나 정신과 같은 영적 사물에 대하여 올바른 지식을 가질 수 없었다. 그래서 아우구스티누스는 물질의 법칙으로 영적 사물을 이해하려고 했으니, 이것은 외과 수술을 통해 인간의 뱃속에서 양심의 존재를 확인하고자 한 것에 다름 아니다.

믿음 없이 오직 이성으로 하나님의 존재를 판단하는 것은 얼마나 어리석은 일인가! 그래서 하나님은 당신을 알고자 하는 사람들에게 믿음을 요구하시며, 영원을 알고 싶어 하는 사람들에게 사랑을 요청하신다. 그리스도께서는 하나님이 천국의 비밀을 지혜롭고 슬기 있는 자들에게는 숨기시고 어린아이들에게는 나타내신 것에 감사하셨다(마 11:25). 그러므로 아는 것을 대신하기 위해서가 아니라 오히려 올바로 알기 위하여 잘 믿자. 잘 믿으려고 하면 할수록 더욱 올바르게 알아야 할 필요성을 인식하게 될 것이다.

|

Per quales enim formas ire solent oculi mei, per tales imagines ibat cor meum, nec uidebam hanc eandem intentionem, qua illas ipsas imagines formabam, non esse tale aliquid: quae tamen ipsas non formaret, nisi esset magnum aliquid(7.1.2).

저의 눈은 어떤 형상들 가운데로 떠도는 데 익숙하고 저의 마음은 그런 이미지 가운데를 배회하고 있었으나, 그러한 이미지를 형성해내는 사유 활동 자체가 비물질적인 것이라는 생각은 하지 못했고, 위대한 누군가가 없었다면 그 이미지를 형성하지조차 못했을 것이라는 사실을 알지 못했사옵니다.

47

인간과 자유의지

하나님은 인간을 자유로운 의지를 지닌 피조물로 창조하셨다. 살아 있는 모든 것은, 심지어 동물조차도 무엇을 하고자 하는 의욕을 가지고 있다. 개는 짖고자 하는 의욕이 있기에 짖는 것이고, 소는 풀을 먹고자 하는 욕구가 있기에 풀을 뜯는다. 기어 다니는 벌레조차도 가만히 있는 것보다는 몸을 움직여 어디론가 가는 것을 더 원하기에 그리하는 것이다.

그러나 우리는 동물들의 이러한 욕구를 의지*voluntas*라고 부르지 않는다. '의지'라는 말은 도덕 능력을 가진 하나님, 천사와 마귀, 인간에게만 적용되는 단어다. 어떤 사람들은 묻는다. "하나님은 대체 왜 인간을 타락할 수 있는 존재로 만드셨는가? 타락할 때 그를 만류하여 그리하지 못하게 하지 않으신 이유는 무엇인가? 인간에게 타락할 마음이 있었더라도 하나님이 선악과를 만들지 않으셨더라면, 실제로 타락이 이루어지지는 않았을 것 아닌가?" 그러나 이는 인간의 존엄성과 탁월함을 무시하는 질문이다. 하나님은 지상 세계를 창조하실 때 인간을 가장 탁월하게 당신을 닮은 존재로 지으셨다. 그래서 인간에게 하나님처럼 개별적인 지성과 독립적인 의지를 부여하셨다.

하나님의 형상대로 지은 바 된 인간의 지성과 의지는 각 사람대로 고유하고 개별적인 것이었다. 그러나 하나님은 인간이 그것을 하나님과 상관없이 각자 고유하고 개별적인 방식으로 사용하도록 내버려두지 않으셨다. 그래서 타락하기 전 인류는 보이지 않는 하나님과 사랑의 관계 속에서 영적 생명을 공급받으며, 명정한 지성과 올곧은 의지 안에서 세계 안에 깃든 하나님의 영광의 아름다움을 바라보며, 자신의 존재와 삶이 세계를 창조하신 하나님의 우주적인 계획을 성취하는 데 이바지하도록 살 수 있었다. 이런 삶이 가능했던 것은 하나님이 인간의 의지를 기계적으로 사용하셨기 때문이 아니라, 인간이 지성으로 사물과 사실을 알고 인식하고, 의지로 그 지식에 합당한 것을 행하려는 도덕적 욕구를 실천했기 때문이다.

따라서 한 인간의 '있음*esse*'은 '앎*nosse*', '의욕함*velle*'과 분리될 수 없다. 알고 욕구하지 않는 인간이란 있을 수 없다. 개별적 인간으로서 자신의 독특성을 따라 사물에 대한 지식을 갖고 자연적·도덕적 욕구를 가짐으로써 그는 하나의 독립된 인격체로 살아가는 것이다.

하나님은 인간이 당신과의 영적 교제 안에서 생명과 사랑을 누리게 하시고, 그런 방식으로 인간의 지성과 의지의 작용에 영향을 미치신다. 그러나 하나님은 인간의 개별성과 독립성을 훼손하여 이 일을 하시지는 않는다. 악을 행함에 있어서는 그 어떤 경우에도 자신이 주체임을 잊지 말고 하나님 앞에서 책임 있는 삶을 살아가자.

|

Et intendebam, ut cernerem quod audiebam, liberum uoluntatis arbitrium causam esse, ut male faceremus et rectum iudicium tuum ut pateremur, et eam liquidam cernere non ualebam(7.3.5).

제가 들은 것을 인식한 바로는 의지의 자유로운 선택이 악의 원인이기에 우리는 우리가 저지른 잘못에 대해 당신의 올바른 심판을 받아야 한다는 것인데, 그것을 제가 명백하게 이해한 것인지에 대해서는 자신이 없사옵니다.

48

살아 있음과 의지

인간이 무엇 때문에 인간으로서의 독특성을 갖는가에 대한 답은 역사적으로 크게 세 가지로 나타났다. 각각의 견해는 지성이나 감정 또는 의지를 가장 중요한 특성으로 보았다.

첫째로, 아리스토텔레스와 그의 철학 전통을 따르는 토마스 아퀴나스, 데카르트 같은 인물은 인간의 영혼에서 가장 우위에 있는 기능이 지성知性이라고 보았다. 그리하여 감정을 포함한 의지의 일탈은 지성이 올바른 앎을 결핍했기 때문이라고 보았다.

둘째로, 인간의 삶을 움직이는 근원이 지성이 아니라 감정 혹은 욕망이라고 보는 견해도 있다. 데카르트의 지성주의에 의문을 제기한 파스칼이나 스피노자 같은 인물은 인간의 일상이 실제로 욕망, 기분, 혹은 의욕에 의해 움직이는 것으로 보았다. 그런가 하면, 프리드리히 니체 같은 인물은 인간의 삶을 움직이는 근원이 의지에 있다고 보았다.

셋째로, 아우구스티누스는 지성 중심의 견해를 상당 부분 따르면서도 기독교식으로 변형된 의지론을 펼친다. 악을 행하는 인간의 의지는 책임을 전가할 여지가 있는 타자의 도움 없이 스스로 행사하는 것이지만, 선을 행하는 것은 선을 행할 힘을 주시는 하나님의 은혜가 있어야만 가능하다고 보았다.

어떤 견해를 취하든지 분명한 사실은 개별적 존재로서 인간은 개별적인 의지를 가지고 있으며, 무엇을 선택하고 행동하든지 그 의지를 행사하는 주체라는 사실이다. 그래서 아우구스티누스는 말했다. “제가 의지를 지니고 있음이, 제가 살아 있는 것만큼이나 분명합니다”(7.3.5).

종종 우리는 악을 행하면서 악을 행하는 주체가 내가 아닌 것 같은 느낌을 받는다. 내가 아니라 내 안에 있는, 근원을 알 수 없는 다른 무엇이 내게 악을 행하도록 ‘시키는’ 것 같은 느낌을 받는다. 그래서 어떤 사람들은 ‘근원을 알 수 없는 무엇’의 정체를 마귀 혹은 귀신이라고 부르기도 한다. 그렇다면, 피아彼我를 구별할 수 없을만치 친숙하면서도 한없이 낯선 그 무엇의 정체는 과연 무엇일까? 왜 그것은 나 자신은 아닌 것

같은데 특정한 악을 행할 때마다 그토록 친숙하고 강력하게 작용하여 생각을 행동으로 옮기게 하는 것일까?

그것은 바로 그 사람 안에 있는 죄의 경향성傾向性이다. 이 경향성은 마음 안에서 특정 성향으로 작용한다. 도둑질에 익숙한 사람 안에 있는 도벽이 대표적인 예다. 도벽은 그 사람의 마음 안에서 남의 물건을 훔치기 좋아하는 성향으로 작용한다.

인간의 마음에 도덕적 성향이 생기고 뿌리가 깊어지면, 그 성향에 따라 선악을 행하게 마련이다. 그러한 성향 자체가 이미 그 사람의 의지의 일부다. 모두 자신 안에서 일어나는 일이다. 덕은 타자와 관계를 맺는 영혼의 힘이다. 우리는 이 힘이 악으로 기울 때 악덕이라고 하고, 선으로 기울 때 미덕이라는 도덕적 평가를 내린다. 인간은 선악 간의 어떤 행위에 대해서도 책임을 피할 수 없다. 그래서 우리에게는 하나님의 은혜가 필요하다.

|

Subleuabat enim me in lucem tuam, quod tam sciebam me habere uoluntatem quam me uiuere(7.3.5).

실로 저를 당신의 빛 속으로 끌어올린 것은 제가 의지를 지니고 있음이, 제가 살아 있는 것만큼이나 분명하다는 사실이었사옵나이다.

49

'하기 싫음'과 의지

인간의 의지는 '하고자 함*volo*'과 '하지 않고자 함*nolo*'으로 나뉘어 행사된다. 전자는 어떤 행동을 하고자 하는 욕구이고, 후자는 하지 않고자 하는 욕구다. 인간의 이러한 의지가 도덕적 선善과 관련하여 행사될 때에는 '하고자 함'과 '하지 않고자 함'이 사실상 둘이 아니라 하나다.

어떤 사람이 선한 행동을 하기로 선택하고 선을 행하는 것은 행위자가 선한 의지를 충분히 가지고 있고 선한 일을 행하도록 자신의 의지를 효과적으로 행사했기 때문이고, 선한 행동을 하지 않는 것은 선을 행하려는 의지가 충분하지 않았던 탓이기 때문이다. 따라서 누군가 어떤 선한 행동을 하고자 하는 것도, 하지 않으려 하는 것도 결국은 모두 그 사람의 의지 안에서 일어나는 작용이다.

의지의 작용과 관련하여 우리가 혼란을 느끼는 때는 우리 안에 어떤 행동을 하려는 뜻이 분명히 있는데, 그것을 행하지 않는 자신을 발견할 때다. 선을 행하려는 뜻도 내 안에 있고, 선을 행하지 않으려는 뜻도 내 안에 있다는 사실이 명백한 모순처럼 느껴진다. 이러한 혼란은 도덕적인 문제와 연결되어 선악의 실체에 관한 논의를 불러일으키기도 한다.

회심하기 전 마니교 신자였던 아우구스티누스는 이것을 자신 안에 두 개의 본성 곧 선성善性과 악성惡性이 있는 것으로 보았다. 그리고 이 두 본성이 자기 밖에 있는 두 실체, 곧 '영원한 선'과 '영원한 악'으로부터 오는 것으로 생각했다. 그러나 후일 그가 예수 그리스도를 믿고 회심한 후에는 이러한 이론이 모두 거짓임을 깨닫고, 이런 허망한 풍설로 인류를 미혹하는 자들에게 하나님의 저주가 내리기를 탄원했다. 그러면서 아우구스티누스는 이러한 이론이 사실이라면, 인간 안에는 선성과 악성 말고도 수없이 많은 또 다른 '성性'이 있어야 할 것이라고 비판했다.

우리가 내릴 수 있는 결론은 이것이다. 도덕 행위와 관련하여 선을 행하려는 의지가 있으면서 행하지 않는 것은 의지가 충분치 않은 것과 다르지 않다. 어떤 행동을 하고 싶어 하면서도 실행에 옮기지 못하는 일이 얼마나 많은가? 배고파하면서도 실제로 밥을 차려먹지 않거나, 누군가를 보고 싶어 하면서도 실제로 찾지 않는 일은 얼마든지 있다. 이것은 의지가 분열된 것이 아니라 실행에 옮길 만큼 충분한 힘을 얻지 못한 것이다. 선을 행하기 위해 은혜를 간구하는 것은 은혜가 선을 행할 수 있게 하는 '힘'을 가져다주기 때문이다.

선한 일을 행동에 옮길 만큼 의지가 충분하지 않은 것은 선을 결핍*privatio boni*하였기 때문이다. 악을 행하고자 하는 성향은 결국 의지의 질병 상태다. 한 인간의 가치는 그가 지닌 '선한 의지의 크기'다. 그리고 인간의 선한 의지는 하나님의 은혜에 달려 있다. 하나님의 은혜가 아니면 무엇으로 우리의 의지를 선하게 바꿀 수 있겠는가?

|

Itaque cum aliquid uellem aut nollem, non alium quam me uelle ac nolle certissimus eram et ibi esse causa peccati mei iam iamque animaduertebam(7.3.5).

따라서 제가 무엇을 하고 싶거나 하기를 원치 않을 때 그것은 절대적으로 제 자신이 그것을 원하거나 원치 않는 것에 다름이 아님을 확신했으니, 그리하여 저는 저의 죄의 뿌리가 거기에 있음을 감지하기 시작했사옵나이다.

50

사물의 무상성과 시간

영원한 사물이라 하는 것들도 절대로 시간을 넘어서지는 못한다. 조나단 에드워즈도 이 점을 분명히 밝히고 있다. 그런데 아우구스티누스는 이에 관한 입장을 명확히 밝히지 않는다. 그는 시간을 무상성과 긴밀히 연결해서 이해했고, 이 때문에 무상성이 없는 천상의 상태에서도 영원한 사물들이 시간 안에 묶인다고 단언하길 주저했다.

영원한 세계 안에서도 시간의 흐름에 따라 하나님의 영광에 대한 지식이 점증한다는 에드워즈와 같은 방식의 사유를 적극적으로 수용하지 못한 것이다.

나는 시간을 무상성과 관련해서만 생각하는 것은 옳지 않다고 본다. 시간의 무상성은 인간의 타락으로 말미암아 발생한 것이고, 따라서 새 하늘과 새 땅으로 이어지는 시간의 도입은 타락하지 않았더라면 계속되었을 무상성無常性과는 관련이 없는 시간이기 때문이다. 그런 점에서 아우구스티누스의 시간관은 타락한 인간 세상의 사물의 변화에 지나치게 매여 있는 것으로 보인다.

사물의 무상성*mutabilitas*이란 사물이 시간의 흐름에 따라 본래의 완전성으로부터 멀어져 '없음'이 되는 것을 말한다. 즉, 사물이 무*nibil*로 돌아감으로써 나타나는 '그 사물로서 항상 변함없이 존재하지 않는 성질'을 가리킨다. "만물이 무로부터 창조되었다"는 언명은 이 무상성의 관점에서 자연 사물을 바라본 것이다.

무상성은 소멸을 지향하는 만물의 끊임없는 변화를 가리킨다. 이 변화는 '지금, 여기'를 기준으로 한다. 만약 어떤 사물이 인간 앞에 '지금, 여기' 항상 존재한다면, 아무도 그 사물에 대해 '무상하다'라고 말하지 않을 것이다. 그런데 '무상성'은 어떤 사물의 본질을 기준으로 있음과 없음, 그리고 변화를 말하는 것이 아니다. 무상성은 본질과 그 본질을 구현하는 질료의 결합으로 이루어진 사물이 소멸하는 질료의 변화로 말미암아 그 결합이 깨어지고 물질적 형체가 '있음'에서 '없음'으로 나아가는 것을 의미한다.

세계를 향한 구원의 계획이 완성되기 전까지는 사물의 끊임없는 변화에 의하여 시간이 측정된다. 그리고 그 변화는 넓게 보면 모든 과정이 무상성을 말해주고 있다. 땅에 씨앗이 떨어져 싹이 나고 줄기와 가지가 자라고 꽃이 피어 열매를 맺는 것은 언뜻 보면 소멸하는 것이 아니라 그 나무의 완전성을 향하여 성장하는 것으로 보인다. 그러나 이것도 결국 스러져 사라지는 과정일 뿐이다. 그러나 구원이 완성된 새 하늘과 새 땅에서는 부패와 소멸이 없고 끊임없는 영광의 증진만 있다. 즉, 시간이 무상성으로만 측정되는 것이 아니라 점증하는 영광과 기쁨과 행복 속에서도 측정될 것이다.

세계와 인간을 향한 구원이 완성되지 않은 때에도 하나님이 창조하신 세계는 무상한 사물들이 '나타남'과 '사라짐'을 통하여 개별적 사물로서의 아름다움뿐 아니라, 다른 사물과 관계를 이루는 질서의 아름다움을 드러낸다. 우리가 사랑하는 모든 사물은 공간 안에 나타나서 시간 속에 사라지고, 그 변화를 관측하는 우리도 소멸하는 육체를 지닌 무상한 존재로서 시간의 흐름 속에 사라진다. 그러나 사라지는 모든 것은 또한 사라짐으로써 아직 남아 있는 것들을 더욱 빛나게 한다.

이 모든 것이 시간 속에서 이루어지는 것이니, 끊어질 듯 이어지는 우주의 아름다움은 모두 '있는 것들과 사라지는 것들의 교향곡'이 연출하는 아름다움이다. 하나님은 이렇게 변전하는 모든 것 위에 홀로 초월하셔서 불변하시는 분으로, 썩고 변하는 것들과 완전하고 불변하는 모든 것을 붙들고 계신다.

인간의 육체도 이렇게 썩고 변하는 것들 중 하나에 불과하다. 영원하고 불변하는 영혼을 가진 인간이 필멸할 육체를 안고 살아가는 것은 얼마나 피곤한 일인가? 그러나 그 육체의 노동과 수고로써 우리는 세계와 인간을 지으신 하나님의 창조의 목적을 따라 살 수 있으니, 우리의 육체를 원수처럼 생각하지만 말고 친구처럼 여기며 모든 약함을 기꺼이 짊어지자. 그러나 우리의 옛 성품이 육체의 친구가 되어 우리의 새 성품을 지배하게 하지는 말자.

|

Vbi igitur uidebam incorruptibile corruptibili esse praeferendum, ibi te quaerere debebam atque inde aduertere, ubi sit malum, id est unde sit ipsa corruptio qua uiolari substantia tua nullo modo potest(7.4.6).

그런즉 썩지 않는 것은 썩는 것보다 뛰어남이 마땅함을 알았기에 악의 처소는 어디인지, 즉 당신의 실체를 어떤 식으로도 훼손할 수 없는 부패의 출처가 어디인지 알기 위해서는 당신을 찾아 돌이켰어야 했사옵니다.

51

무지와 두려움

내 나이 열다섯 살이 되던 해 겨울이었다. 차가운 논둑에 엎드려 한참을 목 놓아 울었다. 마음을 에이는 그 고통은 나의 실존에 관한 질문에서 비롯된 것이었다. "인간으로서 나는 누구고, 어떻게 살아야 하는가?" 그런데 이 질문은 더 근본적인 질문들에 대한 답을 요구했다. "나는 누구인가? 나는 어디로부터 왔는가? 세계는 왜 존재하는가? 변하는 세상에서 나의 삶을 의탁할 불변의 가치는 있는가? 죽음 이후에 인간은 어떻게 되는가?" 어쩌면 이때부터 내 마음에 지애智愛의 갈망이 본격적으로 시작되었는지 모른다.

인간의 가장 큰 비극은 세계와 자신의 존재의 근거조차 모르고 사는 데 있다. 부지런히 살아도 그 삶이 창조주가 의도한 삶이 아니면 좋은 삶이 아니고, 사는 게 아무리 즐거워도 인생의 참된 목적에 기여하는 삶이라는 객관적인 판단을 받지 못하면 잘 사는 것이 아니다. 매일 눈앞에 펼쳐지는 일상에서 수많은 사물이 주는 거짓 표상에 매여 진리보다 행복을 좇는 삶을 산다면, 어찌 진정 복된 삶이라 할 수 있겠는가?

무한한 우주 공간에 내던져진 것 같은 자신을 응시하는 일은 지각 있는 삶을 시작하는 첫걸음이다. 세상의 평판이나 소유물에서 행복을 찾는 사람은 결코 진정한 행복에 도달할 수 없다. 행복이 바로 옆에서 소리치며 "내가 여기 있다" 할지라도, 그의 마음은 자신이 외면한 진리에게서 그 음성을 듣지 못할 것이기 때문이다. '사랑'과 '영원', 이 둘은 사실상 하나다. 사랑만이 영원하며, 영원은 하나님 한 분이시기 때문이다.

|

Talia uoluebam pectore misero, ingrauidato curis mordacissimis de timore mortis et non inuenta ueritate … (7.5.7).

이러한 생각이 바로 저의 비참한 영혼의 마음속에 돌아다니는 생각이었으니, 제 마음은 영혼을 괴롭히는 근심으로 눌리었나이다. [제 마음을 누르던] 그 근심들은 제가 진리를 발견하기 전에 죽음이 저를 따라잡을지도 모른다는 두려움에서 흘러나온 것이었사옵나이다.

52
불변하고 영원한 빛

지성의 어둠은 곧 무지의 결과다. 무지는 지식과는 다른 무엇이 아니라 지식이 결핍된 상태다. 마치 어둠이 빛 아닌 다른 무엇이 아니라 빛의 결핍인 것처럼 무지도 그러하다.

지식은 물질적 지식과 영적 지식으로 나뉜다. 전자는 인간의 육체를 포함한 자연적 사물에 관한 지식으로, 이성의 능력과 활동을 통해 습득할 수 있는 영역의 지식이다. 그러나 후자는 하나님과 인간의 영혼, 신령한 일이나 사물에 관한 지식으로, 믿음과 같은 오성의 직관을 통해 이해할 수 있는 영역의 지식이다.

자연 사물을 인식하는 육체의 감각은 그 자체로서는 빛이 될 수 없다. 그러나 빛이 비치면 건강한 시각을 가진 사람이라면 누구나 자연 사물을 인식할 수 있다. 자연 사물은 빛이 비치는 것만으로도 충분히 인식할 수 있는 것이다. 그러나 영적 사물을 인식하려면, 환한 빛이 대상을 비추는 것 이상의 작용이 필요하다. 하나님이 언제 빛나는 영광이 아니신 적이 있으며, 진리가 반짝이지 않은 때가 있던가? 영적 사물에 대해 올바른 지식을 갖는 것은 단순히 물리적인 빛이 있다고 가능한 일이 아니다. 그래서 필요한 것이 객관적인 진리의 빛이 인간의 영혼에 비치는 것이다. 이것을 신학에서는 '조명 *illuminatio*'이라고 부른다.

아우구스티누스는 회심과 함께 자신이 얻은 진리의 빛이야말로 '영원불변하는 빛'을 보게 된 원인이었노라 고백한다. 인간에게 자신이 종종 낯설게 느껴지는 것도 진리의 조명과 관련이 있다. 진리의 조명 아래서 익숙했던 자신이 낯설게 느껴지고, 조명이 사라질 때 낯설게 느껴지던 자신이 친숙해지는 일을 인간은 종종 경험한다. 전자는 죄에서 거룩함으로 들어오는 경우이고, 후자는 반대의 경우다.

철학자로서 아우구스티누스의 방황은 진리의 소재에 관한 것이었다. 철학은 사실상 진리를 인식하는 인간 안에 진리가 있다고 생각한다. 데카르트나 칸트처럼 진리가 인간의 이성에 있지 않고 객관적으로 실재한다는 사실을 형식적으로 인정한 철학자도 있지만, 그들 역시 진리의 존재 여부나 어떤 사실이 그것에 합치하는지에 대한 최종 판단은 이성에 달려 있다고 보았다.

그러나 인간은 진리의 빛을 자신의 영혼이나 이성 안에 가지고 있지 않다. 오히려 진리는 이성을 초월하여 인간의 존재 밖에 있다. 따라서 진리의 빛을 보기 위해서는 자신의 마음과 영혼을 뛰어 넘지 않으면 안 된다. 이성을 통해서가 아니라 성령의 역사를 통한 은혜와 믿음으로 말미암아서만 진리, 그 영원불변의 빛을 볼 수 있는 이유가 여기에 있다.

|

Intraui et uidi qualicumque oculo animae meae supra eundem oculum animae meae, supra mentem meam lucem incommutabilern … (7.10.16).

그때 저는 제 자신 안으로 들어가서, 저의 영혼의 시야를 훨씬 초월하여 있어서 저의 정신과 교통할 수 없는, 저의 지성을 초월하는 빛을 저의 영혼의 눈으로 보았습니다.

53

진리, 사랑과 영원

인간은 진리가 자신의 존재 밖에 있는 것으로 인식하지만, 하나님은 그렇지 않으시니 이는 하나님 자신이 진리이시기 때문이다. 아무리 좋은 것이라도 영원하지 않다면 진리일 수 없다. 오늘은 참이라 할지라도 내일은 참이 아닐 수 있다면, 그것은 진리일 수 없기 때문이다.

진리 자체는 인간의 이해를 초월하지만, 진리에서 나와 사물을 비추는 효과는 인간의 이해를 허용한다. 마치 유리창 안쪽에 있는 사람이 바깥 공기를 직접 느낄 수는 없어도 나부끼는 깃발을 보며 바람의 존재를 확인할 수 있는 것처럼 말이다.

진리 자체는 직접 볼 수 없어도 진리가 있다는 사실은 믿음으로 알 수 있다. 건전한 이성을 가진 사람들에게 참스럽게 느껴지는 자연 법칙이나 도덕 교훈 같은 것들이 진리로부터 유래했기 때문이다.

진리에 대한 학문적 탐구는 귀납적으로 시작하나 인간이 진리를 인식하는 것은 연역적 방식으로써다. 먼저 성경의 증언을 기초로 상승하여 믿음으로써 진리를 알고 거기로부터 하강하여 자연적 진리와 도덕적 진리를 이해하며 나온다. 이렇게 함으로써 인간이 세계에서 관찰하는 모든 사물 안에서 선함과 아름다움을 발견하고, 이를 통해서 그 원천이신 하나님의 선함과 아름다움을 발견한다.

창조된 모든 사물을 사랑하고 좋아하지만, 사물의 표상에 속지 아니하고 사물이 존재하는 본래의 의미를 따라 가치의 질서를 바르게 할 수 있다.

진리는 곧 사랑이다. 진리는 끊임없이 자신이 존재하는 효과를 자연 세계 안에서 법칙으로 질서를 세워 만물로 하여금 조화와 균정을 이루게 하고, 또한 도덕 세계 안에서 법칙으로 질서를 세워 지성적 피조물의 도덕 생활로 창조의 목적을 구현하게 하기 때문이다. 지성적 피조물 사이에 의도된 관계는 궁극적으로 사랑이다. 인간이 인식하는 진리가 영속성을 가지고 있다면, 그 진리가 유래한 원천으로서의 진리는 영원 자체임에 틀림없다. 진리, 사랑, 영원은 모두 완전하고 불변하시는 한 하나님의 다른 국면들이다. 철학은 진리를 찾고 윤리학은 사랑을 말하고 종교는 영원을 말하지만, 하나님은 이 모든 것 자체이시다.

인간으로 태어난 행복은 동물들이 결코 알 수 없는 진리와 영원, 그리고 사랑에 대하여 안다는 것이다. 오류로 가득한 세상에 살면서 진리를 알고, 한시적인 사물들에 둘러싸여 살면서 영원을 알고, 사랑에 목말라하면서도 사랑 그 자체를 이해한다는 것은 얼마나 위대한 일인가! 그러므로 우리는 이러한 인간의 위대함에 어울리게 살아야 한다. 하나님이 곧 진리요 사랑이요 영원이시니, 그분을 아는 것은 이 모든 것을 아는 것이다.

|

O aeterna ueritas et uera caritas et cara aeternitas! Tu es deus meus, tibi suspiro die ac nocte(7.10.16).

오 영원한 진리이시여, 참 사랑이시여, 사랑스러운 영원이시여! 당신이 저의 하나님이시니 저는 밤낮으로 당신을 향해 한숨을 짓나이다.

54
악의 비실체성

악*malum*이란 이전에 원래 있던 완전한 상태보다 못하게 된 것이다. 존재하는 모든 사물은 실체를 가지고 있다. 각각의 사물에는 하나님이 지정하신 고유한 '있음'이 있다. 따라서 절대적인 의미에서 모든 사물은 더 많은 분량의 '있음'을 지니지 못하고 자신에게 지정된 분량만큼의 '있음'만을 지니고 있어도 여전히 선하다.

존재는 곧 선함과 아름다움이니, 있는 것은 모두 '좋은 것'이고 '아름다운 것'이다. 따라서 하나님이 창조하신 모든 것은 '있는 것'이고 있는 모든 것은 '좋은 것'이며 '아름다운 것'이다. 그러면 마귀도 피조물이니, 그에 대해서는 어떻게 말해야 할까? 마귀는 자연적으로는 선하나 도덕적으로는 악하다고 말할 수 있다.

악은 실체적으로는 '없는 것'이면서도 현실 속에서는 실체로서 '있는 것'인 선보다 더 강력한 힘을 행사한다. 그럼에도 악은 실체적으로 '없는 것'이니, 악은 지성적 피조물의 악한 의지 때문에 선을 결핍한 상태라 할 수 있다.

어둠은 빛의 결핍이다. 사물을 비추는 빛을 얻기 위해서는 광원이 필요하지만, 어둠을 만들기 위해서는 빛만 제거하면 된다. 그런 점에서 어둠은 실체가 아니다.

인간 영혼에 속한 악이든 사회에 속한 악이든, 악은 선을 증진함으로써 약화시키거나 제거할 수 있다. 실체와 현상으로서의 악에 대한 아우구스티누스의 사상은 기독교 신학뿐 아니라 서구 사상사에도 지대한 영향을 끼쳤다. 아우구스티누스는 악을 '선의 결핍*privatio boni*'으로 보았다.

많은 현대 철학자는 이러한 설명을 받아들이지 않지만, 약 천육백 년 동안 아우구스티누스의 사상은 선하신 하나님과 고통받는 세상의 악의 관계를 설명하는 신정론의 정당성을 입증해왔다. 아우구스티누스는 악의 비실체성에 대해 다음과 같은 예로 논증한다. 만약 악이 실체라면, 이는 마치 인간의 몸에 난 작은 상처가 실체인 것과 같다. 몸을 잘 치료하면 상처가 낫는데, 그렇게 낫고 나면 상처는 씻은 듯 사라진다. 만약 상처가 실체라면, 낫고 난 후에는 어디로 간 것인가? 건강을 잃은 몸에 상처가 나타나듯이, 악도 선에 기생하여 그 탁월함을 잠식하며 존재한다. 따라서 악은 그가 부착하여 있는 사물의 선함이 회복되어 탁월성을 되찾으면 저절로 사라진다.

이러한 이치는 인간에게 적용하면 더 분명해진다. 인간이 악한 것은 하나님이 원래 인간에게 주신 존재의 '선함', 곧 그 고유한 '있음'을 상실한 것이다. 인간에게 '선함'과 '있음'을 부여하신 분은 하나님이시니, 하나님 자신은 결코 그것을 부패시키지 않으신다. '선함'과 '있음'의 상실은 인간의 의지에서 비롯된 것이니, 하나님은 인간을 개별적 인격체로 창조하실 때 이미 그에게 주체적으로 선악 간에 선택할 능력과 자유를 부여하셨다. 이는 악에 관하여 하나님의 책임을 묻는 단서가 아니라, 오히려 창조 세계에서 인간이 누리는 존엄과 지위를 보여주는 것이다.

|

Ergo quaecumque sunt, bona sunt, malumque illud, quod quaerebam unde esset, non est substantia … (7.12.18).

그러므로 존재하는 모든 것은 선하옵나이다. 그러면 제가 찾고 있는 바, 악은 실체일 수 없었나이다.

55
만물의 일치와 아름다움

만물을 창조하신 하나님은 만물의 존재 목적에 이중의 의도를 가지고 계신다. 하나는 개별적 사물로서 완전한 상태에 있을 뿐 아니라, 그들 안에 잠재적으로 혹은 가능성으로 주신 선과 아름다움을 증진하는 것이다. 또 하나는 보편적인 질서 안에서 다른 사물과 어울리는 일치와 조화로서 선과 아름다움을 유지하고 증진하는 것이다.

보이는 세계가 존재하는 모든 것이 아님은 하나님이 세계를 '거울'과 '실체'처럼 마주보는 두 세계, 즉 지상 세계와 천상 세계로 창조하셨기 때문이다. 사물에 대한 감각은 사물의 가지적 양태만 전달할 뿐이고 영적 사물에 대해서는 더 무지하게 한다. 그러나 하나님의 존재와 성품을 알고 나면, 그 지식의 빛 아래서 천상과 지상에 속한 사물의 질서를 이해하게 된다. 그리고 이러한 우주적 지식의 지평 안에서 자신의 위치와 가치를 알게 되는데, 이것이 바로 자기 인생의 가치에 대한 인식이다. 한 사물에 대한 인간의 지식은 그 사물과 관계를 맺고 있는 다른 사물에 관한 지식, 그리고 전체 사물과 어울리는 질서에 관한 지식에 영향을 받는다. 또한 하나님을 아는 것 없이는 이 모든 것에 대하여 올바른 지식을 가질 수 없다. 반면에 하나님의 성품과, 세계와 관계를 맺으시는 하나님의 행동 방식을 올바로 알면 사물에 대한 지식은 하나님을 아는 데 이바지한다. 하나님은 당신의 존재와 성품을 이해하는 인간의 지성 안에서 가장 크게 영광을 받으신다.

|

Cum uero etiam de caelis te laudent, laudent te, deus noster, in excelsis omnes angeli tui, omnes uirtutes tuae, sol et luna, omnes stellae et lumen, caeli caelorum et aquae, quae super caelos sunt, laudent nomen tuum : non iam desiderabam meliora … (7.13.19).

그러나 하늘에서도 당신의 피조물들이 우리의 하나님이신 당신을 찬양하오니, 당신의 천사들로 높은 곳에서 당신을 찬양하고 당신의 권세들로 당신을 높이게 하소서. 해와 달, 모든 별과 광명, 하늘 너머의 최고천最高天과 하늘 위에 있는 물들도 당신의 이름을 찬송케 하소서. 저는 더 이상 그 어떤 것들도 그보다 더 나은 것이 되기를 갈망치 아니하옵니다.

56
진리를 싫어함

진리의 실재는 객관적인 것이지만, 진리의 효과는 인간이 주관적으로 받아들여야만 나타난다. 따라서 인간이 인식한 진리는 객관적 실재와 주관적 인식에 걸쳐 있다. 진리는 객관적인 것이나 인간이 인식하지 않고는 파악할 수 없다는 점에서 자연 사물과는 다른 존재 양식을 갖는다. 그리고 진리와 진리 인식을 두고 일어나는 지성의 혼란은 모두 여기에서 시작된다.

그러면 진리의 존재가 먼저인가, 진리를 인식하는 인간이 먼저인가? 존재론적 측면에서는 진리가 먼저이지만, 인식론적 측면에서는 인간이 먼저일 것이다. 진리가 존재할지라도 인간이 진리를 인식하지 않고는 결코 진리임이 드러나지 않을 터이기 때문이다. 아인슈타인과 타고르가 나눈 대화는 이러한 관점의 차이를 잘 보여준다. 아인슈타인이 "우주는 인간의 인식과 상관없이 객관적으로 존재하며 그것은 움직일 수 없는 사실이다"라고 말하자, 인도의 시인 타고르는 이렇게 대답했다. "내가 그것을 인식하지 않는데, 그것이 있다는 것이 내게 무슨 의미가 있는가?"

진리는 항상 존재한다. 만약 존재하기를 멈추거나 시간에 따라 변화한다면, 그것은 진리가 아니다. 진리는 마치 수많은 광석이 마찰하고 지나가는 시금석과 같다. 광석이 고체 상태로 있을 때는 몰랐던 성분과 색깔을 파악하는 데 시금석試金石이 사용된다. 시금석에 문지른 광석은 덩어리가 아니라 분말 상태로 자신의 정체를 드러낸다. 인간과 진리의 관계도 그러하다. 인간은 진리를 접함으로써 자신에게 나타나는 진리의 서로 다른 효과를 통해 자신의 정체를 드러낸다. 즉, 진리에 부딪히면서 인간의 가변성과 불완전성, 잠시성이 드러나는 것이다. 그러나 인간의 정체를 드러내는 일은 동시에 진리가 무엇인가를 보여주는 일이기도 하다. 그 과정을 통해 진리의 불변성과 완전성, 영원성이 드러나기 때문이다.

진리는 좋은 것이지만, 모든 사람에게 항상 그들이 좋아하는 효과만 일으키는 것은 아니다. 진리는 사람들이 자신을 대하는 태도나 반응에 따라 변모하는 것이 아니기 때문이다. 그래서 사람들은 진리가 좋다는 데에는 모두 동의하면서도 실제로 진리를 좋아하지는 않는다. 진리가 싫어서가 아니라 진리를 자신에게 적용하기 위해 치러야 하는 고통이 싫어서다.

사람들은 진리를 통해 꾸짖음을 당하고 정도正道로 돌아오는 대신 그냥 진리 없이 살고 싶어 한다. 이른 아침 찬란하게 비치는 아침 햇살은 건강한 사람에게는 너무나 아름답고 좋은 것이나, 안질이 있는 사람에게는 쓰라린 고통을 유발한다. 오직 진리에 합당하게 사는 사람만 진리를 기뻐하는 법이다.

|

Et sensi expertus non esse mirum, quod palato non sano poena est et panis, qui sano suauis est, et oculis aegris odiosa lux, quae puris amabilis. Et iustitia tua displicet iniquis … (7.16.22).

제 자신의 경험에서 추론할 때, 건강할 때는 즐겁던 빵도 입천장이 상했을 때는 고통스러운 것이며 맑은 눈에는 즐거운 빛도 병든 눈에는 싫은 것이라는 사실은 전혀 이상한 일이 아니었사옵나이다. 이와 같이 악한 자들은 당신의 정의를 싫어하나이다.

57

영혼의 무게

물체의 무게는 곧 그 물체를 아래로 잡아당기는 힘이다. 아래로 끌려 내려가지 않으려면, 거기에 항거할 반대 방향의 힘이 필요하다.

아우구스티누스는 여러 저작에서 '영혼의 무게'를 이야기한다. 이는 곧 육욕으로 말미암아 죄로 이끌리는 본성의 힘을 가리킨다. 아우구스티누스는 이것을 '버릇'이라고도 했다. 이것은 일종의 필연성이다.

필연성*necessitudo*은 크게 두 가지로 나뉘는데, 자연적 필연성과 도덕적 필연성이 있다. 자연적 필연성은 어떤 사물의 전건前件과 후건後件 사이에 피할 수 없는 인과관계를 가리킨다. 이는 사물의 자연적 성질에 기인한다. 그러나 도덕적인 의미로 필연성이라는 말을 사용하면 전혀 다른 의미를 갖는다. 이때의 필연성은 도덕적 피조물 안에 있는 도덕적 성향과 거기에서 비롯되는 우연한 행동 사이의 피할 수 없는 관계를 가리킨다. 도덕적 피조물은 도덕적 선택에서 자유로운 행위자다. 따라서 행동하는 인간으로서 느끼는 강요와 필연은 외부에서 주어진 힘이 아니라, 자유로운 행위자로서 그 사람의 의지 안에 있는 성향*habitudo*의 힘이다. 이 성향의 힘이 도덕적 피조물로서 도덕적 성향에 부합하는 행동을 하도록 필연성을 행사하는 것이다.

반복적인 행동은 버릇을 낳고 버릇은 그것을 행하고자 하는 강한 성향을 마음에 형성한다. 사랑이나 미움, 성벽性癖 같은 것이 바로 이러한 성향이다.

마음의 성향이 자꾸 악으로 기울 때 인간은 '영혼의 무게'를 느낀다. 지성이 하나님의 아름다움을 보고 마음에 잠시 정동을 느껴도, 영혼의 무게로 말미암아 의지가 악한 성향에 매이게 되면 인간은 쉽게 악을 행한다. 이때 마음은 더러워지고, 하나님의 아름다움 대신 육욕의 아름다움에 대한 정동이 일어난다. 하나님을 향하여 사는 것*vivere ad Deum*을 위해서는 무엇에도 얽매이지 않는 가벼운 영혼, 자유로운 마음이 필요하다. 진리에 소망을 두어야 할 이유가 여기에 있다(요 8:32).

오직 진리만이 우리를 아래로 잡아당기는 영혼의 무게에 항거하여 위로 향하는 힘을 공급할 수 있기 때문이다.

참으로 자유롭게 사는 것이 아니면 그것은 사는 것이 아니다. 하나님을 떠나 자기의 욕망대로 사는 것은 자유가 아니니, 그러한 자유는 얼마 못 가서 자신을 얽어매는 덫이 되어 되돌아온다. 결국 인간이 영혼의 자유를 잃어버리고 속박을 받는 것도 옳지 않은 자유를 갈망하기 때문이다. 신자 안에 힘 있게 역사하는 거룩한 은혜만이 인간을 자유롭게 한다. 그러므로 간절한 기도로 그 은혜를 구하자.

|

… sed rapiebar ad te decore tuo moxque diripiebar abs te pondere meo et ruebam in ista cum gemitu … (7.17.23).

그러나 저는 당신의 아름다움에 의해 당신에게 이끌리다가도 쉽사리 제 영혼의 무게로 인하여 당신에게서 미끄러져 곤두박질치며 낮은 데로 떨어져버렸나이다.

58
진리와 선험적 인식

플라톤의《국가·政體》에 실린 유명한 동굴의 비유를 보고 독자들이 품는 의문은 이것이다. '평생 동굴에서 사슬에 매여 그림자 형상을 보면서 만족하던 사람으로 하여금 뒤돌아 그림자를 만드는 물체를 보게 한 힘은 무엇일까?'

대부분의 플라톤 학자들은 이 힘을 죄수 안에 내재하는 능력으로 보지 않는다. 오히려 진리의 빛을 먼저 본 선각자들의 교육을 통해 생긴 힘으로 파악한다. 그러나 나는 이것을 인간의 정신을 잡아당기는 '진리 자체의 힘'이라고 생각한다. 이러한 사실은 신학적으로 다음과 같이 설명할 수 있을 것이다. 첫째로, 그 힘은 인간 밖에 있는 진리가 인간의 지성을 끄는 영적인 힘일 것이다. 둘째로, 그 힘은 인간 안에 있는 진리에 대한 선천적 감각 때문에 끌리는 힘일 것이다. 물론 말씀과 성령의 조명이 있어야 가능하지만 말이다. 여기에 교육이나 가르침이 도구로 사용될 수는 있다.

이 진리를 향한 선험적 끌림을 기독교 신학의 입장에서 설명하자면 다음과 같다. 하나님은 진리의 저자이실 뿐 아니라 그 진리를 진리로 인식할 수 있게 하는 분이시다. 영원하시고 무한하시어 시간과 공간에 매임이 없으신 하나님에게는 인간 밖에 진리를 창조하시는 것과 인간 안에 진리가 인식되게 하시는 것이 하나였을 것이다. 마치 동전의 양면처럼 말이다. 하나님의 진리 가운데 인간에 의해 인식될 가능성이 전혀 부여되지 않은 것은 없을 것이며, 하나님이 창조하신 인간에게 하나님이 깨닫게 하시려는 진리에 대한 선험적 감각이 주어지지 않았을 리도 없을 것이다.

늘 불행하게 살던 사람이 어떤 행복한 상태에 도달했다고 치자. 누가 옆에서 지금 그 상태가 행복한 상태라고 가르쳐 주지 않아도, 그는 스스로 행복하다고 느낀다. 무지한 인간이 진리를 만났을 때에도 마찬가지다. 그것을 진리로 이해하도록 누군가 그에게 미리 학습시키지 않았어도, 그는 즉시 고백한다. "아, 이것이 진리구나!" 이는 진리를 분별하는 인식이 인간 안에 이미 심겨져 있음을 의미한다. 하나님을 만난 적

없는 사람들이 하나님을 만날 때 그분을 하나님으로 인식할 수 있는 것도 하나님이 인간의 지성 속에 '신성에 대한 의식 *sensus divinitatis*'을 선험적으로 심어놓으셨기 때문이다. 우리가 진리를 알게 되었다 할지라도 아직 그 진리를 깨우치지 못한 이들을 향해 우월감을 가질 수 없는 것은 이처럼 진리를 알게 하신 것 자체가 하나님의 은혜이기 때문이다(마 16:17).

시간과 공간 안에서 끊임없이 변전變轉하는 것이 불변不變하는 것만 못하고, 변전하는 것의 의미는 불변하는 것을 통해서 발견된다는 사실을 깨닫는 것도 먼저 그 사실을 알게 하시는 하나님의 은혜가 있었기 때문이다. 이처럼 우리 인생을 위한 모든 견해의 근거가 되는 초월적 진리를 받아들이는 방법은 바로 믿음이다.

|

… quod nisi aliquo modo nosset, nullo modo illud mutabili certa praeponeret … (7.17.23).

어떤 방식으로든 불변성을 인식하지 않고는, 불변하는 존재가 변하는 존재보다 더 낫다고 확신할 근거가 없기 때문이옵니다.

59
진리와 그리스도

사람들이 철학을 하는 이유는 신자가 신학을 하는 이유와 같다. 바로 행복해지기 위해서다. 그 행복이 참 행복인가 그렇지 않은가는 잠시 제쳐두더라도, 사람들이 철학을 하는 목적이 행복인 것은 분명한 사실이다. 철학은 오로지 인간 이성으로 이 목적을 추구하고, 신학은 성경과 계시에 대한 믿음으로 이 목적을 추구한다.

신학의 원리*principia theologiae*는 외적 원리인 계시와 내적 원리인 신앙으로 이루어진다. 내적 원리인 신앙은 '성령'이라 부를 수도 있는데, 이는 믿음의 저자가 성령이시기 때문이다. 어떤 사람들은 흔히 신학이 인간의 이성에 의존하지 않고 순수하게 계시와 믿음에만 의지하기 때문에 학문이라고 부를 수 없다고 말한다. 그러나 이는 학문의 층차層差의 이별성異別性을 모르고 하는 말이다.

토마스 아퀴나스는 《신학대전*Summa Theologiae*》에서 학문을 두 종류로 구분했다. 첫째는 자연적 이성의 빛으로 인식한 원리에서 시작하는 학문이다. 수학이나 기하학 같은 학문이 여기에 속한다. 둘째는 그보다 상위에 속하는 학문의 빛으로 인식하게 된 원리에서 출발하는 학문이다. 기하학에 토대를 둔 광학, 수학에 토대를 둔 음악 같은 학문이 여기에 속한다. 그는 신학이 이 중 두 번째 종류의 학문으로 이미 있는 상위의 학문의 빛인 '하나님과 지복자들의 지식*scientia Dei et beatorum*'에서 시작하는 학문이라고 말했다. 마치 수학 규칙을 받아들이고 음악을 하는 것이나 기하학 정리를 광학의 전제로 사용하는 것처럼, 신학은 기초가 되는 상위 학문의 내용을 믿음으로 받아들임으로써 수행된다.

삼위일체의 제2위이신 그리스도는 '하나님의 말씀*ho logos theou*'으로 불린다. 그는 로고스로서 만물은 그로 말미암아 창조되었고 그분 안에 있다. 초월적인 천상 세계뿐 아니라 물질적인 지상 세계도 그분 안에 있다. 창조주이면서 당신 안에서 만물을 통치하는 로고스이시기에, 그리스도는 인간이 창조된 모든 사물을 인식하는 근거가 되신다. 즉, 로고스이신 그리스도의 실재를 통해 모든 학문이 성립할 인식론적 토대를 갖게 된다. 원리적으로는 '창조주에 대한 인식*cognitio creatoris*'이 '구속주에 대한 인식*cognitio redemptoris*'에 선행하지만, 실제적으로는 후자를 통해 전자를 올바로 인식하게 된다.

신학은 하나님이 누구이신지를 알게 하는 학문이다. 그러나 우리는 하나님이 어떤 분인지를 아는 지식으로써 행복을 얻는 것이 아니니, 오직 그분을 누림으로써 행복에 이른다. 그러므로 하나님에 관한 올바른 지식은 행복에 이르게 하는 다리와 같다.

|

Et quaerebam uiam comparandi roboris, quod esset idoneum ad fruendum te, nee inueniebam, donec amplecterer mediatorem dei et hominum, hominem Christum Iesum, qui est super omnia deus benedictus in saecula … (7.18.24).

그래서 저는 당신을 누리기에 필요한 힘을 얻는 길을 찾았사옵니다만, 제가 하나님과 인류의 중보자, 곧 그 또한 하나님이신 예수 그리스도, 바로 모든 사물 위에 뛰어나시며 영원히 복되신 중보자를 받아들이기까지는 그것을 발견할 수 없었사옵니다.

60
사랑 없는 철학

아우구스티누스가 플라톤에게 받은 가르침 중에는 이런 것이 있었다. "보이는 세계에 집착하지 말고 보이지 않는 이데아의 세계를 탐구하라." 그러나 마니교의 그릇된 철학에 심취한 탓에 아우구스티누스의 영혼에 드리운 사상적 어둠은 악마적이었다. 그가 마니교와 인연을 끊은 뒤에도 이러한 어둠은 남아서 한동안 그의 신학함을 방해했다. 그중 대표적인 것이 존재와 악에 관한 의문이었다.

아우구스티누스는 하나님과 피조물의 실존 양식을 둘러싼 지성적 혼란으로 오랫동안 고민했다. 또한 선하신 하나님이 어떻게 이 세상의 악과 양립할 수 있는가 하는 문제의 답을 찾지 못해 적지 않는 시간을 헤맸다. 아우구스티누스는 이 문제를 철학적으로, 또 신학적으로 이해하고자 목숨을 건 각오로 천착했고, 결국 어렴풋하게나마 이해하게 되었다. 이때 그가 깨달은 것이 있다. 철학함에 있어서 명료한 사유를 방해하는 요인이 있는데, 그것이 바로 인간의 마음 안에 있는 '죄'라는 사실이다.

아우구스티누스는 인간의 죄를 두 가지로 구분한다. 하나는 '페카툼*peccatum*'이고 또 하나는 '포에나*poena*'다. 전자는 율법과 양심에 의해 판단을 받은 객관적인 죄다. 이와 대조적으로 후자는 죄를 지은 인간 안에 있는 성향 혹은 죄의 결과가 마음에 끼친 영향이다. 라틴어 의미상 '포에나'는 징벌적 성격으로서의 죄를 가리킨다. 그래서 가톨릭 신학자들은 이것을 '죄벌罪罰'로 번역하기도 한다. '포에나'로서의 죄는 마음에 육욕을 불러일으켜 지성을 순수한 상태로 유지할 수 없게 방해하고, 가시적 사물들의 표상에 매여 그것들 너머에 있는 실재를 생각하지 못하게 한다.

지성의 공정한 사유를 방해하여 참된 철학을 불가능하게 하는 것이 바로 교만이다. 인간이 짓는 모든 죄의 뿌리가 자기사랑*amor sui*이라면, 죄 없는 인류에게 죄를 들여온 것은 교만*superbia*이었다. 비유를 하자면 인류 사회에 들어온 악과 비참은 하나님 사랑을 버리고 교만이라는 호미로 판 땅에 자기

사랑이라는 씨앗을 심은 결과다.

아우구스티누스는 아직 하나님의 사랑 안에서 영혼과 지성이 은혜의 물에 충분히 잠기지 않았던 탓에 조금 깨달은 진리에 대한 지식으로 우쭐했다. 그러나 그는 이내 플라톤의 철학을 통해서는 참된 신학에 이르는 가장 중요한 덕을 배울 수 없음을 깨달았으니, 바로 사랑이었다. 따라서 그가 후일 다음과 같은 경구를 남긴 것은 절대 우연이 아니다. "참된 철학자는 하나님을 사랑하는 사람이다*verus philosophus est amator Dei*" (《신국론*De Civitate Dei*》 8.1).

|

iam enim coeperam velle videri sapiens, plenus poena mea et non flebam, insuper autem inflabar scientia. ubi enim erat illa aedificans caritas a fundamento humilitatis, quod est Christus Iesus? aut quando illi libri me docerent eam?(7.20.26)

지혜롭게 보이려는 마음에 저의 무더기 형벌에도 울음은 고사하고 지식으로 우쭐대며 부풀어 있었으니, 거기에 겸손의 토대이신 예수 그리스도 위에 세워지는 사랑이 어디 있었겠나이까? 언제 저 책들이 저에게 그 사랑을 가르친 적이 있더이까?

61

진리를 즐기는 것의 한계

진리를 즐거워하는 것은 매우 좋은 일이다. 그러나 우리가 진리를 탐구하는 것은 단지 즐거움을 얻기 위해서가 아니라, 진리가 아닌 것으로부터의 억압과 매임에서 해방되기 위해서다. 이는 영혼의 자유 없이는 그 어떤 행복도 참다운 행복이 아니기 때문이다.

인간의 존재는 육체와 영혼으로 이루어져 있다. 육체의 생명은 영혼에 있으며, 영혼의 생명은 그리스도를 통해 삼위일체 안에 있는 사랑의 교통에 참여하는 데서 온다. 육체는 이 땅의 흙에서 창조되었기 때문에 물질적 자원을 필요로 한다. 따라서 물질적 자원의 결핍은 육체적 생명을 유지하는 데 장애가 될 수밖에 없다. 마찬가지로 영혼은 하늘로부터 창조되었기 때문에 신령한 자원을 필요로 한다. 신령한 자원이 결핍되면 영혼의 생명을 유지하는 데 장애가 될 수밖에 없다. 신령한 자원이 심각하게 결핍되면, 영혼은 죽음의 상태에까지 이르게 된다.

영혼의 죽음은 육체의 죽음과 다르다. 육체의 죽음이 육체의 소멸을 의미한다면, 영혼의 죽음은 '영혼의 고유한 기능을 수행하지 못하고 오로지 동물적 기능에만 복속된 상태'를 의미한다. 그래서 성경은 영혼이 죽어 있을 때에 '죽은 행실들'이 나타난다고 말한다(히 6:1). 사람의 생각mind이 바뀌거나 정서에 변화가 일어나는 것은 영혼의 진정한 변화 없이도 얼마든지 가능하다(호 6:4).

자연적 본성을 따라 일어나는 정동과 영혼의 변화를 통해 도덕적 본성이 신령하게 변하는 것은 본질적으로 다르다. 그러나 둘 다 인간의 마음 안에서, 공통의 정신 구조 안에서 일어나는 일이다.

아우구스티누스는 분명히 진리의 빛을 일부 발견했다. 그 빛은 마니교의 물질주의 신관에서 벗어나고, 선악의 영원한 실재에 대한 믿음을 떨쳐내기에 충분한 빛이었다. 그러나 아우구스티누스 안에 있는 악한 성향을 끊어내기에는 아직 충분하지 않았다. 오늘날 신학 용어로 말하자면, 뚜렷한 중생과 회심에는 이르지 못하고, 다만 진리에 대한 상당한 분량의 조명을 받아 지성이 계명啓明에 이른 상태였다. 그것이 철학자 아우구스티누스가 경험한 변화의 한계였다. 지성은 어느 정도 계명에 이르렀으나, 내면을 억압하는 죄의 성향이 강제력과 필연성을 가지고 익숙한 죄악으로 이끄는 것에는 저항할 수 없었다. 이러한 경험을 계기로 아우구스티누스는 '하나님의 은혜*gratia Dei*'로 눈을 돌리게 되었다.

하나님을 의지한다는 것은 곧 그분의 은혜를 의지한다는 말과 완전한 동의어다. 어린아이처럼 매달리며 하나님의 은혜를 구하자. 진리에 대한 진지한 탐구와 은혜에 대한 열렬한 갈망이야말로 하나님을 누리는 지름길이다.

|

… etsi condelectetur homo legi dei secundum interiorem hominem, quid faciet de alia lege in membris suis repugnante legi mentis suae et se captiuum ducente in lege peccati, quae est in membris eius?(7.21.27)

비록 속사람으로는 하나님의 법을 기뻐할 수 있다고 할지라도, 생각으로 동의한 법칙에 항거하는, 육신의 지체 안에 있는 또 다른 법에 대해 그가 감히 무엇을 할 수 있겠나이까?

62
참된 철학과 눈물

철학에는 참된 철학과 오염된 철학이 있다. 참된 철학은 하나님과 세계, 인간의 존재와 의미에 관한 지식을 정확히 전달하는 철학이다. 이 세상의 모든 철학은 하나의 참된 철학을 위해 주어진 계시와 그 계시에 관한 지식을 둘러싼 무지와 오해, 왜곡에서 나온 것이다. 그래서 이 세상의 어떤 철학도 원래 주어진 참된 철학의 흔적을 부분적으로나마 지니지 않은 것이 없다.

오로지 인간의 이성을 원리로 세워진 철학은 다음과 같은 이유 때문에 오류를 내포할 수밖에 없다. 첫째로, 진리에 대한 지식의 근원은 인간의 이성이 아니라 하나님이시기 때문이다. 둘째로, 진리가 인간을 판단하는 것이지 인간이 진리를 판단할 수 없기 때문이다. 혹시 인간이 하위의 진리를 판단할 수 있다 할지라도, 결국 그 판단도 이미 그 사람 안에 있던 진리에 관한 지식이 있기에 가능한 것이다. 인간은 진리의 주체가 아니니, 인간의 이성만으로는 참된 철학을 구축할 수 없다. 진리는 그것을 인식하는 인간보다 크고 위대하기 때문이다.

셋째로, 진리를 접한다 할지라도 그것을 인식하는 사람 안에 있는 잘못된 지식이 진리를 진리로 인식하지 못하게 방해하기 때문이다. 아우구스티누스가 '사랑의 신학'을 추구하게 된 것은 회심 이전에 진리를 추구하는 여정에서 접한 철학에서 사랑을 배우지 못한 경험 때문이기도 하다. 오늘날 대부분의 철학자와 마찬가지로 아우구스티누스 역시 진리와 사랑, 영원, 이런 것들이 서로 다른 무엇인 줄 알았다. 그러나 하나님의 은혜로 말미암아 진리와 성령으로 정신이 도약하고, 이를 통해 가시적 세계 너머에 있는 초월적이고 신령한 세계를 경험하게 됨으로써 진리, 사랑, 그리고 영원은 곧 한 하나님을 서로 다른 각도에서 바라보는 것임을 알게 되었다. 그리고 그로 말미암아 진리는 사랑스럽고 영원하며, 사랑은 참되고 영원하며, 영원은 참되고 사랑스러운 것임을 깨달았다.

사랑과 영원에 대한 열망이 없는 진리에 대한 인식, 진리와 영원에 대한 갈망이 없는 사랑의 추구, 진리와 사랑의 합치가 없는 영원에 대한 경험은 모두 하나님에게서 온 것이 아니다. 아우구스티누스가 그리스도의 교회에서 배운 참된 철학함은 그것을 감당하기에 합당치 않은 자신의 죄인 됨에 대한 진실한 참회 속에서 이루어진 것이었다.

기도의 눈물로 얼룩진 마음이야말로 참된 철학을 하기 가장 좋은 마음이며, 하나님의 말씀에 기꺼이 순종하고자 하는 어린아이 같은 믿음이야말로 진리를 깨닫기에 가장 적합한 마음이다. 그러므로 거룩하신 하나님 앞에 우리의 마음을 쏟아놓자. 성경과 여러 학문의 많은 책이 기도의 눈물로 젖게 하자.

|

Hoc illae litterae non habent. Non habent illae paginae uultum pietatis huius, lacrimas confessionis, sacrificium tuum, spiritum contribulatum, cor contritum et humiliatum, populi salutem, sponsam ciuitatem, arram spiritus sancti, poculum pretii nostr(7.21.27).

저 책들에는 이런 것들 중 아무것도 없었사옵나이다. 그 책의 장들마다 이러한 경건의 얼굴, 참회의 눈물, 참회하고 겸손한 마음으로 주께 봉헌된 고뇌하는 영혼의 제사, 인간의 구원, 주님의 신부로 선택된 도성, 성령의 보증과 우리를 위한 속량의 잔도 있지 아니했나이다.

63

영원한 생명에 눈뜸

죄가 인간에게 끼친 가장 강력한 피해 중 하나는 인간의 영혼에 영적 어둠을 도입한 것이다. 육체의 어둠이 물질적 사물을 보지 못하게 한다면, 영혼의 어둠은 신령한 것을 볼 수 없게 한다. 그 어둠은 영혼의 모든 기능에 영향을 끼친다. 지성의 판단을 흐리게 하고, 정서의 고름을 상실하게 하며, 의지의 올곧음을 잃고 충동을 따르게 한다. 영적 생명*vita spiritualis*은 '영원한 생명*vita aeterna*'으로도 불리니, 이는 영혼의 생명이 영원 자체이신 하나님에게서 온 것임을 보여준다.

아우구스티누스와 동시대를 살았던 신학자 레랭의 뱅상Vincent de Lérins은 인간의 영혼은 하나님 자신의 실체 중 일부분을 인간에게 불어넣은 것이라고 주장했다. 아우구스티누스는 이 주장을 철저히 반박하면서 인간의 영혼이 아무리 독특하고 탁월하다 할지라도 하나님의 피조물에 불과하다고 말했다. 인간 창조 시 흙으로 빚으시고 숨을 불어넣으신 것은 하나님이 자신의 실체를 일부분 나누어주신 동작이 아니라 그저 창조 행위일 뿐이라고 논박했다.

'생명'은 정확히 정의 내리기가 어렵다. 그러나 확실한 것은 부정신학否定神學의 방식으로 생명에 대해 설명하는 것이 가능하고 설득력이 있다는 사실이다.

생명은 죽음에 항거하는 모든 기능을 유효하게 하는 힘이다. 생명을 담지한 사물은 생육하고 번성하여 끊임없이 자신을 닮은 개체를 생산하려 한다. 따뜻한 봄, 온 천하에 약동하는 생명의 기운을 보라. 일단 생명이 뻗어나가는 힘을 발휘하기 시작하면 아무도 그 푸르름의 번성함을 막을 수 없다. 뿐만 아니라 생명은 그것을 담지한 생명체가 현상적으로 스스로 그 생명을 지탱하는 것처럼 보이게 한다. 그러나 모든 생명은 생명의 원천이신 하나님을 의존한다. 그러므로 하나님의 자존성은 곧 그분의 생명의 완전성을 입증한다. 하나님은 창조되지 않은 생명이시고 피조물은 창조된 생명이다. 따라서 창조를 받은 생명체들은 전사와 신진대사를 통해 스스로 살아 있는 것 같아 보여도 하나님의 생명에 의존하여 생명을 유지한다.

인간의 영혼은 그 독특한 특성 때문에 다른 어떤 물질적 생명보다도 더욱 밀접하게 하나님의 생명에 의존하고 있다. 죄인이 변화받아 신자가 된다는 것은 곧 예전에 누리지 못하던, 삼위일체 안에 있는 영적 생명을 누리게 된다는 의미다.

삼위일체 안에서 이루어지는 위격들 간의 교통의 본질을 아우구스티누스는 사랑으로, 조나단 에드워즈는 생명으로 해석했다. 그러나 이 둘은 하나다. 영적 생명은 곧 사랑이고, 사랑은 곧 영적 생명이기 때문이다. 충만한 생명으로 죽음의 기운을 이기며 살아가자. 용서할 수 없는 사람을 용서하며 사랑하기 힘든 사람을 사랑하면서 살아가자.

|

Inhaeserant praecordiis meis uerba tua, et undique circumuallabar abs te. De uita tua aeterna certus eram, quamuis eam in aenigmate et quasi per speculum uideram … (8.1.1).

당신의 말씀들이 이제 저의 마음속 깊은 심령에 확고히 심겨져, 저는 어느 쪽에서든지 당신께 감싸여 있었나이다. 당신의 영원한 생명에 관하여는 꽤 확신하고 있었습니다. 비록 제게는 그것이 거울에 이따금씩 감질나게 비치는 형상을 바라보는 것처럼 어렴풋했지만 말입니다.

64
심플리키아누스의 회고

아우구스티누스가 회심하는 데 결정적인 역할을 한 사람이 둘 있다. 심플리키아누스와 암브로시우스다. 심플리키아누스는 로마의 유명한 수사학자로 암브로시우스에게 성경과 교부들의 사상을 가르친 인물이다.

아우구스티누스는 밀라노에서 암브로시우스의 설교에 깊이 감동받고 그를 하나님의 탁월한 종으로 알고 존경했다. 그러나 개인적으로 깊은 교제를 나눈 상대는 그의 스승인 심플리키아누스였다. 모든 학예에 능한 심플리키아누스의 박학다식함은 아우구스티누스에게 깊은 인상을 남겼다.

이 두 사람 외에 아우구스티누스의 회심에 간접적으로 기여한 사람이 하나 더 있는데, 빅토리누스다. 아우구스티누스는 심플리키아누스가 빅토리누스를 회고하는 이야기를 듣고 많은 감화를 받았다. 빅토리누스는 아우구스티누스로 하여금 플라톤의 철학을 접하게 하여 기독교에 관심을 갖도록 방향을 잡아준 인물이다. 그는 그리스어로 기록된 플라톤의 몇몇 저작들과 아리스토텔레스의 《범주론》, 포르피리우스의 《이사고게*Isagoge*》, 플로티누스의 《엔네아데스》 등을 라틴어로 번역했다. 특히 《이사고게》와 《엔네아데스》를 번역할 때에는 신약성경의 책들 간의 일치점을 찾아가면서 평주까지 달았다.

많은 철학자의 저서를 섭렵하고 그들의 사상을 예리하게 비판할 수 있을 정도로 탁월한 식견을 갖춘 빅토리누스는 심플리키아누스의 막역한 친구이자 뛰어난 학자였고, 그 유명한 히에로니무스(성 제롬)의 스승이기도 했다. 그런 빅토리누스가 그리스도를 믿기 위해 어린아이와 같이 된 것을 보고 아우구스티누스가 얼마나 큰 감화를 받았는지는 다음 구절에 뚜렷이 나타나 있다. "그러던 그 사람이 그리스도의 어린아이가 되기를 부끄러워하지 않고, 그리스도의 거룩한 세례를 받으려고 갓난아이처럼 겸손의 멍에를 메고 십자가의 능욕 아래 머리를 조아렸으니, 오, 주여, 하늘을 기울여 내려오시고 산을 만지사 연기가 나게 하신 주시여! 대체 어떻게 그의 마음을 열고 들어가셨나이까?"(8.2.4)

그리스도를 구세주로 알게 되는 것은 우리의 혈육을 통해서가 아니라 오직 하나님을 통해서다(마 16:17). 하나님은 스스로 지혜 있다고 자처하는 자들에게는 자신을 숨기시고, 어린아이 같은 겸손으로 나아오는 자들에게 자신을 나타내신다. 그러므로 우리는 오류에는 단호하되, 진리를 향해서는 항상 유순한 마음과 온유한 지성을 지녀야 한다. 진리에 대해서는 분명한 태도로 확신 있게 행동하되 진리를 아는 자신에 대해서는 늘 자신의 부족함을 인식하는 겸손이야말로 하나님을 아는 지식에서 자라가는 비결이다.

|

Deinde, ut me exhortaretur ad humilitatem Christi sapientibus absconditam et reuelatam paruulis, Victorinum ipsum recordatus est … (8.2.3).

그는 또 지혜로운 자들에게는 숨으시고 어린아이들에게는 나타난 바 되신 그리스도의 겸손을 저에게 권하고자 빅토리누스를 회고했사옵나이다.

65
마음의 필연성

자연 이성으로 참 지혜를 추구하는 사람들에게 기독교는 언제나 거치는 돌이었다(롬 9:33). 기독교가 가르치는 지혜는 이성의 추론을 초월한다. 더욱이 그 지혜가 행복한 인생을 살게 하는 방법으로서의 지혜일 때, 자연 이성으로는 결코 그 지혜를 추론해낼 수 없다.

아우구스티누스는 회심하기 전에 이미 이러한 사실에 눈떴다. 그러나 여전히 세상 욕심에 연연하던 터라 복음이 주는 영혼의 온전한 자유를 누리지 못하고 있었다. 심플리키아누스는 그런 그에게 빅토리누스가 박해를 받을 때 취한 용기 있는 행동에 대해 이야기해주었다. 배교자 율리아누스 황제가 그리스도인에게 학예와 웅변을 가르치는 것을 금지하는 법을 공표했을 때, 빅토리누스는 기꺼이 그 법을 따랐다. 어린아이들의 입에 웅변을 주시는 하나님의 말씀을 포기하는 대신, 웅변술을 가르치는 학교를 포기한 것이다.

아우구스티누스는 이 이야기를 들으며 불현듯 빅토리누스 같은 인물은 참으로 행복했을 것이라고 생각했다. 왜냐하면 자신의 모든 것을 드리고 온전히 그리스도를 따르는 희생적 삶의 모본을 빅토리누스에게서 발견했기 때문이다. 아우구스티누스는 진심으로 그렇게 살고 싶은 마음이 간절했다. 그런데 마치 적진에 포로로 잡힌 군인이 용기와 힘을 내 떨치고 일어나려 해도 온 몸이 쇠사슬에 묶여 어찌할 수 없는 것처럼, 아무것도 할 수 없는 자신을 발견할 뿐이었다.

그는 자기를 얽어맨 사슬을 가리켜 '사악한 마음의 필연성'이라고 칭했다. 마음 안에 어떤 욕심이 반복해서 생기면 그것을 실행에 옮기게 되고, 그러면 반복된 실행은 곧 버릇이 된다. 이렇게 버릇이 생기면, 악한 일을 하는 것이 몸과 마음에 배게 되는데 이것이 바로 필연성이다. 일단 마음에 이런 필연성이 자리 잡으면, 비록 의지로 선한 것을 선택한다 할지라도, 선을 실행할 의지의 힘이 모자라므로 습관적인 마음의 성향을 따라 그 반대로 행동하고야 마는 자신을 발견하였다. 은혜의 힘이 아니고는 그 악의 필연성을 끊을 수 없다는 사실을 발견했던 것이다. 이것이 바로 하나님을 떠난 인간의 현실적인 모습이다. 그래서 사도 바울은 탄식하며 부르짖었다. "오호라 나는 곤고한 사람이로다. 이 사망의 몸에서 누가 나를 건져내랴"(롬 7:24).

구원받은 신자도 이렇게 탄식하였거늘 하물며 죄의 절대적 지배를 받는 불신자의 처지는 말해 무엇하랴. 이 사악한 마음의 필연성을 끊을 힘은 결코 인간 자신에게서 흘러나오지 않는다. 우리가 매순간 하나님의 은혜를 간절히 구해야 하는 것도 바로 이 때문이다.

|

Quippe ex uoluntate peruersa facta est libido, et dum seruitur libidini, facta est consuetudo, et dum consuetudini non resistitur, facta est necessitas(8.5.10).

진실은 이것이니 무질서한 정욕은 패역한 의지에서 생겨나고, 이 정욕에 영합할 때에 습관이 형성되고 습관이 제재 없이 실행될 때 그것은 굳어져 필연이 되는 것이옵니다.

66

두 마음의 모순

아우구스티누스에게 회심 전야는 참으로 긴 밤이었다. 그는 폰티키아누스라는 인물과의 대화를 통해 길고 긴 회심 전야를 끝내고 회심에 이르렀다.

폰티키아누스는 아프리카 출신으로서 아우구스티누스와 고향이 같았고 궁중에서 높은 벼슬을 했던 사람이었다. 그는 아우구스티누스가 거처하는 곳에 와서 대화를 하던 중 탁자에 놓인 바울 서간집을 보고 이집트의 수도사 성 안토니우스의 이야기를 꺼냈다. 안토니우스는 수도원 운동의 창시자로 복음서에 나타난 예수 그리스도의 가르침과 삶의 모본을 문자적으로 따르고자 했던 수도사다. 그의 순결한 생활과 무욕의 삶에 관해 들은 아우구스티누스는 다음과 같이 자신의 심경을 고백한다. "그가 말하는 동안, 주여! 당신은 저를 저 자신 안으로 돌이키게 하셨습니다. 자신을 살피기 싫어서 이제껏 자신의 등 뒤에 숨어 있던 저를 떼어놓으셔서 바로 저의 얼굴 앞에다 세워놓으셨습니다. 그리고는 말씀하셨습니다. '네가 얼마나 추하고, 일그러지고, 더럽고, 때 묻고, 종기투성이인지 보아라'"(8.7.16).

아우구스티누스는 불신 상태에서도 진리에 대한 관심만은 버리지 않았다. 그러나 마음으로 온전히 진리를 좇지도 않았다. 그는 육욕을 따라 사는 향락의 생활을 끊지 못했다. 특히 성적 쾌락에 대한 집착이 몸에 배어 기독교 신앙에 관심을 기울이며 탐구하는 중에도 이 집착은 계속되었다. 아마도 영원과 진리에 대한 채워지지 않는 목마름이 오랫동안 길이 든 그의 부패한 마음의 성향으로 말미암아 그릇된 방향으로 투사된 것이리라. 아우구스티누스는 이러한 사실을 솔직히 고백한다. "너무나 달콤한 당신의 맛과 제가 사랑하던 당신의 집의 아름다움 때문에 세상 명예나 재물 같은 것은 전혀 달갑지 않았습니다. 그럼에도 불구하고 여성에게만은 끈질기게 얽혀 있었습니다"(8.1 2).

일반 학문에 대한 탐구는 이성의 헌신을 요구하지만, 진리를 다루는 학문의 탐구는 구도자의 자세를 요구한다. 다시 말해서 경건을 요구한다는 말이다. 그러니 진리를 사랑하고 이미 깨달은 진리에 자신을 합치시키려는 진지한 몸부림이 없이는 결코 진리를 파악할 수 없다. 아우구스티누스는 진리에 목말랐으나 하나님을 향한 경건을 배우기 전까지는 진정한 구도의 길에 들어선 것이 아니었다. 하나님은 인간의 호기심을 만족시킬 목적으로 진리를 알게 하시는 것이 아니라, 진리에 합치한 사람이 되어 바른 삶을 살게 하시려고 진리를 알게 하시기 때문이다.

이처럼 아우구스티누스는 회심 전야의 긴 시간을 둘로 나뉜 마음으로 살았다. 그것은 곧 진리에 대한 그리움과 육체의 향락에 대한 욕구였으니, 찢어진 영혼으로 사는 그 비참함을 어찌 말로 다할 수 있겠는가!

|

At ego adulescens miser ualde, miser in exordio ipsius adulescentiae, etiam petieram a te castitatem et dixeram: 'Da mihi castitatem et continentiam, sed noli modo(8.7.17).

청년기 초기부터 심히 비참했던 가엾은 젊은이인 저에게는, 당신께 순결을 간청하며 기도한다는 것이 '순결을 주옵소서, 절제를 주옵소서, 그러나 지금은 마옵소서' 하는 것이었나이다.

67
마음의 나뉨

하나님을 향한 인간의 마음은 수시로 나뉜다. 인간의 마음이 참되고 선한 것에 집중하지 못하고 나뉘는 분산의 원인은 크게 두 가지로 설명할 수 있다.

첫째로, 일반적인 원인이다. 인간의 마음은 끊임없이 육체의 감각기관을 통해 전달되는 사물의 정보를 받아들인다. 이 정보가 마음에 다양한 정동을 불러일으키는데, 그것들이 하나님을 향해 하나의 방향을 갖지 못할 때 마음이 나뉘게 된다. 지성이 이러한 정동의 경험을 올바르게 해석하지 못하기 때문이다. 지성의 올바른 해석이 없는 상태에서 일시적 감각들은 자유롭게 여러 정동을 불러오고 그것들은 욕망과 의지 행사로 이어진다. 인간의 마음은 부드러운 케이크와 같아서 생각이 줄을 그으면, 정동과 욕망의 경험, 의지의 행사가 그 줄을 따라 칼을 내려누르듯 마음을 나누어놓는다. 사실 인간의 마음을 나누는 것은 육체의 감각기관을 통해 들어오는 외부의 사물들이 주는 인상이나 정동만이 아니다. 마음에서 일어나는 상상을 통해서도 정동은 경험된다. 상상은 의도해서 이뤄지기도 하고 우연히 이뤄지기도 한다. 인간의 마음의 상태나 성향에 따라 상상의 종류나 방향이 결정된다. 그것은 수많은 외적 요인이나 정신적이고 육체적인 요인과도 관계되어 있기에 원인을 정확히 규명할 수 없는 경우가 많다. 그런 점에서 인간의 마음은 신비의 바다다.

둘째로, 개별적인 원인이다. 마음은 그 자체가 가지고 있는 성향 때문에 스스로 나뉜다. 엄밀히 말하면, 원래 하나이지 못한 마음이 어떤 사물을 지각하자 그 마음의 성향을 드러내는 것이다. 마치 잔잔해 보이는 바다 안에 커다란 와류渦流가 있지만, 거기에 어떤 물체를 넣어보기 전까지는 소용돌이를 느낄 수 없는 것처럼 말이다. 마음의 성향과 나뉨은 언제나 밀접한 관계를 가지고 서로 영향을 미친다. 전자는 후자를 형성하고, 후자는 다시 전자를 발생시킨다.

아우구스티누스는 성경을 통해 하나님의 존재를 알았고, 철학적 사유를 통해 하나님의 실존 양식이 피조물의 실존 양식과 다르다는 사실을 깨달았다. 실로 오랜 사유의 방황 속에서 성경 진리에 지성의 닻을 내리게 된 것이다. 그리하여 선과 악에 대한 마니교의 사상이 잘못되었다는 사실도 깨달았다. 그러나 그러한 지성의 깨우침이 육욕에 물든 그의 생활까지 고쳐주지는 못했다. 이는 진리를 알았고, 진리를 따라 살고 싶은 소원이 예전처럼 방탕하게 살고자 하는 바람보다 더 강해졌으나, 진리를 온전히 따르기에는 마음이 오롯하지 않았기 때문이다.

아우구스티누스는 자신의 이러한 상태를 "하고 싶어지는 일을 아니했다"라고 표현했다. 이렇게 마음이 나뉜 채 살아가는 비참함은 오히려 진리를 모르고 마음껏 방탕하게 살던 때보다 더 고통스러웠을 것이다. 하지만 여기에서 벗어나려면 하늘로부터 영혼을 이끄는 힘, 즉 은혜*gratia*가 필요하다는 사실을 깨닫기까지는 좀 더 아픈 시간들을 지나야 했다. 그가 미처 깨닫지 못한 은혜의 비밀을 이미 알고 있는 우리는 얼마나 행복한 사람인가? 하나님의 은혜에 감사하자.

|

… non faciebam, quod et incomparabili affectu amplius mihi placebat … (8.8.20).

나에게 비교할 수 없도록 강렬하게 더 큰 기쁨이 되었던 일을 행하지 않았나이다.

68

의지의 모순

아우구스티누스가 《고백록》에서 가장 진지하게, 그리고 가장 길게 언급하는 세 가지 주제는 시간과 영원, 선과 악, 자유와 의지다. 그중에서도 인간의 자유와 의지에 대한 탐구는 집요하리만치 끈덕지다.

인간의 의지에 대한 천착은 아우구스티누스가 회심에 이르기까지, 아니 회심 이후에도 끈질기게 계속된 개인적인 고민과 연관이 있다. 마니교에 빠져 있던 시절에는 선악 문제에 대해 그리 깊이 고민할 필요가 없었다. 마니교에서는 인간의 의지를 악에 관한 한 피동적인 것으로 보았기 때문이다. 인간이 악을 행하는 것은 어디까지나 외부에서 주어진 악의 충동에 인간 안에 있는 악성惡性이 발동하여 죄를 짓는 것이기에,

어떤 의미에서는 인간도 악의 피해자라고 간주하는 것이 마니교의 사상이었다. 아우구스티누스는 마니교의 이러한 사상에 대해 다음과 같이 고백하였다. "죄를 저지르는 것이 우리가 아니라 우리 안에 있는 어떤 다른 본성 때문이라 여겼기 때문에, 저의 교만도 죄가 되는 것이 아니라는 점에서 신나는 일이었습니다"(5.10.18).

당시 마니교는 지성인들에게 큰 인기를 얻고 있었다. 독일의 자유주의 신학자 아돌프 폰 하르나크는 마니교가 인류 역사상 체계적인 사상을 갖춘 최초의 종교라고 주장했는데, 이는 마니교가 통합적인 신관, 우주관, 인생관을 제시했기 때문이다.

주후 3세기의 이란인 마니*Mani*에 의해 창시된 마니교는 조로아스터교의 교리를 뼈대로 해서 기독교, 영지주의, 불교 등은 물론 당시 민간 토착 신앙까지 융합하여 신비적이면서도 지성적인 사상 체계를 수립했다. 당시 사람들이 마니교에 매력을 느낀 이유 중 하나는 인간이 악을 행하고 죄를 지어도 그 책임을 회피할 철학적 근거를 제공했기 때문이다. 나는 6개월 정도 그가 마니교와 논쟁한 기록들을 읽는 일에 몰두했었는데, 기독교 신앙과 신학에 또 다른 의미에서 나의 눈을 열어주었다. 진리를 위해 싸우는 위대한 지성의 전사戰士를 만나는 것은 내게 큰 감동이었다.

어느 순간부터 아우구스티누스는 인간의 죄에 대한 마니교의 이런 설명에 의문을 품기 시작했다. 크게 세 가지 이유 때문이다. 첫째로, 하나님의 선하심 때문이다. 하나님이 선하시다면 그분이 창조한 모든 것도 선해야 하는데, 그렇다면 악은 대체 어떻게 존재하게 되었는가 하는 의문이 들었기 때문이다. 하나님의 능력이 부족해서 악이 존재하는 것을 못 막으셨다거나, 하나님이 의지적으로 악을 만드셨다는 추론은 하나님의 완전성과 전능하심에 모순되는 것이었다.

둘째로, 인간의 도덕적 책임 때문이다. 아우구스티누스는 자신의 책《마니의 제자 아디만투스를 반박함*Contra Adimantus, Manichaei discipulum*》에서 악에 대한 마니교의 설명을 상세히 소개했다. 아우구스티누스에 따르면, 아디만투스는 실제로 아모스서에 나오는 "여호와의 행하심이 없는데 재앙이 어찌 성읍에 임하겠느냐"(암 3:6)라는 구절을 지적하며 "하나님이 악들의 근원이다"라고 주장했다. 또한 복음서에 등장하는 열매 맺지 않는 나무는 찍어 불에 던지시는 하나님에 대한 묘사(마 3:10; 7:19; 눅 3:9; 13:7)는 고통(나무가 도끼에 찍히는)과 악(불에 버려지는)이 하나님에게서 온다는 사실을 입증한다고 주장했다. 이에 아우구스티누스는 여기서 '악'은 '실체적인 악'이 아니라 '하나님의 형벌'로 이해해야 한다고 반박했다(26장). 아우구스티누스는 악惡에 대한 아디만투스의 설명이 하나님의 선하심과 완전성에 배치될 뿐 아니라 하나님의 형상을 닮은 인간의 존엄성과 독립성, 개별적 인격체로서의 도덕적 책임성과도 모순된다고 주장했다.

셋째로, 자신의 심리적 요인 때문이다. 마니교의 가르침에 안주하면서 육욕을 따라 사는 동안에도 영혼의 불안과 고통은 계속되었다. 그래서 아우구스티누스는 내면을 성찰하는 일에 전념했다. 그리고 그 과정에서 자신 안에 있는 자아의 개념과 심리적 모순을 발견했다. 나아가 인간이 겪는 무수한 고통과 악의 발생은 궁극적으로 선하신 하나님에게 존재의 근거가 있는 것이 아니라, 인간이 자유로운 의지로 악을 선택함으로 말미암아 선한 것에서 악이 기생하게 된 것이라는 사실에 눈을 떴다. 물론 마음의 작용과 육체의 행동이 일치할 때에는 어떠한 의지의 모순도 발견할 수 없었다. 마음의 명령은 자연적인 것과 도덕적인 것이 있다. 자연적 명령의 경우 마음이 손더러 손을 들라고 하면 바로 그렇게 되는데, 이는 마음이 손이 들려지길 오롯이 원하기 때문이다. 그러나 도덕적인 명령의 경우 마음이 마음에게 무엇을 명령해도 듣지 않는다. 이것은 인간 밖의 무엇이 인간을 억압하기 때문이 아니라 마음이 선악 중 하나에 대해 오롯한 의지를 가지고 있지 않기 때문이다.

인간에게는 선한 것을 택하고 선을 행하라고 명령하는 마음이 있는가 하면, 그런 명령을 받았으나 실천하고 싶지 않은 마음도 있다. 아우구스티누스는 이것을 의지의 질병 상태로 보았다. 하나의 인격 안에 이 두 마음이 있으며 각기 다른 방향으로 힘을 행사하고 있는 것이다. 그런데 이 두 마음은 대등한 실체로 존재하는 것이 아니라 하나인 의지가 죄로 인해 전일성全一性을 잃고 결함이 생기면서 나타난 모순이다.

이 세상에 현존하는 수많은 악은 바로 인간 의지의 악함과 마음의 병든 상태에서 비롯된 것이다. 그러므로 인간의 영혼이 고쳐지지 않고는 세상의 악과 고통도 멈추지 않을 것이다.

|

Imperat animus corpori, et paretur statim : imperat animus sibi, et resistitur(8.9.21).

마음이 육체에 명령하면 육체는 즉시 따르지만, 마음이 마음에 명령할 때 마음은 듣지 않습니다.

69
다른 의지의 씨름

도덕적 선택의 과정에서 갈등을 느끼는 우리의 경험에 의하면, 어떤 일을 선택하거나 실행할 때 우리 안에 마치 두 개 이상의 상반된 의지가 있는 것만 같다. 그러나 실상은 그렇지 않다.

청교도 신학자 존 오웬은 불신자와 신자의 범죄를 말하며 비중생자는 단일 의지로, 중생자는 복합 의지로 죄를 짓는다고 했다. 어떤 사람들은 이러한 설명이 하나인 인간의 의지를 분할하는 것이라고 비판한다. 그러나 그의 주장의 핵심은 의지의 실체론적 분할에 관한 것이 아니다. 인간의 의지는 실체가 아니라 영혼에 속하는 기능이다. 따라서 존 오웬이 죄를 짓는 신자의 영혼의 작용과 관련하여 '복합 의지'라고 표현한 것은 의지가 분할되어 두 개가 되었다는 뜻이 아니라, 신자의 마음 안에 잔존하는 타락한 본성의 영향으로 하나님을 대적하려는 성향과, 중생을 통해 새롭게 부여받은 거듭난 본성의 영향으로 하나님을 사랑하려는 성향이 더불어 싸운다는 뜻이다. 특별히 후자의 성향을 가리켜 신자의 마음의 '지배적 성향'이라 부를 수 있는데, 이것은 실제로 이 성향이 항상 우세하다는 뜻이 아니라 원리상 중생한 신자 안에는 이 성향이 늘 사라지지 않고 존재한다는 뜻이다(롬 7:18). 이 지배적 성향이 얼마만큼 우세한지는 개인의 성화의 정도에 달려 있다.

반복되는 행동에 의해 습관이 형성되고, 습관은 마음의 성향과 행동 사이에 필연성을 형성한다. 그러나 의지 행사의 필연성 역시 인간의 의지 안에 있는 것이기 때문에 마음 안에서 선과 악이 서로 다투고 그 다툼에서 악이 이겨 죄를 지을 경우, '인간도 그 악성의 피해자'라고 생각해서는 안 된다.

아우구스티누스는 《83명제 자유토론집*De Diversis Qvaestionibus Octoginta Tribus*》에서 이렇게 말했다. "인간은 진리의 명령에 반하여 자발적으로 죄를 저질렀으나, 그 죄에 대한 벌은 오류에 굴복하는 것이다*Peccatum itaque fuit spontaneum contra praeceptum facere ueritatis, peccati autem poena subici fallaciae*"(67.3).

오류에 굴복하는 것이 저지른 죄에 대한 벌이 되는 이유는,

이로써 앞으로도 그 죄에 쉽게 굴복할 성향이 마음 안에 형성되기 때문이다. 특정한 죄가 습관처럼 익숙해지고 그 죄에 대하여 양심이 둔감해짐으로써 이 일은 촉진된다.

어떤 사람이 누군가에게 폭력을 행사했다고 가정해보자. 우리 눈에는 폭행당한 사람이 피해를 입은 것으로 보이지만, 사실 더 끔찍한 일은 폭행한 사람 안에서 일어난다. 이 일을 계기로 그는 앞으로 폭력을 행사하기가 더 쉬워질 것이고, 이런 일이 반복되면 마음의 성향으로 굳어져서, 결국 그는 분노의 정동이 아주 조금만 생겨도 의지적으로 폭력을 행사하는 사람이 되고 만다. 폭력을 행사한 최초의 상황만 보면, 그 사람이 자유롭게 폭력을 행사한 것처럼 보이지만, 그렇게 함으로써 그는 마치 노예처럼 폭력을 행사하려는 성향에 매인 삶을 살게 된다.

신자의 마음속에서 죄의 성향이 강화되면, 그는 마치 자기 안에 또 다른 자아가 있는 것처럼 느낀다. 때로는 죄를 저지르고자 하는 이가 자신이 아닌, 또 다른 누구인 것처럼 느낀다. 그러나 이것은 명백하게 자신에 대한 '낯섦'이다. 두 의지가 서로 대립하는 것처럼 느껴진다고 해서 어찌 선성과 악성이 서로 다른 실체로서 다툰다고 할 수 있겠는가? 이러한 갈등은 모두 온전한 삶을 살고자 하는 선한 의지가 결핍되어서 생기는 현상이다.

하나님의 주권은 인간을 복합적으로 지배하기 위한 주권이 아니다. 오히려 인간을 참으로 인간답게 살게 하고 행복하게 하는 모든 힘의 원천이 하나님께만 있음을 알게 하여 그분을 의지하고 사랑하게 하는 주권이다. 그러므로 하나님을 알고자 하는 사람들은 그분을 의지하는 것부터 배워야 한다. 이것은 학문적 지식이 아니라 신앙의 은혜에서 비롯된다. 하나님을 알고 사랑하자. 이것이 선한 의지 속에서 아름다운 삶을 사는 비결이다.

|

Iam ergo non dicant, cum duas uoluntates in homine uno aduersari sibi sentiunt, duas contrarias mentes de duabus contrariis substantiis et de duobus contrariis principiis contendere, unam bonam, alteram malam(8.10.24).

그러므로 한 사람 안에서 두 의지가 서로 대립될 때 대립적인 두 정신이 대립적인 두 실체에서 그리고 대립적인 두 원리에서, 즉 선과 악에서 나오는 것이라고 주장하면 아니 될 것이옵니다.

70
영혼과 육체의 욕구

인간의 욕망은 의지에 속하는 기능이다. 만약 인간에게 욕망이 없다면, 그의 의지가 무엇인지 알 수 없을 것이다. 지성의 인식이 의지의 행사로 이어지려면, 선택할 어떤 행동에 대한 욕구가 마음 안에서 우세해져야 한다.

인간의 마음 안에는 하나가 아니라 여러 개의 욕구가 있다. 그러나 인간은 동시에 두 가지 이상의 욕구를 선택하고 실행할 수는 없다. 따라서 마음 안에서는 개별적 욕구의 우선순위가 매겨지고, 그중 가장 순위가 높은 것을 먼저 행동으로 옮기게 마련이다. 마음의 선택을 받아 행동으로 옮겨지길 원한다는 점에서 아래 순위에 있는 욕구에 대한 의지도 그 사람 안에 분명히 존재한다. 그러나 그 욕구를 선택하여 행동에 옮기려는 의지가 온전하지 못한 탓에 다른 우세한 욕망에 밀려 선택에서 제외되고 만다.

하나님에게 귀의하려는 신앙적 의지가 아우구스티누스에게 있었던 것은 사실이다. 그러나 그 의지는 육욕의 습관을 따라 살려는 욕구를 앞서지 못했다. 그래서 선한 의지를 가지고 있었음에도 불구하고 그렇게 하지 못했다. 이처럼 육체의 소욕과 영혼의 소욕 사이에 다툼이 일어나고, 이 다툼에서 육체의 소욕이 우세한 영향력을 행사하는 것은 인간의 의지가 병들어 있기 때문이다(롬 7:24).

지성으로 받아들인 좋은 것을 의지가 기꺼이 수납하여 욕구하고 선택하고 실행해야 하는데, 그것이 병든 상태에서는 그렇게 하지 못한다. 아우구스티누스는 이것을 가리켜 '영혼의 질병'이라고 불렀다. 영혼의 질병에 걸린 인간은 육체와 영혼의 소욕 사이에서 정신이 찢어지는 분열을 경험한다. 일반적으로 하나님은 인간의 마음에 당신의 뜻을 힘으로 강요하는 방식으로 당신의 뜻을 이루지 않으신다.

육체의 악한 욕구가 영혼의 고상한 욕구에 온전히 순종하기까지는, 둘 사이의 불일치와 찢어짐에서 오는 고통이 그치지 않는다. 지성은 분명히 진리를 바라지만, 의지가 '고상하지만 약한 영혼의 소욕'보다 '저열하지만 강한 육체의 소욕'

을 따르면서 처참한 분열의 고통을 느끼는 것이다. 결국 인간의 의지가 진리와 선을 향하여 오롯이 작용하도록 늘 준비되어 있는 것이야말로 인간이 행복에 이르는 길이다. 그리고 이것이 바로 신자에게 요구되는 거룩함이다. 그러므로 신자가 시험에 들었다고 하는 것은 단지 죄를 짓고 타락한 상태에 다다르게 되었다는 것을 가리키는 것이 아니다. 그것은 시험에 들었다기보다는 이미 죄에 빠진 것이다. 넓은 의미에서 신자가 시험에 들었다는 것은 하나님에게 온전히 순종하기에 적합하지 않은 모든 상태를 가리킨다. 우리가 시험에 들지 않도록 매순간 하나님께 기도하여야 할 이유가 여기에 있다.

|

Ita etiam, cum aeternitas delectat superius et temporalis boni uoluptas retentat inferius, eadem anima est non tota uoluntate illud aut hoc uolens et ideo discerpitur graui molestia, dum illud ueritate praeponit, hoc familiaritate non ponit(8.10.24).

이처럼 위로부터는 영원의 즐거움이 우리를 부르고 아래쪽에서는 잠세적 번영에 대한 쾌락이 우리를 잡아당길 때 하나인 우리의 영혼은 둘 중 어느 것도, 온전히 하나 된 의지로써, 끌어안지 못하게 되옵나이다. 진리가 이것을 요청하나 죄의 습관 때문에 저것을 놓지 못하므로 영혼이 찢어져 고통을 받게 되는 것이옵나이다.

71

죽음과 삶의 두려움

예외가 없는 것은 아니지만, 회심한 사람들에게는 일반적으로 '회심 전야'라고 불리는 시절이 있다. 청교도들은 이것을 중생 이전의 성령의 역사라고 주장했다. 이러한 사실에 대한 이론적 주장이 바로 '중생 이전 준비설preparationism'이다. 청교도 신학은 '구원을 위한 준비'라는 말로 본성과 은혜 사이의 갈등, 믿음을 위한 노력과 실제로 믿음을 받아들이는 것 사이의 관계를 설명한다.

인간이 중생과 회심 이전에 영혼의 고통스러운 밤을 지나게 된다는 이 이론은 청교도들에게 폭넓은 지지를 받았다.

리처드 십스는 죄에 대한 깨달음, 죄에 대한 확신, 하나님 앞에서의 자기비하를 회심 전야의 특징으로 보았고, 윌리엄

퍼킨스는 은혜의 외적 수단 아래 있음, 자신의 행동거지와 관련해 율법을 숙고함, 자신의 개별적 죄를 인식하고 징벌을 두려워함 등을 회심 전야의 특징으로 꼽았다. 존 오웬 역시 성령의 조명, 죄에 대한 확신, 삶을 고치는 개혁 등이 회심 전야에 일어난다고 보았다.

이 이론을 가장 많이 고민한 사람 중에는 조나단 에드워즈가 있다. 그는 자신이 경험한 두 번의 부흥을 통해서, 회심의 경험을 획일화하기 어렵다는 사실을 알게 되었다. 그리고 다양한 사례와 성경 연구를 통해 '중생 이전 준비설'이 절대적인 교리가 아니라는 입장을 갖게 되었다.

에드워즈는 인간이 은혜를 받기 전에 본성과 성경에 기록된 율법을 통하여 자신의 죄를 깨닫고 겸손해진다는 사실을 인정했으나, 그 과정을 보편화해서 모든 사람에게 똑같이 적용하는 것은 받아들이지 않았다. 즉, 성령의 사역은 도식화해서 적용할 수 없고, 분명하게 구별할 수 있는 형식으로 규정할 수도 없다고 보았다. 에드워즈가 중요하게 생각한 것은 회심이 어떤 방식으로 일어나느냐가 아니라 회심의 열매였다.

아우구스티누스는 회심 전야에 다음과 같이 고백했다. "저는 죽음에 대하여 죽고, 생명에 대하여 살기를 두려워하였습니다." 성령의 조명도 있었고 죄에 대한 인식도 있었고 삶을 개혁하려는 시도도 있었지만, 그것은 아직 자신의 전 존재를 하나님에게 온전히 의지하는 믿음에서 비롯된 것이 아니었다. 어떤 관점에서 보면, 거룩한 성인의 삶과 추루한 죄인의 생활은 종이 한 장 차이다. 그러나 인간의 힘으로는 그 작은 차이를 극복할 수 없으니, 전적인 하나님의 은혜 없이는 거룩함도 없다. 우리가 아우구스티누스의 신학을 '은총의 신학 *theologia gratiae*'이라고 부르는 이유도 여기에 있다.

그에게 은총 혹은 은혜는 죄의 무게로 말미암아 추락하는 영혼을 끌어올리는 힘이었다. 그래서 그 누구도 자신의 구원을 자랑할 수 없다. 역사적으로 지성과 관련한 의지의 작용에 대한 설명은 세 가지 견해로 대별된다. 중세 신학자 토마스 아퀴나스는 아리스토텔레스를 따라 주지주의主知主義를, 중세 스콜라 철학을 대표하는 둔스 스코투스는 유명론을 따라 주의주의主意主義를, 아우구스티누스는 악을 행함에 있어서는 의지의 우위성을, 선을 행함에 있어서는 은혜의 우위성을 강조하였는데, 이것이 '아우구스티누스적 주의주의'다. 이것은 그의 경험신학적 측면을 많이 반영한다.

아우구스티누스는 복음을 접하고 복음 안에서 사람들이 성경을 믿지 않거나 바르게 믿지 않는 모든 핑계에 대한 철학적이고 신학적인 답을 거의 다 찾았다. 그럼에도 불구하고 그는 그리스도와 더불어 죄에 대해 죽기를 주저했고, 부활의 생명 안에서 새로운 피조물로 살기를 망설였다. 회고적으로는 이제껏 죄 가운데 거하며 누리던 즐거움을 포기하는 것에 대한 두려움 때문이었고, 전망적으로는 새 생활이 주는 의무에 대한 두려움 때문이었다.

아우구스티누스의 이 고백을 읽을 때, 나의 십 대 시절이 떠올랐다. 매일 아침 두려움 속에 눈을 떴다. 죽는 것이 아니라 사는 것이 두려웠다. 사람으로서 사는 것이 무서웠다. 후일 그러한 나의 감정을 회상해보니, 그 두려움의 정체는 내 인생의 주체가 되는 것에 대한 두려움이었다. 그러나 이것은 내가, 참으로 인간이 자기 인생의 주인이 되는 것이 무엇을 의미하는지를 모르고 생각한 것이었다. 인간이 스스로 자신의 인생의 주체가 되고자 선택하는 방식은 사실 종이 되는 방식이다. 스스로 인생의 주인이 되려다가 종이 되거나, 그렇게 하는 것조차 두려워 머뭇거리다 절망하거나 하는 것이 모두 하나님 없이 사는 인생의 결국인 줄 그때는 미처 몰랐던 것이다.

아우구스티누스 역시 괴로움 속에서 옛 삶을 계속하는 것도 두려웠고, 살아 본적이 없는 새 삶을 시작하는 것도 무서웠다. 하나님 없는 인생의 막다른 골목에서 절망하는 것은 그와 같은 천재도 나와 마찬가지였다는 사실이 위로가 되었다.

아직도 우리 주변에는 이렇게 방황하는 사람이 얼마나 많은가! 그들을 위해 전심으로 기도하자. 우리도 한때 그런 사람들이었기에.

I

Et item conabar et paulo minus ibi eram et paulo minus, iam iamque attingebam et tenebam: et non ibi eram nee attingebam nee tenebarn, haesitans mori morti et uitae uiuere, plusque in me ualebat detcrius inolitum, quam melius insolitum, … (8.11.25).

그때 저는 열심을 내었고 이제 제가 거기에 거의 다다른 듯했고, 그리하여 거의 거기에 온 듯 했사옵나이다. 저는 그 목표에 닿았고 그것을 붙잡고 있다고 믿었사옵나이다. 하오나 저는 거기에 없었고 목표에 닿지도 못했으며, 그것을 붙잡지도 못했사옵나이다. 저는 죽음에 대해 죽고 생명에 대해 살기를 두려워하여 움츠리고 있었으니 이는 새로 접붙여진 선보다는 익숙해진 악이 제 안에서 더욱 힘을 발휘하고 있었기 때문이옵나이다.

72
회심을 경험함

참으로 긴 준비 과정을 거친 후에야 아우구스티누스의 회심을 위한 결정적인 순간이 왔다. 폰티키아누스를 통해 성 안토니우스의 이야기를 듣고 마음이 비참하리만치 가난해진 그는 이미 하나님의 품에 쓰러질 듯 안기고 있었다. 그때 그는 친구이자 제자였던 알리피우스와 함께 있었다. 그러나 그는 슬픈 마음을 가진 사람은 홀로 있는 것이 더 낫다고 생각하고 알리피우스의 곁을 떠났다.

어떻게 거기까지 갔는지 자신도 알지 못하는 상태에서 무화과나무 아래 피한 아우구스티누스는 폭포수처럼 눈물을 쏟으며 통곡했다. 진리를 알면서도 의지가 약해서 하나님 앞에 나아가지 못하는 자신의 비참한 처지와 그분 안에 있는 지복에 대한 그리움 때문에 쏟는 눈물이었다. 북받치는 슬픔과 솟구치는 눈물이야말로 한 인간에게 진리에 대한 어떤 깨달음이 있음을 보여주는 증거다.

아우구스티누스는 철학자로서도 인간 영혼의 가장 아름다운 작용을 '통회하는 심령'에서 찾았다. 그의 이러한 철학함의 전범典範은 다윗이다. "여호와는 마음이 상한 자를 가까이 하시고 중심으로 통회하는 자를 구원하시는도다"(시 34:18). 여기서 '통회하는 자'는 히브리어로 '다크에 루아흐'인데, 이는 '짓이겨진(형체를 잃은) 영'이라는 뜻이다.

하나님은 진리의 빛 앞에서 자신의 무가치함과 무력함을 처절히 자각하는 가운데 당신 앞에 절대 의존으로 나아오는 영혼을 통해 영광을 받으신다.

아우구스티누스에게 첫 회심 경험은 신자로서는 그리스도에게 돌아가는 사건이었고, 철학자로서는 진리가 곧 인격적 사랑임을 발견하는 사건이었다. 회심의 순간에 그가 그토록 통곡하며 운 이유는 철학이 가르쳐주지 못한 절대자의 인격성 때문이었다. 그의 고백에 의하면, 그것은 '경건*pietas*'이었다. 하나님에게 받은 사랑과 그분을 향한 사랑이 바로 그가 경험한 경건의 실체였다. 아우구스티누스는 이 경건 안에서 이성만으로는 탐구할 수 없는 진리를 믿음으로 받아들임으로써 하나님을 향하여 살 수 있음을 깨달았다.

회심을 통하여 종교와 철학, 신앙과 이성, 경건과 학문이 하나님을 향한 사랑 안에서 어떻게 일치를 이루는지도 알게 되었다. 그 깨달음은 아우구스티누스가 기독교 사상의 광대한 바다로 나아가는 항로를 열어주었다. 이처럼 사랑으로써 진리이신 그리스도를 알고 사랑하는 경건은 철학이나 마니교 사상이 가르쳐주지 않았던 것이었다.

회심의 경험을 통하여 기독교만이 참된 철학이며, 기독교만이 온 인류를 하나의 나라로 완성하는 길이라고 믿게 되었다. 이것이 바로 그가 가졌던 하나님나라의 개념이다. 그 나라는 사랑과 지식의 나라이고, 회심은 그 나라의 것들을 교회를 통해 선취하여 누리는 관문이었다. 그는 회심을 '복된 경험'으로 보았다.

회심은 구원이 오직 하나님의 은총의 산물임을 입증하는 사건이다. 신자는 회심을 통해 이후의 삶 속에서 자신을 꺾고 하나님에게 온전히 순종할 수 있는 순종의 성향을 부여받는다. 그러므로 교회의 품 안에 있는 신자들이 진정한 회심에 이르게 하고, 이미 회심한 신자들이 회심의 은혜를 잘 보존하며 살게 하는 것이 교회가 할 일이다.

나로 하여금 중생에 관한 철학적 개념에 눈뜨게 해준 최초의 책은 십 대 후반에 읽은 헤르만 헤세의 《데미안*Demian*》이었다. 아프락사스abraxas를 향해 날아가는 비상을 위해 자기의 세계를 깨뜨려야 한다는 헤세의 도전은 나에게, 새에게 알은 하나의 세계이며 그것을 깨고 나오기 전까지는 그 이상의 새로운 세계가 있음을 미처 알지 못한다는 사실을 일깨워주었다. 회심 이전이었기에, 나는 또 다른 의미에서의 중생에 대한 개념을 받아들였다. 그 후로 그의 책은 거의 다 읽었다. 그러나 기독교의 중생重生과 회심回心은 헤세의 그것과는 다르다. 아프락사스를 향한 비상은 선과 악의 융합이지만, 기독교의 중생과 회심은 진리의 아름다운 세계로 들어가는 문이다. 누구도 그 문을 통과하지 않고는 신령한 세계를 보지 못한다(요 3:3; 고전 2:14). 하나님의 뜻을 따라서 사는 것은 더더욱 불가능하다.

|

Ego sub quadam fici arbore straui me nescio quomodo et dimisi habenas lacrimis, et proruperunt flumina oculorum meorum, acceptabile sacrificium tuum, … (8.12.28).

저는 한 그루 무화과나무 아래 주저앉았고, 속으로 억제하던 마음의 고삐를 풀어버리자 두 눈에서 눈물이 강물처럼 쏟아져 흘렀사오니, 이는 당신께서 기뻐 받으심직한 희생제사였사옵나이다.

part 5

행복과 기억

73

행복과 안식

참 행복은 안식과 충돌하지 않는다. 진정한 행복은 하나님의 품에서 안식을 얻을 때에만 누릴 수 있다. 그러나 거짓 행복은 항상 참된 안식과 충돌한다. 인간이 불행해지는 이유는 대개 행복해지려는 욕망 때문이다. 복福의 원천이신 하나님 없이 행복 자체를 목적으로 삼는 삶에 안식이 있을 리 없다.

참된 안식이란 무엇일까? 스토아 철학자들은 마음의 '무정념', 혹은 '비피동성'을 의미하는 아파테이아*apatheia*에서 참된 안식을 찾으려 했다. 그래서 '유정념*pathos*'의 상태를 수양이 덜된 열등한 것으로 보고, '무정념'의 상태를 수양이 된 우월한 것으로 보았다. 그리고 인간의 마음이 '무정념'의 상태에 이르려면, 관조를 통해 변화무쌍한 것들의 무상성無常性

속에서 현전하는 사물과 나아가 그것을 인식하는 자신의 존재까지도 시간을 타고 흘러 영원 속으로 사라질 운명임을 인식하고 침잠沈潛하여야 한다고 주장했다. 무상한 것에 흔들리는 정동은, 그것을 상실할 때에는 언제나 반대의 정동을 불러와서 없었던 것들의 있음과 있었던 것들의 없음 속에서 기쁨과 슬픔을 겪게 하는데, 이 모두 없는 것들에 대한 기쁨과 슬픔이기에 거기에 휘둘리는 인간에게는 안식이 있을 수 없다는 것이다. 이처럼 그들은 인간의 참된 안식이 보이는 사물들의 허무한 운명을 직시하고 자연의 순환을 받아들이는 데 있다고 보았다.

그러나 인간의 행복과 안식에 대한 기독교의 사상은 스토아 철학의 입장과는 다르다. 기독교는 삼위일체 안에서 이루어지는 생명과 사랑의 교통에 참여함에 인간의 참된 행복이 있다고 본다. 삼위일체 안에서 위격들 간에 완전한 교통이 이루어지는 내적 상태가 완전한 행복, 곧 지복*beatitudo*이라고 보기 때문이다. 이 지복은 죄인들이 하나님을 등지고 살아가는 상태에서 구원받아 하나님을 향하여 삶으로써 누리게 된다. 하지만 구원받은 이후에도 그 행복을 지속적으로 누리기 위해서는 지성이 끊임없이 신미*pulchrum Dei*, 곧 하나님의 아름다움을 바라보고 있어야 한다.

그러나 하나님은 크기와 모양, 색깔을 지닌 물질적 사물이 아니시다. 따라서 인간이 육체의 감각으로 지각할 수 있는 대상이 아니다. 하나님의 아름다움 역시 인간의 감각으로는 지각할 수 없다. 하나님의 아름다움은 보이는 사물에 부착되어 있지만, 아름다움의 본질은 그것들을 초월하여 존재한다.

하나님의 아름다움은 하나님의 존재적 초월성과 도덕적 완전성에 있다. 인간의 영혼은 하나님의 존재와 속성으로부터 창조되었기에 그 사랑 안에 머물 때에야 비로서 행복해진다. 그러나 인간 앞에 나타나는 감각적 사물들이 끊임없이 그 사람 안에 있는 욕망과 상호작용하면서 새로운 인상을 남기고, 사물의 한시적인 의미와 가치를 영원한 것으로 생각하게 한다.

감각적 사물에 대한 무수한 인상과 거기서 비롯된 표상은 인간의 오성에 남는데, 이 오성은 믿음이 자리 잡는 곳이기도 하다. 그러므로 감각적 사물에 대한 집착은 인간 안에서 일어나는 믿음의 작용에 심각한 손상을 입힌다. 인간의 오성은 감각적 사물에 대한 표상과 하나님께 대한 믿음이 서로 자리를 잡고자 다투는 곳이다. 이처럼 육체의 감각과 영혼의 믿음이 오성 안에서 자리를 차지하려고 다투는 것은 오성이 삶의 원천인 마음으로 들어가는 문이기 때문이다.

인간이 행복을 그토록 갈망하면서도 쉽게 얻지 못하고, 끊임없이 쉼을 바라면서도 참된 안식에 도달하지 못하는 이유는 하나님 밖에서 행복과 안식을 찾기 때문이다.

참된 안식의 끝에는 '무정념'이 아니라 끊임없는 사랑의 정서가 있다. 천국에서 성도들이 지복을 누리며 살 수 있는 이유는, 인간의 지성이 끊임없이 점증하는 하나님의 아름다움을 바라보면서 매순간 새로운 사랑의 정동을 느낄 것이기 때문이다. 천국에서 우리는 이 세상에서 경험한 감각적 사물들의 인상에 방해받지 않고 온전히 하나님의 점증하는 아름다움을 바라볼 것이다. 그러한 영화의 상태에 이를 때까지 우리가 가장 힘써야 할 의무는 성경과 학문을 통해 하나님과 세계와 인간에 대해 배우고, 그 안에서 하나님의 아름다움을 발견해가는 것이다. 다시 말해서 잘 믿고 잘 배움으로써 하나님의 아름다움을 더 깊이 알아가는 것이다. 그런데 그 아름다움의 진수가 바로 성경이다. 하나님의 아름다움의 최고의 현시인 구속 역사가 성경에 담겨 있기 때문이다.

신자가 하나님을 지속적으로 사랑하기 위해서는 먼저 상승하여 하나님의 아름다움을 보고, 그 후 거기로부터 하강하면서 하나님 외에 인간을 포함한 모든 만물의 파생적 아름다움이 어떻게 원천적 아름다움인 하나님의 아름다움과 연관되어 있는지를 관찰하고 심미할 수 있어야 한다. 아우구스티누스가 회심하고 잃어버린 것은 근원을 유추할 수 없는 육체적이고 감각적인 아름다움이었고, 회심 후 얻은 것은 모든 아름다움의 원천인 하나님의 영원한 아름다움이었다. 그가 얻은 영원한 아름다움에 대한 누림은 잃어버린 감각적 아름다움에 대한 탐닉보다 얼마나 큰 것인가. 지혜는 이렇게 하찮은 것을 버리고 값진 것을 누리게 한다.

날마다 휘장을 지나 십자가의 보혈로 뿌린 핏길을 맨발로 걸어서 은혜의 보좌 앞으로 나가자(히 4:16). 우리의 마음에서 더러움이 씻기고, 거룩함에 대한 그리움이 우리의 뼛속 깊이 사무쳐 타오르게 하자.

|

Quam suaue mihi subito factum est carere suauitatibus nugarum, et quas amittere metus fuerat, iam dimittere gaudium erat(9.1.1).

하찮은 것들에 대한 입맛을 상실함이 뜻밖에도 제게 얼마나 달콤했는지요. 제가 상실할까 봐 두려워하던 것들을 스스로 잃어버리는 것이 제게 얼마나 큰 기쁨이었는지 모르나이다.

74
화살과 숯불

참으로 '잘 사는 것'은 참되고 행복하게 사는 것이다. 한 인간이 '산다'고 함은 단지 목숨을 부지하는 것이 아니라, 자기를 지으신 하나님, 또 사람들과의 관계 속에서 어떤 목적을 이루며 살아간다는 의미다. 또한 한 인간의 삶이 '참되다' 함은 진리에 부합한다는 의미다. 그러나 그것만으로는 인생을 잘 사는 것이라고 말할 수 없다. 그렇게 사는 것이 삶을 사는 주체인 그에게도 행복이 되어야 한다.

우리의 삶은 다른 사람을 위한 예증에 그칠 수 없다. 만약 그것이 인생의 목적이라면, 가장 악랄한 죄인도 그 목적을 충분히 달성했다고 할 수 있을 것이다. 그 사람도 누군가에게는 "저렇게 살아서는 안 되겠구나!" 하는 깨달음을 주는 예증이

될 수 있기 때문이다.

인간이 참으로 잘 살기 위해서는 기본적으로 중생을 통한 회심*conversio*이 필요하다. 하나님을 향해 돌아서는 것이 회심이라면, 회심의 효과가 계속 이어지게 하는 것은 성화聖化의 은혜다. 성화의 은혜는 죄인을 모든 불결한 오염으로부터 깨끗케 하시는 성령의 작용적 은혜를 가리킨다. 회심이 일어나는 것도, 그 효과가 계속되는 것도 진리에 대한 인식과 성령으로 말미암는다.

회심과 관련하여 인간의 의지는 이 두 원인의 수종을 받는다. 인식과 은혜가 의지를 불러오는 것이지, 의지가 인식과 은혜를 불러오는 것은 아니라는 말이다. 진리에 대한 인식조차 인간의 어두운 지성을 밝히는 성령의 조명이 선행될 때 가능하다는 점에서 이러한 사실은 더욱 명백해진다. 신자의 거룩한 생활은 회심의 효과가 지속될 때 영위된다. 존 오웬은 죄인의 회심을 돕고, 신자 안에 있는 회심의 은혜를 보존하는 것이 목회의 본질이라고 보았다.

후일 가톨릭교회는 '성사聖事에 의한 성화'라는 미신적 교리를 신봉하지만, 아우구스티누스는 이 교리의 성립에 그 어떤 기여도 하지 않았다. 성화의 은혜의 소재에 대해 분명히 밝히지 않은 부분이 없는 것은 아니나, 성화의 은혜가 사제를 통해 주어진다고 주장하는 후대 사람들은 아우구스티누스에게서 자신들의 주장을 뒷받침할 논거를 찾을 수 없다. 성화에 대한 아우구스티누스의 입장은 다음과 같다. "하나님이 인간의 지성에 주시는 진리에 대한 인식과 인간의 의지에 주시는 은혜의 힘을 통해서만, 인간은 회심한 방향을 따라 인간으로서 잘 살 수 있다."

아우구스티누스는《고백록》에서 하나님의 진리에 대한 인식이 인간의 양심을 정확히 찌르는 것을 '날카로운 화살'로 묘사했고, 불구가 된 인간의 의지를 사랑으로 감화시켜 고치시는 하나님의 은혜를 '태우는 숯불'로 설명했다. 복음은 양심의 화살촉을 날카롭게 하고, 성령은 은혜의 숯불을 타오르게 한다. 영혼은 전심으로 하나님을 의지할 때 가장 아름다우니 전심으로 주님을 바라보며 살자.

|

... quamquam tu nobis a conualle plorationis ascendentibus et cantantibus canticum graduum dederas sagittas acutas et carbones uastatores ... (9.2.1).

우리가 눈물의 골짜기에서 올라와 순례자의 노래를 부르고 있을 때조차도 당신은 우리를 날카로운 화살과 불붙은 숯불로 무장시키셨사오니…

75
인류의 교만에 항거함

하나님이 인간에게 간절히 바라시는 것은 인간이 참으로 인간이 되는 것이다. 이것이 바로 우리가 그리스도를 믿는 이유다. 하나님을 떠난 인간은 본래 지니고 있던 전일성*integritas*을 상실한 채 하나님이 의도하신 모습에서 멀어져 '결함 있는 존재'가 되고 말았다.

오늘날 자연 세계와 인간을 대하는 비인간적인 태도를 우리 사회에서 자주 보게 되는데, 이것은 결함 있는 존재인 인간 안에 있는 '참으로 인간 아닌 것들'의 지시를 받으며 산 결과다.

하나님이 인간을 구원하신 이유는 인간으로 하여금 참으로 사람이 되게 하기 위해서고, 신자들이 진실한 그리스도인이 되어야 할 이유도 여기에 있다. 인간 안에 있는 죄는 실체라기보다는 '은혜의 결핍*privatio gratiae*'이다. 따라서 존재론적으로 은혜 없이는 죄에서 벗어날 수 없다. 신자는 죄와 사망의 법에서 구출되었지만, 그 영향에서 완전히 벗어나지는 못했다. 여전히 자기 안에 잔존하는 죄의 영향을 받기 때문이다. 물론 신자는 영혼에 대한 죄의 절대적 지배에서 벗어난 사람이지만(롬 6:14), 그와 동시에 날마다 자기 욕심에 대하여 죽으며 온전해지기를 갈망해야 하는 존재다(고전 15:31).

이처럼 불완전해 보이는 방식으로 우리를 구원에 이르게 하시는 데에는 하나님의 심오한 지혜가 담겨 있다. 신자로 하여금 성취와 약속, 완전함과 불완전함 사이에서 완전한 승리를 믿으면서도 이 세상에서 사는 동안에는 날마다 하나님을 온전히 의존하며 살게 하기 위함이다. 죄와 사망에서 벗어난 신자들이 이제 깨달은바 창조의 목적을 따라 살아가려면, 어린아이 같은 순전함과 아내 같은 사랑으로 하나님을 의지해야 한다(고후 1:9). 이것을 아시기에 하나님은 인간이 한시적으로 이런 긴장 가운데 살게 하셨다.

따라서 구원받은 신자의 삶은 구원의 확신을 천국 입성을 위한 보증 수표로 여기고 내세에 대한 갈망 때문에 현세에 살아 있는 것을 지리멸렬하게 여기는 비관적인 삶이 아니다. 그렇다고 세상을 사랑하여 '끈끈이에 달라붙은 벌레'처럼 세상 것들에 묶여 살아가는 삶도 아니다. 오히려 하나님이 창조하셨기에 이 세상이 간직하게 된 '선함과 아름다움'을 발견하고, 그것을 즐거워하고 증진하는 데 힘쓰는 것이 신자가 살아야 할 마땅한 삶이다. 그리고 또 한편으로는 인간으로 말미암아 타락했기에 이 세상에 깃들게 된 악함과 추함을 슬퍼하고, 죄와 더불어 싸우며 그 죄의 결과인 비참을 제거하기 위해 분투하는 것이 신자의 삶이다.

그런 의미에서 이 세상을 살아가는 그리스도인의 삶은 두 가지로 요약할 수 있다. 하나는 성경과 학문을 통하여 세계와 인간 안에 남아 있는 선함과 아름다움을 보면서 하나님을 즐거워하는 것이고, 또 하나는 그것들 안에 있는 악함과 추함을 제거하기 위해 삶의 모든 방면에서 분투하며 사는 것이다. 이와 같은 이중의 활동으로 만물 안에 현실태적으로 존재하는 하나님의 선함과 아름다움을 유지하고, 가능태적으로 부여받은 그것들을 실현하는 데 이바지하는 것이 신자가 살아가야 할 삶이다.

아우구스티누스는 신자의 삶이 곧 현자賢者의 삶이라고 보았다. 기독교 신앙을 갖는 것은 곧 새로운 세계관과 가치관, 변화된 인생관을 갖는 것이다. 철학자는 자기 이성으로 진리를 찾고 자기 능력으로 진리를 따라 살고자 하지만, 신자는 성경으로 진리를 찾고 하나님의 은혜로 진리를 따라 사는 사람이다. 철학자 아우구스티누스는 회심 직후, 어머니 모니카와 알리피우스를 비롯한 지인 몇 명과 함께 밀라노 근교에 있는 카시키아쿰에 머물며 신학적이고 철학적인 대화를 나누었다. 회심의 경험과 카시키아쿰에서 나눈 지인들과의 대화를 통해 아우구스티누스가 배운 것은 경건이었다. 성경을 믿음으로써 도달하는 오성의 심오한 직관, 이성의 철저한 추론과 함께 마음이 물같이 녹아내리는 경건을 통해 진정한 철학함이 가능하다는 것을 깨달았다. 참된 신학은 눈물에 젖은 참된 철학이다.

|

Quas tibi uoces dabam in psalmis illis et quomodo in te inflammabar ex eis et accendebar eos recitare, si possem, toto orbe terrarum aduersus typhum generis humani!(9.4.8)

저 시편을 읽을 때 제가 당신께 얼마나 큰소리로 부르짖었사옵나이까? 제가 얼마나 그 시들로 말미암아 당신을 향한 사랑으로 마음이 불붙어, 인간의 교만에 대한 치료책으로 할 수만 있다면 온 세상 사람에게 읽어주고 싶어 했사옵나이까?

76
인간은 그 빛이 아니다

인간이 하나님을 온전히 의존해야 할 필요성은 인간이 진리가 아니라는 점에서 분명히 드러난다. 아우구스티누스는 불변하고 영원한 진리를 찾아 나섰지만 발견하지 못했다. 자신의 이성 안에 진리가 있고 정신의 힘으로 진리를 발견할 수 있으리라 믿었기 때문이다. 이러한 생각은 오류였으나, 그는 그것이 잘못인 줄 알지 못했다.

철학의 역사는 인간의 이성으로 발견하여 진리라고 주장하던 것들을 인간 이성으로 부정하며 진리에 대한 새로운 견해를 수립해온 역사다. 오랜 세월이 지나 새로운 사유의 방식이라며 나온 것들도 자세히 들여다보면, 정도의 차이만 있을 뿐 이미 전에 있었던 것들이다(전 1:10). 세계와 인간을 바라보는 올바른 관점을 찾고 거기서 인간이 참되게 살아야 할 바를 알게 하는 것이 철학의 목표라면, 도대체 인간은 얼마나 많은 관점을 새로 고안해내어야 그러한 목적을 이룰 수 있을까?

철학자들은 다양한 방법으로 보편적인 진리의 실재를 부인하거나, 마지못해 인정한다 할지라도 진리에 대한 인간의 판단을 더욱 중시함으로써 실제적으로는 진리의 객관적 실재성을 부인하려고 한다. 이는 철학자들이 인간의 완전한 자유와 자율을 확보하기 위해서는 인간 밖에 인간과 사회를 규율할 수 있는 근거를 상정해서는 안 된다고 믿기 때문이다. 아우구스티누스는 자신의 저작에서 '빛*lux*'이라는 단어를 성경의 용례 중 '진리'와 관련하여 대개 다음 두 가지 의미로 사용했다.

첫째로, 빛은 객관적으로 존재하는 진리를 의미한다. 진리 자체로서의 하나님, 곧 인간에게 알려진 모든 진리의 원천으로서의 하나님이다. 둘째로, 빛은 인간의 지성 안에 있는 진리의 효과를 의미한다. 엄밀히 말해서 인간의 지성 안에 있는 것은 진리가 아니라는 점에서 빛일 수 없다. 아우구스티누스도 그 점을 분명히 한다. 그럼에도 불구하고 지성 안에 있는 그 빛이 진리로 말미암은 것이며, 그것으로써 진리가 원하는 대로 사물을 볼 수 있다는 점에서는 빛이라고 말할 수 있다.

그의 오류로 가득 찬 지성의 편력은 진리가 자기 안에 있는 것이 아님을 깨닫지 못한 무지 때문이었다. 그가 성경에 대한 신앙을 그토록 강조한 것도 이러한 경험신학적 요소를 내포하고 있다. 루터와 칼뱅을 비롯한 종교개혁자들이 그에게서 받은 감화도 바로 이러한 성경 진리 사상이었다.

아우구스티누스는 지성의 빛이 진리로 말미암아 생겨난 것이라고 말하는 데서 그치지 않고 끊임없이 진리의 빛 아래서 살아야 함을 강조했다. 이성이 아무리 위대해 보여도 그것이 곧 '그 빛'이라고는 믿지 말자. 날마다 겸손하게 이성을 하나님의 말씀에 굴복시키자. 진리의 찬란한 빛으로 우리 안의 모든 어둠이 사라지기까지.

|

Non enim lumen nos sumus, quod inluminat omnem hominem, sed inluminamur a te, ut, qui fuimus aliquando tenebrae, simus lux in te. O si uiderent intemum aetemum, … (9.4.10).

우리 자신은 모든 인간을 비추는 저 빛이 아니오라, 당신에 의하여 비춰져서 한때 어둠이었던 우리가 당신 안에서 빛이 되었을 뿐이옵나이다. 아! 저들이 자신들 안에 있는 그 영원한 실재를 볼 수 있다면 …

77
교회의 아름다움

진리에 대한 사랑은 우리를 교회로 이끈다. 하나님이 진리를 교회에 위탁하셨기 때문이다. 교회의 아름다움은 그리스도 안에서 계시된 삼위일체 하나님의 아름다움과 이를 본받은 성도들의 영혼의 아름다움의 총화다.

교회의 머리이신 그리스도의 탁월성*excellentia Christi*은 불변하지만, 그 지체인 신자의 영혼의 아름다움은 상태가 가변적이다. 그러나 어떠한 경우에도 하나님은 당신의 교회를 버리지 아니하시고 영적인 관계를 유지하며 사랑하신다.

교회가 받는 사랑은 하나님이 당신의 아들인 그리스도에게 부어주신 사랑이 그의 신부인 교회에 전달되고, 영적인 몸의 지체인 신자들에게 전해진 사랑이다(막 9:7; 엡 5:25). 따라서 사랑은 이미 그 자체가 관계 속에서, 관계를 위해 주어지는 것이다. 하나님의 사랑을 우주적이라고 말할 수 있는 것도 바로 이 때문이다.

그 사랑은 하나님 자신으로부터 나와서 온 우주를 휘돌아 인류를 교통하여 다시 하나님에게 돌아감으로써, 하나님은 자신이 사랑의 원천이시면서도 사랑의 주체가 되시며 그들로부터 사랑을 받는 대상이 되실 뿐 아니라 그 모든 사랑을 자신에게로 회귀하게 하신다. 그리스도의 교회는 하나님이 당신의 천상적 사랑을 지상의 가엾은 인간들에게 전달하시는 통로다.

387년 봄, 아우구스티누스 일행이 카시키아쿰에서 밀라노로 잠시 돌아온 것은 학습 교인이 되기 위해서였다. 이전에도 그랬지만 그리스도인이 되기로 결심한 이후였으니, 아우구스티누스에게는 교회가 참으로 영혼의 어머니처럼 느껴졌을 것이다. 그는 음률의 즐거움에 빠지는 것을 매우 경계했지만, 교회에서 울려 퍼지는 찬송에서 받은 경건한 감화를 오래도록 추억했다. 찬송가의 가락이 주는 즐거움 때문에 진리 안에서 하나님의 성품을 바라보는 지성의 탐구가 방해받을까 봐 두려워하면서도 거룩한 찬송이 경건에 미치는 좋은 영향을 과소평가하지 않았던 것이다. 치열한 학문적 탐구와 함께 시시때때로 우리의 심장이 은혜로운 찬양으로 가득 차게 하자. 그래서 우리의 피가 하나님 사랑으로 끓어오르게 하자.

현실적으로 교회의 아름다움은 성도들이 받는 은혜의 감화를 통해 지각된다. 교회의 아름다움은 건물의 크기나 화려함, 값비싼 악기나 유명한 연주가들의 활동에 달린 것이 아니다. 이제 막 그리스도의 교회의 산 지체가 된 아우구스티누스는 교회의 아름다움을 체험하고 이렇게 고백한다. "진리는 저의 마음속에 스며들어, 사랑스런 경건이 넘쳐 나오고 눈물이 흘러내리게 했으니…."

교회의 아름다움은 곧 교회가 위탁받은 진리의 아름다움이고 이는 진리 자체이신 하나님의 아름다움의 발현이다. 복음을 통한 영혼의 변화, 신적 사랑의 감화, 거기서 비롯되는 경건*pietas*과 지식*scientia*, 성도의 행복이 교회가 아름답다는 사실을 가르쳐주지 않는가? 많은 사람들이 그리스도의 교회에서 진리를 발견하고 생명의 샘물을 마시며 복음의 기쁜 삶을 살게 되는 것은 하나님 홀로 하시는 일이 아니다.

하나님은 이 위대한 일을 당신을 사랑하는 마음으로 그리스도의 교회를 섬기는 신실한 일꾼들의 헌신과 희생을 통하여 이루신다. 신자들에게 은혜를 주신 것은 바로 이렇게 교회를 위해 희생하며 살게 하기 위함이다(롬 8:17; 빌 1:29).

I

Quantum fleui in hymnis et canticis tuis suaue sonantis ecclesiae tuae uocibus commotus acriter! Voces illae influebant auribus meis et eliquabatur ueritas in cor meum et exaestuabat inde affectus pietatis, et currebant lacrimae, et bene mihi erat cum eis(9.6.14).

당신의 송가와 찬송가에 깊이 감격하여 제가 얼마나 많이 울었사오며 당신의 교회의 노랫소리의 아름다운 하모니에 얼마나 가슴 깊이 감동을 받았나이까? 그 찬양소리는 내 귀에 울려 퍼지고 진리는 저의 마음속에 스며들어, 사랑스런 경건이 넘쳐 나오고 눈물이 흘러내리게 했으니 이것들이 저는 좋았나이다.

78

시간과 영원의 빛에 태어남

인간은 영혼의 눈이 감긴 채 태어난다. 그리고 한 번도 그 눈을 떠보지 못한 채 인생을 살다가 영혼의 감긴 눈 위에 육체의 눈을 감고 죽는 사람이 많다. "산다는 것이 시련이 아니고 무엇이겠습니까?"라고 말한 아우구스티누스의 고백이 인간의 피할 수 없는 고통을 가리킨 것이라면, "장막에 들어오는 바람은 모두 호흡하게 되었습니다"라는 고백은 신자의 비할 데 없는 행복을 가리키는 것이었다.

이 세상에 인간으로 태어난 것 자체가 시련에 부딪히며 살아가야 하는 것을 의미하지만, 그 안에서 가장 큰 위로가 있다면 진리의 빛을 누리는 것이다. 진리의 빛은 시간과 공간에 매인 인간이 영원에 눈을 뜨게 해주고, 자기사랑에 붙잡혀 사는 사람들이 온 우주를 휘돌아 하나님께로 회귀하는 사랑으로 돌아가게 한다.

인간은 시간 안에 태어났으나 영원의 빛으로 인간다운 삶의 지혜를 얻는다. 그래서 육체가 태어나 자연의 빛을 받는 것처럼 영혼도 영원의 빛을 받음으로써 하나님의 생명 안에서 사람들과 올바른 관계를 맺으며 살아갈 지혜를 얻는다.

아우구스티누스는 밀라노에서 아프리카로 돌아오는 길에 오스티아라는 곳에서 어머니 모니카를 여의었다. 어머니의 죽음 앞에서 옛날을 회상하던 아우구스티누스는 자신이 어머니 모니카에게서 태어난 것이 하나님의 큰 은혜였음을 고백한다.

어머니가 몸으로 자식을 낳는 것은 누구나 하는 일이지만, 그의 어머니 모니카는 눈물 어린 기도로 아들의 영혼을 영원의 빛 안에서 다시 태어나게 했기 때문이다. 물론 그 일은 오직 하나님의 은혜로써, 복음으로 말미암아 일어난 일이다. 그러나 어머니의 눈물 어린 기도와 신앙의 돌봄에 힘입은 바 컸기에, 아우구스티누스는 자신이 어머니 모니카의 아들인 것에 감사했다. 더욱이 그는 시간 안에 몸으로만 태어나고 영원의 빛으로는 태어나지 못한 자들의 비참함을 너무나 잘 알고 있었기에, 사무치는 감격 속에서 자신을 그 어머니의 아들로 태어나게 하신 하나님 은혜를 찬양하였다. "저를 그녀의 몸으로부터 이 잠세적인 빛 속에 태어나게 해주었고 그녀의 마음으로부터 영원한 빛에 태어나게 해주셨사오니"(9.8.17).

아우구스티누스가 어머니를 회상하면서 이렇게 고백한 것은 크게 세 가지 의미에서다. 첫째로, 어머니가 자신을 깊이 사랑했다는 의미다. 모니카는 그를 아들로서 사랑했을 뿐 아니라 그리스도의 교회의 한 지체로서도 깊이 사랑했다. 특히 아들의 회심을 바라는 그녀의 몸부림은 처절할 정도였다. 그래서 아우구스티누스는 자신을 향한 어머니의 사랑을 기리며 그녀의 깊은 사랑이 자신을 시간과 영원의 빛으로 나아가게 했음을 고백했다.

둘째로, 육적으로 자신이 그녀를 통하여 세상에 태어나 시간 속에 살게 되었다는 의미다. 태어난 인간 중 누구도 어머니 없는 사람은 없다. 하나님이신 그리스도조차도 인성으로는 마리아의 몸에서 태어나 그의 아들이 되지 않으셨는가. 모든 인간에게 어머니를 주셔서 대가 없는 사랑을 받게 하심은 죄로 말미암아 쓰디쓴 인생살이를 버텨내야 하는 인간으로 하여금 그 사랑 안에서나마 인간성을 회복할 수 있게 하신 배려가 아닐까? 그래서 모든 사람들에게 '엄마의 품'은 있는 그대로의 자신과 자신의 모든 처지가 받아들여지는 곳이다. 아우구스티누스도 그런 어머니의 사랑과 경건 속에서 어린 시절을 보냈기에, 그녀와의 기억을 잊지 않고 붙들고 싶었던 것이다. 그 모든 사랑의 기억이 그녀의 품에서 태어난 출생으로부터 시작된 것이었다.

셋째로, 영적으로 거듭나 영원한 빛이신 하나님을 알게 되었다는 의미다. 인간이 육체로서는 시간 안에 태어나지만, 영혼으로서는 영원 안에 태어나지 않으면 안 되는 것이니, 그렇게 함으로써 하나님을 알게 되기 때문이다. 주여 우리를 도우소서!

|

Sed non praeteribo quidquid mihi anima parturit de illa famula tua, quae me parturiuit et carne, ut in hanc temporalem, et corde, ut in aeternam lucem nascerer(9.8.17).

저를 그녀의 몸으로부터 이 잠세적인 빛 속에 태어나게 해주었고 그녀의 마음으로부터 영원한 빛에 태어나게 해주셨사오니, 당신의 종 제 어미에 관하여 저의 영혼이 기억하여 제시하는 그 어느 것도 지나쳐버리지 않겠나이다.

79
예지와 '있음'

이 세계와 인간에 관한 모든 지식은 하나님 안에 있다. 하나님은 당신이 창조하신 세계와 인간 존재의 근거이시다. 인생을 슬기롭게 살아가게 하는 판단력은 지혜에서 나온다. 이 세계의 자연 만물을 사용하는 지혜는 인간이 누구이며 어떠한 목적으로 창조되었는지를 아는 지식에서 나온다. 인류에 대한 구원의 계획은 정확히 창조의 목적을 계승하며, 세계를 향한 창조의 계획은 인간의 구속 계획 안에서 구체화되고, 그 계획의 실행을 통해 하나님의 영광이 드러난다. 인생을 사는 데 필요한 지혜는 바로 이렇게 하나님이 세계와 인간을 창조하고 구원하신 목적의 빛 아래서 주어지는 것이다. 세계 안에 하나님의 구속 계획이 완성되기까지 하나님의 찬란한 영광은 인류를 구원하는 하나님의 경륜을 통하여 이 세상에 나타난다. 이것은 아담을 유혹한 사단이 의도하지 않았던 것이며, 범죄한 아담과 하와도 기대하지 못했던 방식으로, 하나님은 당신의 영광을 드러내심으로써 창조의 목적을 더욱 영광스럽게 성취하셨다.

하나님은 모든 지혜의 원천이시고, 그 지혜를 당신의 생명으로써 이 세상에 이루어가신다. 하나님이 자녀들에게 약속하신 영원한 생명은 바로 하나님의 생명의 분여를 통해 주어진다. 하나님은 '창조되지 않은 생명'으로서 모든 피조물에게 '창조된 생명'을 부여하셔서 살게 하신다. 인간이 누리는 영적 생명은 그리스도를 통하여 신적인 생명에 참여함으로 누리게 된 것으로, 이 생명은 곧 하나님이 부여하신 '있음*esse*'의 생명이다.

이 '있음'은 소멸하지 않는 인간 영혼의 본질이며 하나님은 모든 한정적인 '있음'의 원천이 되는 무한정의 '있음'이시다. 그래서 하나님은 '최고의 있음', 곧 '최고유*summa esse*'이시다. '최고의 있음'으로서 하나님은 영원한 '현실태*actus*'이시다. 다시 말해서 그분 안에 없었던 것이 생기거나 있었던 것이 사라지는 '가능태'나, 시간이 흐르면 없던 것이 저절로 생겨나거나 변화되는 '잠재태'로 있지 아니하신다. 그래서 하나님은 과거나 미래가 없고 모든 것이 현재적으로 그분 앞에 현전現前한다. 진실한 신앙을 가진 사람은 만물이 그분 앞에 현전한다는 사실을 안다. 그러나 우리는 얼마나 자주 하나님 앞에서 산다는 면전 의식을 잃어버리는가. 교회의 수많은 분쟁은 바로 이러한 신전 의식을 잃어버렸기 때문이다. 아우구스티누스는 신자들의 분쟁이 교만과 영원한 것들에 대한 무관심 때문이라고 보았다. 그리스도의 십자가 아래서 우리가 누구인지를 기억하자. 우리 앞에 있는 모든 것이 영원하지 않고 사라지는 것임을 명심하자.

|

… ibi uita sapientia est, per quam fiunt omnia ista, et quae fuerunt et quae futura sunt, et ipsa non fit, sed sic est, ut fuit, et sic erit semper. Quin potius fuisse et futurum esse non est in ea, sed esse solum, quoniam aetema est : nam fuisse et futurum esse non est aeternum(9.10.24).

거기서 생명은 지혜이오니 그것으로 말미암아 이 모든 사물이 지은 바 되고 또 있었던 것들과 있을 것들이 지은 바 되었사오나 지혜는 지은 바 되지 않았사오니 지혜는 언제나 있었으며 앞으로도 있을 것이기 때문이옵나이다. 우리는 오히려 지혜에게는 '있었다'거나 '있을 것이다'라는 말이 적합하지 않고 오직 '있다'라는 말이 적합한 것을 아오니, 지혜는 영원하나 '있었음'과 '있겠음'은 영원한 것이 아니기 때문이옵나이다.

80
사랑과 상처

오스티아에서 어머니를 여의었을 때 아우구스티누스의 나이는 서른셋, 어머니 모니카의 나이는 쉰여섯이었다. 일생을 안타까운 기도 속에 살다간 모니카는 다행히 이 세상을 하직하기 얼마 전 사랑하는 아들의 회심을 보았다.

그리스도인이 된 아들과 함께 신앙적인 대화를 나누는 달콤한 시간을 가지며, 모니카는 아들에게 고백했다. "아들아, 이제 나에게는 세상 사는 낙이라고 할 게 아무것도 없단다. 내가 이 세상에 좀 더 살고 싶었던 이유는 오직 한 가지 일 때문이었단다. 그것은 죽기 전에 네가 신자가 되는 것을 보는 것이었다."

아우구스티누스는 비록 방탕한 젊은 시절을 보냈지만 효

성스러운 아들이었다. 회심하기 전에도 어머니를 마음 깊이 사랑했으며, 회심한 이후에는 어머니의 여장부와 같은 신앙에 대해 부러움과 존경심을 함께 가졌다. 그는 어머니와의 사별을 통해 사랑의 특성과 능력을 새삼 경험했다. 그는 사랑을 '버릇*consuetudo*'이라고 표현했는데, 그 이유는 사랑이 '마음의 성향'을 가리키기 때문이었다.

사랑은 본질적으로 타자와의 관계에서 규정된다. 사랑은 타자와 관계를 맺거나 그 관계를 심화하려고 하는 영혼의 경향성으로서 인간의 마음 안에서 작용하는 성향이다. 그런 점에서 사랑은 마음과 몸에 밴 '버릇'과 같다고 말할 수 있다. 인간의 비극은 사랑의 성향이 마음에 있는데 대상이 사라져 버렸거나 사랑할 가치가 없는 것을 열애하는 데서 비롯된다.

사랑은 하나님 안에 있는 원천적 사랑과 하나님이 주신 사랑으로 나뉜다. 하나님은 처음부터 인간에게 사랑과 사랑의 능력을 함께 주셨다. 나는 인간의 '사랑'과 '사랑할 수 있는 능력'을 합쳐서 '애성愛性'이라고 부른다.

창조된 다른 피조물처럼 인간도 타인과의 관계 안에서 존재한다. 사랑의 성향은 마음에 남아 있는데 사랑하는 대상이 사라졌을 때, 정신의 힘이 충분히 강하지 않으면 자신의 존재를 지탱할 수 없다. 사랑하는 사람을 잃고 실의에 빠져 자살

하는 경우가 바로 그런 예다.

사랑은 행복과 만족, 쉼을 제공한다. 인간에게 가능태로서 부여된 사랑의 능력은 두 가지로 현실화된다. 첫째로, 하나님이 당신의 사랑을 인간의 영혼에 힘力적인 방식으로 부어주심으로써 사랑의 능력을 현실화한다. 이로써 인간은 본성적으로는 낯설고 적대적인 관계에 있던 하나님을 사랑하는 중생자의 새 본성을 갖게 된다. 둘째로, 사물들의 아름다움에 반복적으로 정동情動을 경험하게 함으로써 사랑의 능력을 현실화한다. 이것은 힘적인 방식이 아니라 설득의 방식으로 형성되는 사랑이다. 설득으로 이루어지는 정동의 반복은 사랑의 성향을 형성할 뿐만 아니라, 형성된 성향을 강화하여 강력한 힘을 지닌 본성의 일부가 되게 한다. 박애적 사랑*benevolentia*은 하나님의 힘적인 주입과 함께 설득을 통한 정동의 반복으로 형성된다.

아우구스티누스는 지극히 사랑하던 어머니를 여의고 나서야 비로소 어머니 모니카를 향한 자신의 사랑이 얼마나 절실했는지를 깨달았다. 사랑은 죽은 자의 잃어버린 생명이 산 자의 고통스러운 죽음이 되게 한다. 아우구스티누스가 말한 바와 같이, "공간은 사랑할 대상을 제시하나 시간은 그것을 빼앗아가 버린다."

열애하던 대상이 사라지면 사랑의 성향이 남아 있는 인간의 마음은 공허해진다. '사랑의 상처'라는 것은 이렇게 잃어버린 사랑의 대상을 마음으로 버리지 못하고 그것에 고착하려는 마음의 성향이 안겨주는 상실감이다. 사람을 사랑하는 것은 좋은 것이지만, 그 사람을 잃어버린 것 때문에 인생 전체가 흔들리는 것 같은 고통을 겪는 것은 좋은 것이 아니다. 그것은 사랑 때문에 불안한 삶을 사는 것이다.

아우구스티누스가 모니카의 죽음을 두고 아파하면서, 자신이 그렇게 아파한다는 사실 때문에 또 아파했던 이유도 바로 이 때문이다. "인간으로 태어나서 어쩔 수 없는 것이 정이라고는 하지만, 사람의 일이 내게 이처럼 큰 힘을 휘두르는 것이 몹시 언짢았기 때문에 내 아픔은 또 하나의 아픔으로 쓰라리고 둘을 겹친 비애에 나는 야위어갔습니다"(9. 12. 31).

이처럼 아우구스티누스가 하나님 안에서 사랑하라고 가르친 것은 경험신학적 요소가 강하다. 그는 우리가 현전하는 존재로서 사랑하는 사물은 그 주체나 대상 모두 시간 속에서 변전하다가 소멸하는 것이라는 점을 강조했다. 그래서 나는 이러한 인간의 어리석은 사랑을 다음과 같은 말로 요약한다. "사실은 없는 자가 영원히 있는 자처럼, 없는 것들을 영원히 있을 것처럼 사랑하는 것이다."

그러므로 인간의 사랑은 우주적인 하나님의 사랑 안에 있어야 한다. 다시 말해서 영원하며 우리가 하는 모든 개별적 사랑의 최고의 목적인 하나님 사랑이 그 모든 사물을 사랑하는 동기가 될 때, 사랑의 대상이 사라져도 그 대상이 가리켰던 궁극적 사랑의 대상인 하나님으로 말미암아 더욱 사랑하게 될 것이니, 이때 비로소 우리는 아무리 사랑해도 그 사랑 안에서 아무것도 잃지 않을 수 있다. 그러므로 사랑하자. 아무런 보상을 기대하지 않는 사랑으로 사랑하자. 사람의 아름다움 때문에 사랑하지 말고 그들 안에 있는 하나님의 아름다움 때문에 사랑하자.

|

Quid erat ergo, quod intus mihi grauiter dolebat, nisi ex consuetudine simul uiuendi dulcissima et carissima repente dirupta uulnus recens?(9.12.30)

그렇다면 제게 그토록 에이는 내적 아픔을 가져다준 것이 무엇이었사옵나이까? 그녀와 저는 함께 살아 있는 것에 익숙했사오니 그것은 아주 뛰어나게 부드럽고 사랑스러운 습관이었기에 그것을 순식간에 상실함이 새로 입은 큰 상처와 같았사옵나이다.

81
영혼의 소유

진리에 대한 추구가 목마름이라면 진리의 발견은 환희다. 그러나 그 환희는 더 깊은 갈망을 부른다. 어둠 속에 머물던 때를 생각하면 최초의 발견은 찬란한 빛이지만, 그 빛은 우리 안에 있는 더 큰 어둠을 보게 하여 그 모든 어둠까지 몰아낼 더 환한 빛을 갈망하게 한다.

참된 지혜자는 자신의 무지를 인식하지만, 어리석은 자는 자신의 지혜를 과신한다. 오만한 지성을 눈 감기시고 겸손한 지성에 당신의 성품을 보이시는 하나님을 깨닫기까지는 허덕이며 진리를 찾아도 모두 허사였으니, 이는 진리로 가는 길인 사랑을 몰랐기 때문이다. 아우구스티누스는 당시의 어리석은 방황을 이렇게 고백했다. "진리가 아쉽기에 저는 아득바득 허덕이며 당신을 찾았습니다. 그러나 저를 짐승보다 뛰어나게 하신 영혼의 지성으로가 아니라 육체의 감각으로 당신을 찾았나이다"(3.6.11).

성령으로 말미암아 처음 진리의 빛을 받았을 때 아우구스티누스는 자신의 모든 것이 하나님 앞에 드러났음을 인식했다. 자신은 하나님 앞에 숨김없이 드러났으나 하나님은 여전히 '숨겨진 하나님*Deus absconditus*'이셨다.

사랑은 대상에 대해 알고 싶은 갈망을 부른다. 그 갈망의 정체는 연합에 대한 욕구이고, 갈망의 크기는 사랑의 크기를 입증한다. 회심한 아우구스티누스의 절실한 소원은 하나님을 아는 것이었다. 그러나 그 소원은 철학하던 때에 가졌던 지식욕이 아니라 하나님을 사랑하고 싶어서 그분을 알고 싶었던 것이다. 정확히 말하면, 그것은 이미 성경을 통해서 계시된 하나님을 알고자 함이었다. 더 이상 오만한 지성으로써가 아니라 비천한 인간에게 당신을 보여주시는 하나님의 은총으로써 그분을 알기 원했다.

아우구스티누스에게는 그렇게 하나님을 알고 난 후 그 지식으로 도달하고 싶은 상태가 있었다. 바로 하나님이 좋아하실 만한, 그의 표현을 빌리자면 '하나님에게 꼭 맞고 때 없고 구김살 없는 영혼'이 되는 것이었다. 또한 하나님이 자기 영혼의 완전하고 유일한 소유주가 되시는 것이었다. 이는 하나님을 향한 노예적 희생이 아니라 자신이 진정한 의미에서 자기 인생의 주체가 되어 가장 행복해질 수 있는 길이었다. "이것이 나의 간절한 소원이기에 말씀드리는 바이오니 이 간절한 소원 속에서 즐거울 때마다 나는 올바르게 즐거워하는 것입니다"(10.1.1).

인생의 비극과 인간 내면의 숱한 모순율은 영혼이 사랑으로 하나님과 하나 되지 않기 때문이다. 원래 영혼의 고향은 하나님의 품이니 곧 영원한 사랑이다. 그분의 소유가 된 영혼은 비로소 참된 자아의 전부를 갖게 된다. 아무리 떨어져 있어도 집으로 가는 길은 멀지 않다. 이미 그 영혼을 차지하시는 하나님이 가까이 계시기 때문이다. 오라 우리가 하나님께로 돌아가자(호 6:1).

|

Virtus animae meae, intra in eam et coapta tibi, ut habeas et possideas sine macula et ruga(10.1.1).

제 영혼의 힘이시여, 당신께서 그 안으로 들어오사 그것을 당신에게 알맞도록 형성하사, 그것으로 얼룩이나 주름진 것이 없이 당신의 것이 되게 하여 주께서 가지시고 붙잡으소서.

82

지성과 사랑

지식과 사랑은 하나님이 인간에게 주신 영혼의 탁월한 두 기능과 관련이 있다. 지성과 의지가 바로 그것이다. 지식에는 선천적으로 주어진 것과 후천적으로 습득한 것이 있는데, 모두 지성의 작용과 관련된 것이다. 사랑 역시 선천적으로 주어진 것과 후천적으로 습득한 것이 있는데, 모두 의지의 작용과 관련된 것이다.

인간에게는 어떤 사물을 인식하고, 또 그렇게 획득한 지식으로 인해 마음이 끌리기도 하고 배척하기도 하는 능력이 있다. 이러한 능력을 통해서 인간은 주체로서의 삶을 살아간다. 의지는 정동에 따라 선택하는 작용을 하는데, 나는 이것을 '애호愛好'와 '오혐惡嫌'의 정동으로 구분한다. 애호의 정동이 일어나는 원인은 인식 대상인 해당 사물의 아름다움 때문이고, 오혐의 정동은 해당 사물의 추함 때문이다. 이때 아름다움과 추함에 대한 지각은 미추에 대한 객관적 기준과 주관적 취향이 만나서 생긴다.

인식은 감각할 수 있는 사물이라는 대상을 필요로 한다. 그러나 인간은 감각적 사물의 현전 없이도 생각하고 정동을 경험할 수 있는, '상상'이라는 창조적인 정신 기능을 지니고 있다. 이런 창조적인 정신의 능력은 인간 안에 있는 하나님의 형상을 입증한다. 일반적으로 그리스적 문맥에서 지식은 사물에 대한 객관적이고 분석적인 지식을 의미하고, 히브리적 문맥에서 지식은 경험적 지식을 의미한다고 알려져 있다. 그러나 반드시 그런 것만은 아니다. 그리스인들에게는 여러 층차의 지식의 개념이 있고 그중 어떤 것은 경험으로 도달한 완전한 앎*episteme*을 의미하기도 한다. 아우구스티누스에게 '하나님을 인식하는 것'은 오성의 변증적 직관을 통해 인식하는 것이고 이것은 성령의 조명과 믿음으로 이루어진다.

우리는 하나님을 알아가되 단순히 그분이 어떤 분인지 인식하는 것을 넘어서서 경험으로 알아가야 한다. 그러나 그 경험적인 앎은 결코 몽환적이고 신비적인 체험이 아니다. 이교의 예언자들과 이스라엘 선지자들이 신탁을 받을 때 보인 뚜렷한 차이는 명료한 지성에 있다. 하나님의 영광과 은혜의 신비를 체험하는 그 어떤 상황에서도 선지자들의 지성은 명료했고 이성의 활동은 정지되지 않았다(겔 1:1-3 참고). 하나님은 인간의 지성 안에서 이해되실 때 가장 크게 영광을 받으신다는 사실은 구약의 전통뿐 아니라 신약의 전통에서도 분명하게 확인할 수 있다(마 22:37; 요 17:3).

탁월한 사랑의 경험 속에서도 그 사랑은 '몰아沒我의 사랑'이 아니니, 심지어 자아의 이기심은 잊을지라도 이기의 주체인 자아에 대한 인식은 사라지지 않는다. 따라서 지식과 총명은 사랑을 풍성하게 한다(빌 1:9). 하나님과 그분의 의지에 대한 명료한 인식과 신학적 토대에 대한 발견은 흔들리지 않는 견고한 사랑의 조건이다. 그러므로 마음을 다하여 그분의 의지를 알고, 힘을 다하여 그 의지를 따라 살아야 한다.

|

Non dubia, sed certa conscientia, domine, amo te. Percussisti cor meum uerbo tuo, et amaui te(10.6.8).

주님, 제가 의심 없는 확실한 양심으로 당신을 사랑하옵나이다. 당신께서 말씀으로 제 마음을 찔러주셨기에 제가 당신을 사랑하게 되었사옵나이다.

83
하나님을 사랑한다는 것

하나님의 본질은 인간이 파악할 수 없을 뿐 아니라, 자연을 통해서는 물론 심지어 성경을 통해서도 계시된 바가 거의 없다. 하나님의 본질에 관한 성경의 언급은 단 두 절이다. "하나님이 모세에게 이르시되 나는 스스로 있는 자이니라"(출 3:14). "하나님은 영이시니 예배하는 자가 영과 진리로 예배할지니라"(요 4:24).

그 외에 하나님에 관한 모든 성경의 설명은 본질이 아니라 속성에 관한 계시다. 하나님의 본질은 그의 '무엇임*quidditas*'에 관한 것이고, 속성은 그의 '누구임*qualitas*'에 관한 것이다. 전자가 관계를 맺는 대상을 고려하지 않고도 제기할 수 있는 질문이라면, 후자는 관계 맺는 대상을 고려해야만 제기할 수 있는 질문이다. 심지어 "하나님은 영원하시다"라는 진술도 '시간적으로 유한한 사물들'이라는 대상을 고려한 결과 나온 것이다(사 40:28; 시 78:39).

하나님을 사랑한다는 것은 무슨 의미인가라는 질문이 제기되는 이유도 여기에 있다. 하나님을 향한 인간의 사랑에 관하여 질문을 던져본 적이 없는 사람이라도, 인간을 향한 인간의 사랑에 대해서는 무엇인가 질문을 가져본 적이 있을 것이다.

인간이 사람을 사랑하는 것은 그 대상의 가시적 존재성과 밀접한 관련이 있다. 물론 그렇다고 해서 사랑하는 사람이 그 대상의 가시적 '그 사람임'만을 사랑한다는 것은 아니다. 한 인간의 외모가 세월의 흐름 속에 변전變轉해도 늘 현전現前하는 모습 속에서 같은 사랑을 느끼기도 한다는 사실이 바로 이를 증명한다. 그러면 도대체 인간이 누군가를 사랑한다고 할 때, 그것은 그 사람의 무엇을 사랑한다는 말인가? 그 사람의 조건이나 외모가 아니라 '그 사람 자체'를 사랑하는 것이 참된 사랑이라고 하는데, 거기서 말하는 '그 사람 자체'라는 것이 도대체 무엇인가?

어떤 사람은 사랑의 원인을 사랑의 두 주체가 함께 공유하는 '기억'에서 찾는데, 그렇다면 사람의 기억이 수시로 변하고 왜곡되는 현상까지 일어나는 마당에도 사랑이 유지될 수 있는 이유는 무엇인가? 심지어 치매나 사고, 질병 등으로 기억 장애가 발생하여 자기를 사랑하는 사람에 대한 기억까지 모두 잃어버렸는데도 계속하여 사랑을 받는 것은 어떻게 설명할 수 있을까?

만약 사랑이 기억 때문에 발생하는 것이라고 한다면, 어떤 사람이 누군가를 사랑한다고 할 때 그것은 어떤 대상에 대한 사랑이라기보다 자기 안에 있는 그 사람에 대한 기억을 사랑하는 자기 회귀적 사랑 아닌가? 그렇다면 그것은 하나님 자신에게서 시작하여 온 우주를 휘돌아서 하나님 자신에게로 회귀하는 하나님 사랑과 유사하지 않은가? 그러면 사람이 누군가를 끔찍이 사랑하다가 더는 그를 사랑하지 않게 되는 것은 어떻게 설명해야 하는가? 혹시 그것은 그가 사랑하는 것이 단순히 자신 안에 있는 기억 때문이 아니라 다른 사람 안에 있는 그 무엇 때문임을 입증하는 증거는 아닌가? 질문이 꼬리에 꼬리를 물고 끊임없이 이어진다. 하지만 이러한 사유는 연약하기 짝이 없는 우리의 지성을 피곤하게 하고, 자기 지성의 근육의 약함에 스스로 실망하게 만들 뿐이다.

아우구스티누스는 우리가 하나님을 사랑한다는 것이 그의 본질을 사랑하는 것이라기보다는 하나님과의 관계에서 경험하는 하나님의 속성을 맛보는 '달콤함'을 사랑하는 것이라고 단언한다. 그렇다면 그 '달콤함'의 정체는 무엇일까? 나는 이에 대해 다음과 같이 답하고 싶다. 우리가 하나님의 '달콤함'을 사랑한다고 할 때, 그것은 하나님의 속성에 깃든 객관적 선함과 아름다움, 그분을 사랑하는 우리 마음에 깃든 선함과 아름다움에 대한 주관적 감각이 일치하는 데서 발생하는 정동이 주는 기쁨에 대한 사랑이라고 말이다.

진리와 사랑 모두 객관적 존재와 주관적 인식 사이를 가로지르는 방식으로 존재와 인식 사이를 오간다. 그렇게 함으로써 진리와 사랑은 인간 정신을 초월해서 아주 멀어지기도 하고 인간에게 포착되기도 한다.

하나님을 사랑한다고 할 때 그 대상이 무엇인지를 묻는 질문에 답하기 어려운 것은 다음과 같은 이유 때문이다. 첫째로, 하나님은 '본질' 곧 존재being와 실존existence이 나뉘지 않는 분이시기 때문이다. 하나님 이외의 모든 사물은 존재와 실존이 구분된다. 존재는 실존에 의해 가려져 있기에 실존을 넘어서야 존재는 파악될 수 있다. 그러나 하나님은 시간과 공간을 초월하시는 존재로서 실존이 곧 존재이고 존재가 곧 실존이다. 둘째로, 인간은 자신의 경험 안에서 하나님과 같은 사랑의 대상을 경험해본 적이 없기 때문이다. 다시 말해서, 사랑의 대상으로서 하나님과 유사한 대상이 없다. 이처럼 사랑의 유비를 발견할 수 없기 때문에 하나님을 사랑한다고 할 때 그 대상이 무엇인지를 규정하기 어려운 것이다. 셋째로, 하나님의 속성에 대한 경험이 우리를 하나님의 본질에 대한 사랑으로 데려가는 통로일 수 없기 때문이다.

사람을 사랑함에 있어서도 그의 성품에 깃든 선함과 아름다움의 발견은 보이는 그의 모습과 그의 존재를 알리는 모든 감각적인 것(얼굴 생김새와 표정, 냄새, 소리, 감촉 등)에 대한 사랑을 불러일으켜 그와 접촉하고자 하는 욕망을 고조시킨다. 그리고 그것이 물리적으로 불가능할 때 그리움을 경험한다(아 2:5). 사랑하는 주체 안에서 그 욕망이 사라지지 않는 한, 또한 사랑의 대상이 시공간 안에서 그와 접촉하여 교감하지 않는 한 그리움은 사라지지 않는다. 너무 사랑하면 함께 있어도 그립다.

그러나 그 사랑의 대상이 하나님인 경우, 하나님에 대한 사랑이 마음 안에 있고 그 사랑으로 말미암아 하나님과 접촉하고자 하는 열망이 불일 듯 일면, 언제나 하나님의 속성을 경험할 수 있다. 그리고 사랑으로 말미암은 하나님의 속성에 대한 경험은 늘 인간에게 달콤함을 선사한다. 그 달콤함을 누릴 때 인간은 충분히 행복하다. 비록 눈으로 빛깔을 보지 못하고, 귀로 음성을 듣지 못하고, 코로 냄새 맡지 못하고, 살갗으로 접촉하지 못해도 충분히 하나님을 사랑할 수 있으니, 하나님을 사랑하는 것은 매개물을 통한 육체적 감각으로가 아니라 정신과 영혼으로 하는 것이기 때문이다.

인간이 하나님을 사랑하는 것은 육체의 감각적 인식을 통하지 않는다. 그럼에도 충분히 감미롭고 행복하니, 이 얼마나 놀라운 일인가! 또한 그 사랑은 시간이나 공간에 매이지도 않는다. 그러하기에 하나님은 어디서든지 간절한 마음으로 당신을 찾는 자들에게 당신의 사랑을 받게 하신다.

|

… non haec amo, cum amo deum meum … lucem, uocem, odorem, cibum, amplexum interioris hominis mei, ubi fulget animae meae, quod non capit locus, et ubi sonat, quod non rapit tempus, et ubi olet, quod non spargit flatus, et ubi sapit, quod non minuit edacitas, et ubi haeret, quod non diuellit satietas. Hoc est quod amo, cum deum meum amo(10.6.8).

제가 하나님을 사랑할 때 이런 것들을 사랑하는 것이 아니옵나이다. … 빛, 소리, 향기, 음식이나 저의 가장 깊은 내면의 자아를 끌어안는 것 등이 아니오니, 거기서는 장소에 국한되지 않는 어떤 것이 제 지성 속에서 빛나며, 또 거기서는 흘러가는 시간에 의해 빼앗기지 않는 어떤 것이 제게 노래하며, 또한 불어도 날아가지 않는 어떤 것이 제게 향기를 발하며, 또 거기서는 아귀처럼 먹어도 줄어들지 않는 풍미가 있으며, 또한 저는 거기서 결코 싫증나지 않을 하나 됨으로 껴안게 되는데, 이것이 바로 제가 저의 하나님을 사랑한다고 말할 때 제가 사랑하는 것이옵나이다.

84
진리와 인식

보이는 것은 보이지 않는 것과, 들리는 것은 들리지 않는 것과, 그리고 만져지는 것은 만져지지 않는 것과 연결되어 있다. 진리는 보이지도 않고 들리지도 않으며 만져지지도 않지만, 진리의 '있음'은 보이고 들리고 만져지는 방식으로 인간에게 드러난다. 마치 태양을 맨눈으로 볼 수 없듯 우리는 진리 자체를 볼 수 없다. 그러나 태양에서 나온 빛이 자연물과 접촉하며 다양한 효과를 산출하는 방식으로 태양의 존재를 드러내듯, 진리 역시 보이는 사물에 그 효과를 미침으로써 존재를 드러낸다.

인간과 진리의 관계를 생각해보자. 진리는 인간 안에 있지 않다. 그러나 인간에게 인식됨으로써 자신의 존재를 드러낸다. 그런 점에서 진리는 존재와 인식 사이를 가로지르는 것이다. 진리는 인간에게 그 원천을 두지 않으면서도 인간의 정신에 영향을 미쳐, 그 진리를 기준으로 눈에 보이는 감각적 사물이 전달하는 정보를 인식하고, 상상을 통해 생겨난 생각에 대해서까지 미추와 선악의 판단을 내리게 한다.

진리에 대한 이해가 풍부한 인간의 정신은 사물을 통하여 진리에 대하여 듣는다. 아우구스티누스가 "[사물들이] 말하기는 누구에게나 다 하되"(10.6.10)라고 말할 때 의미한 바가 바로 이것이니, 사물들은 자신을 지으신 하나님에 대해 이야기한다는 것이다. 끝없는 밤하늘과 무한 광대한 우주의 천체, 바람에 흔들리는 나무 잎사귀와 계곡을 휘돌아 흐르는 한줄기 시냇물 소리, 풀잎 끝에 달린 작은 이슬방울에 이르기까지….

어디 그뿐인가? 수많은 생각과 감정, 의지의 행사는 인간의 마음 안에서 헤아릴 수 없이 많은 울림과 소리를 만들어낸다. 마치 얕게 흐르는 개울물이 돌밭을 지나며 온갖 소리를 내는 것과 같다. 그 소리 가운데 어떤 것은 인간의 정신 안에서 일어나는 모순율과 변덕스러운 감정의 충돌이 만들어내는 것이지만, 어떤 소리는 인간이 정신 안에 심겨진 진리를 인식할 수 있는 감각의 줄에 부딪히는 소리다.

이러한 소리가 안팎으로 수없이 발생해도 그 소리가 무엇인지 파악하지 못하는 것은 소리의 의미를 판단할 능력이 그 안에 없기 때문이다. 진리 자체이신 하나님을 알기 전에 인간은 자연 사물을 먼저 접촉하여 하나님이 어떤 분이신지 어렴풋이 알게 되지만, 그 지식이 하나님의 사랑과 은혜, 우리의 죄인 됨과 그리스도 안에 있는 하나님의 용서 같은 것은 보여주지 못한다.

자연 사물은 기껏해야 두 가지 사실을 알려줄 뿐이다. 첫째로 하나님이 존재하신다는 사실이고, 둘째로 인간은 선악 간 자신의 행동에 대해 심판을 받는다는 사실이다(롬 1:20; 2:15; 시 19:2). 그러나 진리를 알고 난 후에는 모든 자연 사물이 외치는 소리와 자신의 정신 안에서 외치는 소리의 진정한 의미를 성경을 통해 비로소 알게 된다. 모든 지식을 동원하여 하나님을 알기에 힘쓰자(호 6:3). 그러나 그것들 중 아무것도 의지하지 말자. 오직 영원에 대한 우리의 기억을 새롭게 하시는 성령의 은혜만을 의지하자.

|

… immo uero omnibus loquitur, sed illi intellegunt, qui eius uocem acceptam foris intus cum ueritate conferunt(10.6.10).

그것이 모든 이에게 말하지만 오직 밖으로부터 들려오는 그 소리를 안에 있는 진리와 대조하여 이해하는 이들만이 그 의미를 이해하는 것이옵나이다.

85
자아란 무엇인가?

자아自我란 무엇일까? 자아는 영혼과 정신, 특히 기억에 정체성을 두지만 육체에 속한 감각 기능과도 관계된다. 육체의 감각 기능은 단순히 외부 사물에 대한 정보만을 실어나르는 도구가 아니라 마음과 정신의 지배를 받기 때문이다.

누가 자아의 본질을 정확히 설명할 수 있을까? 자아의 본질을 정확히 설명하는 것은 하나님의 본질을 설명하는 것만큼이나 불가능하다. 아우구스티누스는 자아가 감각 지각*sensus perceptio*, 공통 감각*sensus communis*, 이성*ratio*으로 이루어져 있다고 보았다. 그러나 그것이 어찌 충분한 설명이 되겠는가?

자아는 자신으로서 일관되게 기능하는 총체적 실재로서 그 근간은 영혼의 개별성과 정신의 고유성에 있다. 자아는 한 존재의 사유와 삶의 주체로서, 그가 살아온 모든 나날이 만들어낸 기억의 체계라고도 볼 수 있다. 기억은 정신 안에서 무수한 공간을 넘나들고 광활한 움직임으로 끝없이 시간을 넘나든다. 시간과 공간을 넘나드는 기억이 서로 조합을 이루고 연결되며, 또 그것들이 새로운 상상력을 불러일으켜서 또 다른 관념을 만들어내고 이미 있는 관념을 고치거나 강화한다.

육체의 감각 기관이 파악한 사물들의 인상은 정신에 전달되어 마음에 정동을 불러일으키거나 기존의 정동 경험을 강화한다. 이렇게 자아는 기존의 정체성을 훼손하지 않으면서도 인식과 정동을 통해 새로운 기억을 저장하면서 끊임없이 새로워진다. 끊임없이 변모하는 자아는 자신에게 그 변화를 쉽게 파악당하지 않으면서 새로운 자아를 형성해가고, 그렇게 새롭게 형성된 자아는 과거의 자아와 다르면서도 또 하나일 수밖에 없다. 이러한 자아 안에서 인간은 독립적이고 개별적인 인격체로서 생각하고 판단하고 의지를 행사한다. 나의 자아는 나에게 얼마나 낯선 존재인가?

|

Quid ergo sum, deus meus? Quae natura sum?(10.17.26)

오 주님, 그렇다면 저는 무엇입니까? 저의 본질이 무엇이라는 말입니까?

86
행복과 기억

인간은 누구나 행복하기를 바란다. 아우구스티누스는 행복한 상태에 대한 기억이 없이는 인간이 행복을 추구하는 것이 불가능하다고 단언한다. 인간이 행복한 상태에 대한 기억이 없다면 그렇게 되기를 갈망할 수 없고, 또 그 상태에 도달한다고 할지라도 그것이 행복임을 알 수 없을 터이기 때문이다.

인간이 행복을 추구하는 것도, 행복을 느끼는 것도 모두 기억이 있기에 가능한 것이다. 그렇다면 인간이 행복에 대한 기억을 갖게 된 때는 언제일까? 이것은 영혼의 기원에 관한 이론과도 관련이 있다. 앞의 언급을 따르면 영혼선재설이고, 뒤의 언급을 따르면 영혼유전설이다. 아우구스티누스는 이에 대한 가능성을 다음과 같이 시사한다. "정말로 그렇다면 언젠가 우리는 행복했을 것이옵나이다. 사람마다 각자 행복했었는지, 최초로 죄를 범한 그 사람, 그로 말미암아 우리가 다 죽었고 그를 좇아 우리가 비참한 생명을 타고나게 된 바로 그 사람 안에서 행복했었는지는 지금 논하고 싶지는 않사옵나이다”(10.20.29).

인간의 불행은 언제나 하나님 밖에서 행복해지고자 하는 데서 발생한다. 인간의 영혼이라는 존재는 창조되기 전부터 하나님의 지성 안에 관념으로 있었고, 그 지성 안에서 삼위 하나님의 지복에 대한 감각을 부여받았다. 행복의 원천이 하나님이심을 지성이 기억하고 있음에도, 인간에게 하나님과 지복에 관한 감각은 희미하고 가시적 사물이 불러일으키는 육체적 감각의 희열은 선명하다. 더욱이 감각 경험은 인간의 무수한 정동과 욕망을 불러일으키며 더욱 선명해지고, 그것을 바라는 욕구는 더욱 강렬해진다. 그리하여 인간은 하나님의 지복에 대한 감각을 상실하고 하나님 없이 이 세상의 사물을 통해 행복하고자 애쓴다. 영혼의 참된 행복이 아닌 육체와 감각적 만족에서 오는 행복을 찾으려 하는 것이다. 이로써 인간은 행복에 이르는 길을 잃고 ‘허무한 것*nequia*’을 찾는다. 행복에 대한 인간의 열망이 크면 클수록 불행해지는 이유가 여기에 있다.

이처럼 인간은 선험적으로 행복에 대한 기억을 지니고 있다. 인간이 이 세상에서 악한 삶을 살아가는 것은 모두 이 기억에 대한 그릇된 해석과 빗나간 적용으로 말미암은 것이다.

우리의 인생 중 얼마나 많은 날들이 이렇게 허무한 것들을 찾느라고 허비되었는가. 타락한 인간이 겪는 죄벌 중 하나는 하나님의 법 대신 허무한 것에 굴복하는 것이다(롬 8:7,20). 가치 없는 일에 자신의 생명과 사랑을 다 쏟고 마지막에 자신이 가장 사랑하던 것으로부터 버림받게 되는 것이니, 이것이 바로 허무한 것을 사랑하는 일의 결국이다. 어둠 속에 더욱 빛나는 눈과 순결한 가슴으로 '영원히 있는 것'을 위해 살자. 그것이 육체의 죽음을 넘어 영원히 사는 길이리라.

|

Qui tamen etiam ipsi nisi aliquo modo haberent earn, non ita uellent beati esse : quod eos uelle certissimum est(10.20.29).

그들도 어느 정도 행복을 소유하고 있지 않다면 그토록 강하게 행복을 바라지 않을 것이니, 그들이 행복을 원한다는 것은 의심의 여지가 없사옵나이다.

87
오래되었으나 새로운 아름다움

아우구스티누스의 《고백록》에는 유명한 구절이 여러 개 있다. 다음 구절도 그중 하나다. "늦게야 당신을 사랑했사옵나이다. 이처럼 오래된 그러나 또한 이처럼 새로운 아름다움이시여! 제가 이제야 당신을 사랑하게 되었사옵나이다" (10.27.38).

아우구스티누스는 회심하여 하나님을 알게 된 것을, 곧 하나님을 사랑하게 된 것으로 보았다. 서른두 살에 회심했는데, 이를 두고 그는 너무 늦게야 하나님을 사랑했노라고 말한다. 이는 물리적인 시간의 늦음을 의미하는 것이라기보다 하나님을 사랑하는 행복이 너무나 크기에 그분 없이 살아온 날들에 대한 후회에서 나온 탄식이다.

여기서 아우구스티누스는 하나님에 대해 수사적으로 대조를 이루는 두 개의 형용사를 사용한다. '오래된*antiqua*'과 '새로운*noua*'이 바로 그것이다. 그러나 이러한 표현은 수사학적으로뿐 아니라 신학적으로도 전혀 모순되지 않는다.

앞에 나오는 '오래된'이라는 표현은 하나님의 '무엇임' 곧 그분의 존재에 관한 표현이다. 하나님은 아우구스티누스가 당신을 알기 전, 아니 이 세상 만물이 있기 전부터 홀로 계시던 분이다. 그분의 아름다움의 객관적 실재가 영원하다는 의미다. 이와 대조적으로 뒤에 나오는 '새로운'이라는 표현은 하나님의 '누구이심' 곧 그분의 속성*attributa*에 관한 표현이다. 그분의 아름다움의 주관적 경험이 새롭다는 의미다.

하나님은 영원 전부터 계신 존재이지만, 그 하나님을 향해 사는 삶은 그분의 속성 곧 성품을 경험함으로써 비로소 시작된다. 그 속성의 현시는 구원을 경험하는 모든 사람에게 언제나 새롭기에 아우구스티누스는 하나님을 '새로운 아름다움이시여'라고 부른다.

하나님을 향한 인간의 현재적 사랑은 그분의 속성에 대한 현재적 경험 안에서 유지된다. 하나님의 모든 속성은 아름다우며 아름다움의 경험은 애호의 정동을 불러온다. 하나님의 속성은 인간과의 관계에서 가장 뚜렷하게 드러나고, 그중 어떠한 속성이 드러나든지 그 속성은 하나님을 마땅히 사랑하는 사람들에게 현재적으로 새로운 아름다움을 보여준다. 그런데 하나님의 아름다움의 정수는 하나님의 구원 역사에 있다. 인류의 창조와 구속, 그리고 완성을 위한 하나님의 경륜 속에서 하나님의 성품의 아름다움이 계시되었는데, 구속의 경륜 속에서 가장 풍부하게 나타났다.

바람 같이 지나가는 우리 인생의 짧고 덧없음을 생각해보라. 아무리 일찍 주님을 믿었어도 이르지 않다. 그것은 언제나 늦은 것이다. 그러므로 하나님의 자녀가 된 것을 언제나 감사하며, 오랜 세월이 지난 후에 돌아보아도 결코 후회가 없을 그런 삶을 오늘 살아야 한다.

|

Sero te amaui, pulchritudo tam antiqua et tam noua, sero te amaui!(10.27.38)

제가 늦게야 당신을 사랑했사옵나이다. 이처럼 오래된 그러나 또한 이처럼 새로운 아름다움이시여! 제가 이제야 당신을 사랑하게 되었사옵나이다.

88
은혜와 선

아우구스티누스는 일찍이 자기 안에 있는 죄의 힘을 경험한 사람이다. 특히 정욕에 깊이 사로잡혀 여색(어쩌면 남색을 포함하여)을 끊지 못했던 경험이 있다.

이성으로는 무엇이 옳은지 판단하면서도 의지로는 그 판단을 따르지 못하는 모순 속에서 그는 자아의 분열을 경험했다. 그것은 곧 타락한 죄인 안에서 성향이 되어버린 특정한 죄의 힘에 대한 경험이었다. 그는 자기 안에는 이것을 극복할 능력이 없다는 사실을 깨달았다. 이는 사도 바울도 동일하게 토로했던 바다(롬 7:24).

아우구스티누스는 이러한 경험을 통해 탁월한 '은총의 신학'을 정초定礎했고, '믿음의 신학'과 '사랑의 신학' 역시 바로 그

위에서 수립할 수 있었다. 그에게 주관적인 의미에서의 은혜는 인간으로 하여금 마땅히 행해야 할 바를 행하게 하시는 하나님 사랑의 감화였다.

악을 실행하려는 생각은 종종 정신에 비상한 힘을 주어 죄를 짓게 한다. 그러나 은혜의 힘은 '악의 감화'가 아니라 '사랑의 감화*impulsio caritatis*'다. 은혜는 하나님을 사랑하게 하고, 하나님을 향하여 살게 한다. 은혜받은 자의 이웃에 대한 박애의 생활*vita benevolentiae*은 바로 하나님의 사랑에서 나오는 것이다. 이로써 이웃에게 개별적으로 행하는 선한 행동은 '우주적 선'의 가치 안에서 이루어져서 하나님에게서 흘러나오는 하나의 사랑을 이 세계 안에 펼칠 수 있게 된다. 이것을 신학에서는 '영적 선함*bonitas spritualis*'이라고 부른다.

네덜란드의 칼뱅파 신학자 프란키스쿠스 고마루스는 하나님을 사랑하는 동기에서 비롯되지 않는 '선함'을 선하다고 할 수 없는 것은 '선함'이라는 것 자체가 동기와 관련이 있기 때문이라고 했다. 따라서 어떤 사람이 의도치 않은 행동으로 다른 누군가에게 이익을 주었다고 해도, 그 행동을 한 사람을 '선'하다고 할 수 없다는 것이다. 그러나 한 인간의 마음에 작용하는 은혜는 그 자체가 사랑의 감화이므로 그로 하여금 언제나 선善을 행하게 한다.

인간이 참으로 선을 행하며 사는 길은 하나님을 꾸밈없이 진실한 마음으로 사랑하는 것이다. 그렇게 함으로써 그가 행하는 바 모든 것이 하나님을 향한 섬김이 된다. 아우구스티누스가 하나님에게서 느낀 사랑은 지성적이고 인격적인 사랑이었으나 그것은 자신을 온전히 불태워드리고 싶을 정도로 뜨거운 사랑이었다. 산 같은 사상, 물 같은 마음, 불 같은 사랑으로 살자!

|

O amor, qui semper ardes et numquam extingueris, caritas, deus meus, accende me! Continentiam iubes: da quod iubes et iube quod uis(10.29.40).

사랑이시여, 늘 불꽃처럼 타올라 결코 사위지 않는 사랑, 저의 하나님이시여, 저를 태워주소서. 당신께서 절제를 명하시니 명하시는 바를 주옵시고 원하시는 바를 명하시옵소서.

89
힘으로서의 은혜

인간 안에 역사하는 은혜는 '선을 행하도록 마음에 작용하는 사랑의 힘'이다. 타락으로 말미암아 인간의 마음은 필연적으로 악을 향하는 성향을 갖게 되었다. 이 성향을 거슬러 율법과 양심에 부합하는 삶으로 이웃에게 유익을 주는 일이 어느 정도 가능하지만, 그렇다고 그가 그런 행동을 하는 목적이 하나님의 선을 이루기 위해서는 아니다. 그는 '선'이신 하나님을 향한 사랑 때문에 그 행동을 하는 것이 아니기 때문이다.

아우구스티누스의 신학을 '은총의 신학*theologia gratiae*'이라고 부르는 데는 두 가지 이유가 있다. 첫째로, 은총에 의한 구원 때문이다. 인간의 선행에 의한 구원이 아니라 하나님을 떠나 비참한 상태에 빠진 죄인을 긍휼히 여기시는 하나님의 주권적인 은총에 의한 구원을 강조하기 때문이다. 아우구스티누스는 '믿음에 의한 구원'을 강조하여, 후일 루터와 같은 종교개혁자들이 성경 안에서 이신칭의以信稱義의 교리를 발견하게 했다. 따라서 종교개혁의 대의인 이신칭의는 정확히 말해 종교개혁자들이 아우구스티누스의 은총의 신학을 통하여 성경 안에서 발견한 교리다. 이처럼 아우구스티누스의 신학이 규정하는 일방적 은총에 의한 구원의 성격 때문에 그의 신학을 가리켜 '은총의 신학'이라고 부른다.

둘째로, 신자가 선을 행함에 있어서 은혜의 주도권 때문이다. 이는 신자의 성화 생활에서 선을 행하게 하는 유효인*causa efficiens*이 하나님의 은혜임을 말해준다. 다시 말해서 인간이 악을 행함에 있어서는 하나님의 은혜의 힘이 없는 영혼의 상태에 원인이 있지만, 선을 행하는 것은 은혜의 힘이 그로 하여금 선을 행하게 한 것이다. 그러므로 도덕적으로 악을 행했을 경우에는 전적으로 인간의 책임이고, 선을 행했을 경우에는 전적으로 하나님의 은혜 때문이다. 여기서 선행에 대한 의문이 제기된다.

첫째로는, 선을 행함에 있어서 인간의 의지는 어떠한 역할을 하는가의 문제다. 인간이 선을 행하는 것이 그를 사랑으로 감화시켜 선을 행하도록 마음에 작용하는 힘 때문이라면, 인간이라는 존재는 하나님이 은혜라는 동전을 넣으면 선행이라는 물건을 내놓는 자판기라는 의미인가? 그러나 인간을 이렇게 이해하는 것은 전혀 성경적이지 않다. 오히려 하나님의 형상을 지닌 인간의 존엄과 가치를 짓밟는 이교적 해석이다.

그렇다면 선을 행함에 있어서 지성과 의지를 지닌 인간은 무슨 역할을 하는 것일까? 인간은 악을 행할 때와 마찬가지로 선을 행할 때에도 미덕의 평가가 가능한 모든 행동, 외적 행실을 비롯하여 마음의 생각과 상상에 이르기까지 모든 행동과 마음의 움직임에 주체적으로 참여한다. 여기서 주체적으로 참여한다는 것은 인간이 자신의 지성과 의지로 실행에 참여한다는 의미다. 어떠한 악행이나 선행도 인간의 지성과 의지 없이, 혹은 인간의 지성과 의지를 초월해서 이루어지지 않는다는 뜻이다. 물론 자신이 선악의 판단을 인식하고 있는데도 악을 행하게 하는 강한 힘이 작용하는 것처럼 느껴질 때가 있다. 그러나 그조차도 이미 자기 의지 안에 있는 악한 성향 때문이고, 이 성향은 이미 이전에 동일한 악행을 반복해서 형성된 것이다.

그 성향은 모두 악을 행하는 그 사람 자체이지 그가 아닌 다른 무엇이 아니다. 더욱이 그것이 마귀라고 생각하는 것은 어리석기 짝이 없는 생각이다. 인간의 의지 안에 있는 거스르기 어려운 성향을 가리켜 '도덕적 필연성*necessitudo moralis*'이라고 부르는 것도 이 때문이다. 만약 이러한 사실이 이해가 되지 않는다면, 다음 사실을 숙고해보라.

한 사람이 어떤 선한 행동을 실천했는데, 평소에 그런 행동을 하는 것에 익숙하지 않아서 많은 고민과 망설임, 큰 결단이 필요했고 상당한 고통이 수반되었다. 또 한 사람은 똑같은 선한 행동을 실천했는데, 평소에 그런 행동을 하는 것에 익숙해서 고민이나 망설임, 큰 결단이 거의 필요 없었고 자신이 크게 희생한다는 고통스러운 느낌도 없었다. 그렇다면 누가 덕스러운 사람이라고 더 많이 칭찬받아야 마땅할까? 자신 안에 있는 선한 도덕적 필연성 때문에 후자에 속하는 사람이 전자에 속한 사람보다 칭찬을 덜 받아야 하겠는가? 이성이 있는 사람이라면 이 질문에 답하기 어렵지 않을 것이다.

둘째로는, 선을 행함에 있어서 은혜의 힘이 어떻게 작용하는가의 문제다. 은혜의 힘은 선악을 행하는 주체인 신자의 지성과 의지 안에서 작용하지만, 원천적으로 그 사람 안에서*intrinsicus* 발생한 것이 아니라, 그 사람 밖에서*extrinsicus* 주어져서 그 사람 안에서 작용하게 된 것이다. 그러나 선을 행하게끔 작용하는 요인으로서 밖에서 주어지는 은혜는 감화를 통해 인간의 마음에 받아들여져서 비로소 선을 행하게 하는 힘이 된다. 이 '감화의 방식*modus impulsionis*'이 바로 사랑이다.

아우구스티누스는 인간이 진리로 말미암아 말할 수 없는 기쁨, 곧 도열道悅에 이르는 단계를 마음의 정화, 성령의 조명, 사랑의 일치로 설명한다(10.40).

첫째로 마음의 정화란, 끊임없이 마음을 요동치게 하는 욕정에서 마음을 깨끗케 하여 평정을 찾는 것을 말한다. 둘째로 성령의 조명이란, 진리를 사용하여 인간의 지성에 특별한 이해가 더해지는 작용이다. 셋째로 사랑의 일치란, 인간의 영혼과 하나님의 본질 사이에 이루어지는 존재론적 합치가 아니라 실제적인 그리스도와의 연합*unio cum Christo* 안에 이루어지는 의지의 합치다. 신자는 이 안에서 진리이신 그리스도로 말미암은 희열, 곧 '도열'을 누린다. 그리스도인의 삶은 도열의 삶이다.

이처럼 하나님의 사랑이 신자 안에서 감화를 불러일으키면, 인간은 선악 간의 모든 행위에 대한 주체성을 그대로 유지하면서도 밖에서 주어진 사랑의 감화에 의해 선을 행할 힘을 갖게 된다. 기원에 있어서는 인간 안에서 발생한 것이 아니나, 작용에 있어서는 그 사람 안에서 그와 함께 힘을 발휘하여 선한 일을 하게 하는 것이다. 여기에는 이성적으로 완벽히 설명할 수 없는 은혜와 의지 사이의 신비가 있다.

아우구스티누스는 성경을 토대로 인간의 이러한 도덕적 행동에 대한 심리철학적 성찰을 다음과 같은 유명한 기도문에 담았다. "명하시는 바를 주옵시고, 원하시는 바를 명하옵소서."

하나님이 아무리 선을 행하라고 명령하셔도 죄인인 인간의 능력으로는 그 명령을 행할 수 없으니, 명령하시기 전에 먼저 명령을 실천할 수 있는 은혜의 힘을 주시고, 그 후에 하나님이 원하시는 선을 행하라고 명령하시도록 간구하는 것이다. 이것이 바로 기독교의 경건에 관한 성경을 관통하는 핵심인데, 그것이 바로 하나님에 대한 인간의 절대적 의존이다. 조나단 에드워즈가 말한 바와 같이, 그 안에서 하나님은 가장 크게 영광을 받으시고 인간은 가장 행복한 존재가 된다.

|

… *da quod iubes et iube quod uis*(10.29.40).

명하시는 바를 주옵시고, 원하시는 바를 명하옵소서.

90

욕망과 은혜

정화된 영혼으로 진리를 알게 하는 조명을 받아서 하나님과 사랑의 일치를 이루는 삶에 있어서 가장 큰 걸림돌이 되는 것은 육신의 욕망이다. 육체를 지닌 인간에게는 욕망이 없을 수 없다.

육신의 욕망은 육적 생명을 지탱하기 위해 꼭 필요한 것이기도 하다. 병이 들어서 식욕을 잃어본 사람은 음식에 대한 인간의 욕망이 얼마나 고마운지를 알 것이다. 그러나 육신의 욕망은 대개 자기애적 욕망으로 변해 영혼을 불결하게 하고, 진리의 조명을 받지 못하게 하고, 하나님과 사랑의 일치를 이루지 못하게 한다. 동물의 본능적 욕망은 자신과 종족을 보존하는 데서 그치지만, 인간의 본능적 욕망은 그 이상의 의도와 목적을 지니고 있기 때문이다.

아우구스티누스가 《고백록》 제10권에서 은혜의 필요성을 강조하면서 인간의 욕망에 대해 그토록 길게 눈물로 진술한 이유도 바로 이 때문이다. 아우구스티누스는 30장부터 39장까지 무려 열 장에 걸쳐서 자기 자신의 욕망과 사투하는 연약함을 고백하며, 그것을 극복하고 이길 수 있는 은혜를 눈물로 간구한다.

진리와 하나 된 삶을 살지 못하도록 가로막는 장애물로 그가 거론한 욕망은 성욕, 탐식욕, 후욕, 청욕, 견욕, 지식욕, 명예욕, 독선욕 등 크게 여덟 가지다. 이는 성에 대한 탐닉, 입에 맞는 음식을 많이 먹고자 하는 욕망, 좋은 향기를 맡고자 하는 욕망, 음악을 비롯해 좋은 소리를 듣고자 하는 욕망, 호기심을 만족시키거나 즐거움을 주는 사물을 보고자 하는 욕망, 새로운 지식을 습득하고자 하는 욕망, 좋은 평판을 얻고자 하는 욕망, 다른 사람의 견해에 개의치 않는 독선의 욕망을 가리킨다. 이것들은 모두 "안목의 정욕과 육신의 정욕과 이생의 자랑"에서 나오는 것으로 성경은 이를 가리켜 "세상이나 세상에 있는 것들을 사랑하는 것"이라 말한다(요일 2:15-16).

신자에게 세상이나 세상에 있는 것들에 대한 사랑은 곧 자기사랑에 뿌리를 두고 있으니, 이는 궁극적으로 세상이나 세상에 대한 것들을 사용하여 자기를 사랑하고자 하는 것이기 때문이다. 이것들은 '정욕의 끈끈이'로서 영혼을 속박하여 마음의 평정을 깨뜨리고, 진리를 거스르게 하며, 육체의 도락道樂을 위한 노예가 되게 한다. 이것을 극복하게 하는 것이 바로 은혜다. 은혜야말로 마음에 역사하는 힘으로서, 안목의 정욕과 육체의 정욕을 따르게 하는 세상이나 세상에 있는 것들을 향한 사랑보다 더 큰 하나님 사랑의 감화다. 이 은혜로 말미암아 신자는 자기보다 하나님을 사랑하게 되기에, 세상이나 세상에 있는 것들을 사랑함으로 거기에 속박당하지 않는다. 그러므로 세상을 사랑하지 말도록 다짐하기보다 하나님을 온전히 사랑하자. 우리가 살아 있는 이유가 하나님을 사랑하는 것이 되게 하자. 삶의 무대에 휘장이 내려지고, 저 건너편에서 그분을 다시 뵈옵는 날에 그분의 모습이 낯설지 않도록, 그렇게 온전히 하나님을 사랑하자!

|

Iubes certe, ut contineam a concupiscentia carnis et concupiscentia oculorum et ambitione saeculi(10.30.41).

참으로 분명한 당신의 명령은 육체의 정욕과 안목의 정욕과 이생의 자랑을 금하라고 하시는 것이옵나이다.

part 6

시간과 영혼의 찢김

91
그리스도를 열애함

인간의 영혼이 정화되어 조명을 통해 지성이 진리를 알고, 그 깨달음 아래서 하나님과 궁극적으로 사랑의 합치를 이루는 것은 얼마나 아름다운 일인가! 그러나 그 일을 방해하는 것이 있으니 바로 육신에 속한 정욕情慾이다. 여기서 정욕이란 넓은 의미에서 자기를 주인 삼아 살고자 하는 욕망을 말한다.

아우구스티누스에게 있어서 신학이 '사랑의 신학'인 것은 다음 세 가지 이유 때문이다. 첫째로, 인간에게 주어진 구원이 하나님의 일방적인 사랑으로 말미암은 것이기 때문이다. 둘째로, 구원이 성취되는 방식이 사랑이기 때문이다. 하나님은 회심에서 성화의 완성에 이르기 직전까지 인간의 마음을 감화시켜 하나님을 사랑하게 함으로써 우리의 구원을 이루어가신다. 셋째로, 개인에게 주시는 은혜가 우주적 사랑의 완성을 지향하기 때문이다. 하나님이 신자에게 주시는 사랑은 그리스도의 영적인 몸인 교회에 접붙여진 지체로서 받게 하는 사랑이며, 교회를 통해 이루어지는 하나님의 나라는 곧 '사랑의 나라'다. 따라서 신자가 그리스도의 교회의 한 지체로서 살아가는 현재적 삶은 곧 완성될 하나님나라의 백성으로 살아갈 미래적 삶의 선취적 실천이다.

하나님이 이 세상에 베푸신 은총의 극치는 바로 예수 그리스도의 성육신과 십자가의 죽으심이며, 이것은 이 세상에 나타난 하나님의 사랑의 극치이기도 하다. 보이지 않는 하나님은 당신의 속성을 성육신하신 그리스도를 통하여 보이셨고, 누구든지 그를 사랑함으로써 하나님의 사랑을 알고 삼위일체 하나님에게 사랑을 받게 하셨다.

복음은 곧 그리스도이시니, 이는 예수 그리스도를 통하여 죄인이 용서받을 뿐 아니라 하나님을 알고 사랑하게 되어 모든 좋은 것을 받게 하셨기 때문이다. 그러므로 그리스도를 향한 올바른 열애熱愛는 경건의 전부라고 해도 과언이 아니다. 그리스도를 사랑하는 자만이 하나님을 사랑할 수 있는 것은 그리스도가 곧 하나님의 사랑의 나타남이기 때문이다(롬 5:8). 또한 그리스도를 사랑하는 자만이 교회를 올바르게 사랑할 수 있으니 이는 교회가 바로 그분의 영적 몸이기 때문이다. 나아가서 그리스도를 사랑하는 자만이 세상을 사랑할 수 있으니, 이는 이 세상을 향한 하나님의 사랑으로 인하여 그리스도가 이 땅에 오셨기 때문이다(요 3:16).

그리스도를 통해 이 세상의 구원을 이루실 것은 이미 성경에 예언되었고, 그가 육신을 입고 세상에 오심으로 성취될 세계의 경륜은 오래전에 계시되었으나 인류의 대부분에게 감춰졌던 것이다(골 1:26). 신자의 가장 큰 의무는 그리스도를 열애하는 것이다. 그리스도를 향한 사랑 없이 하나님의 일을 하는 사람은 그저 일을 할 뿐이다. 그러나 그리스도를 사랑하는 사람은 무엇을 하고 있든지 하나님을 섬기는 중이다.

|

Ipsos quaero in libris tuis. Moyses de illo scripsit : hoc ipse ait, hoc ueritas ait(11.2.4).

제가 당신의 성경에서 찾는 것이 바로 그것이옵나이다. 그분에 대해 이미 모세가 기록했고 그분도 우리에게 자신에 대해 말씀하셨사오며 진리도 또한 이것을 말씀했사옵니다.

92
찰나와 기억

아우구스티누스가 말한 찰나刹那로서의 현재와 기억에 관한 나의 해석은 다음과 같다.

현재, 과거, 미래가 인간의 기억 및 회상의 작용과 어떤 관련이 있는지 생각해보자. 찰나로서의 현재를 지나는 인간인 '나'를 중심으로 시간이 흘러가고, 그 시간의 흐름에 따라 기억 속의 과거, 박막의 현재, 아직 나에게 도달하지 않은 미래가 나뉜다. 그 구분 속에서 '현재'는 시간적으로 길이가 없는 수학에서 영零으로 수렴하는 무한소無限小와 같다. 내가 현재를 현재로서 인식하는 것 자체가 흘러가는 시간 속에서의 정신 작용이다. 다시 말해서 나의 현재에 대한 인식은 미래와 과거에 대한 인식이 있기 때문에 가능하다.

우리가 어떤 시점에 특정 사물을 바라본다고 가정하자. 우리는 그 사물을 바라보며 과거의 기억 속에서 어떤 사물이나 사건, 혹은 이미 받은 인상을 회상한다. 그리고 그 회상을 통해 떠오르는 관념이 현재의 인식 대상인 특정 사물에 대한 지식이나 인상과 조합association된다. 이때 우리는 현재적으로 어떤 사물을 보고 있지만, 그 사물을 인식하는 것은 과거의 기억 속에서 이루어지는 회상을 통해서다.

두 사람이 동일한 사물을 보고 있다 해도 그 사물에 대한 두 사람의 인식이나 상상이 다를 수밖에 없는 이유는 그들의 과거 기억이 달라서 서로 다른 종류의 해석을 내놓기 때문이다. 이러한 원리는 미래를 인식할 때에도 마찬가지다. 미래에 대해 말할 때 떠오른 어떤 사물에 대한 관념은 현재로 투사된 과거에 대한 회상과 결합하여 인식된다. 이러한 정신의 작용과 관련해서 다음 몇 가지 사실을 지적하고 싶다.

첫째로, 아우구스티누스는 단순히 현재를 인식 속에서 지나가는 점으로 보았으나 그 점 같은 박막薄膜의 현재는 중립적으로 지나치는 점이 아니다. 그 점은 과거 영역에 의해 해석되는 현재다. 다시 말해서 현재에 대한 인식은 과거의 기억들을 토대로 이루어지는 것이니, 박막의 현재는 해석되는 시간이며 또한 미래에 마주치게 될 현재를 해석하게 하는 기억이다.

둘째로, 현재의 인식 경험은 해석을 통해 다시 과거가 되어, 기억 속으로 들어간다. 사물에 대한 인식은 마음의 수면에서 욕망과 고통, 두려움과 기쁨의 정동을 경험하게 하지만, 일단 기억 속으로 들어가면 마음의 수면으로부터 떨어져 가라앉아서 정동은 사라지고 기억만 남는다. 이렇게 기억에 남은 사물과 사건에 대한 인상과 지식은 또 다른 미래의 자극을 기다리며 침잠되어 있다.

셋째로, 상상을 통한 미래의 현재화는 미래에 속하는 사건과 사람에 대한 관념에 과거 기억 안에서 조합된 것을 투사한 것이다. 미래의 영역에서 이루어지는 투사는 미래 상황에 대한 예측, 과거 기억들의 조합, 그리고 현재로 투사된 과거의 기억을 토대로 이루어진다. 이렇게 인간의 정신은 과거, 현재, 그리고 미래를 넘나들면서 수많은 사물과 사건에 대한 인상을 만들어낸다. 이는 감각의 경험이 현재라는 시간 안에만 묶여 있는 육체와 얼마나 다른가.

넷째로, 과거와 미래는 인간의 인식 속에서 독립적으로 존재하는 것이 아니라 현재의 경험 속에서 상대적으로 존재한다. 다시 말해서 과거와 미래는 현재에 대한 인식 속에서만 존재한다. 이러한 지각과 인식의 방식으로 인간의 정신은 현재와 과거와 미래를 넘나든다. 만약 인간에게 이러한 정신의 능력이 없다면, 아무리 잘 믿는다고 할지라도 지금처럼 하나님과 영원, 그리고 사랑에 대해 풍부하게 알지는 못했을 것이다.

다섯째로, 인식하는 나의 기억 안에서 현재적 인식과 과거의 기억, 그리고 미래에 대한 상상이 공존하는 것은 인간 영혼의 초시간성超時間性을 보여준다. 인간이 시간을 넘나들며 사랑할 수 있는 것도 바로 이 때문이다. 그래서 인간은 현재적으로 사랑하는 대상이 없는데도 사랑하기도 하고, 이미 지나간 과거인데도 그 기억 속에서 현재적으로 사랑하고, 아직 오지 않은 미래에 속하는 사건인데도 그 상황을 상상하며 그 안에서 누군가를 현재적으로 사랑하기도 한다. 이와 관련하여 우리는 다음 사항을 숙고해야 한다. 첫째로는, 감각적 사물을 통해 경험하는 시간은 미래에서 현재로, 현재에서 과거로 흐르며, 이것들은 서로 침투하거나 역행하지 않는다. 둘째로는, 기억과 상상을 통해 경험하는 시간은 과거, 현재, 미래가 서로 침투하여 계기繼起 순서를 뛰어넘는다. 이는 하나님의 영원하고 초시간적 '보심*visio*'을 닮은 것이다. 사물에 대한 경험은 계기적 순서를 따라 기억되지만, 기억을 불러낼 때는 그 발생 순서에 상관없이 부름의 의도와 관련하여 강한 인상을 남긴 기억이 우선 떠오른다.

아아, 끝없이 흘러가서는 다시 오지 않는 시간의 연속이여! 그 안에서 유한하기 그지없는 인간이여! 밖으로는 무한한 세계 안에서 외롭고, 안으로는 스스로도 그 끝을 인식할 수 없는 내면의 심연 속에서 외롭다. 그리고 그 외로움은 우리가 하나님 없이 살 수 없도록 창조된 존재임을 찰나와 기억 속에서도 확인하게 한다.

|

Vbicumque ergo sunt, quaecumque sunt, non sunt nisi praesentia(11.18.23).

어디에 있든지 무엇이 되었든지 오직 현재로서 존재하는 것이옵나이다.

93

시간과 영혼의 찢김

아우구스티누스는 영혼을 찢어놓는 것은 시간이라고 했다. "지금은 저의 세월이 한숨 속에 허비되고 있사옵기에, 주님, 당신은 저의 위로이시니이다. 당신은 저의 아버지이시며 또한 영원하시기 때문이옵나이다. 그러나 저는 종잡을 수 없는 시간 속에서 산산이 부서지나이다. 제가 당신 사랑으로 정결하게 되고 자신이 녹아 주께로 흘러들어가 하나 되기까지 저의 영혼에 가장 친숙한 깊음들 속에서 저의 생각은 소란스러운 변전으로 말미암아 가리가리 찢어지옵나이다"(11.29.30).

아우구스티누스가 말하는 영혼의 찢김과 시간의 관계에 대한 나의 생각은 이러하다. 시간은 미래에서 현재를 거쳐 과거로 흐른다. 이때에 사람은 육체의 감관을 통해 들어오는 정보로 사물을 인식한다. 그런데 이 사물에 대해서도 시간은 미래에서 현재를 거쳐 과거로 흐른다. 다시 말해서 인식하는 자는 흐르는 시간 속에서 박막의 현재를 사는 유한한 존재로서 자신과 똑같이 흐르는 시간 속에 서 있는 사물을 인식하는 것이다. 이 사물은 시간 속에서 변전을 거듭하고, 인식하는 자 역시 변전을 거듭하는 가운데 사물을 인식한다. 따라서 변전하는 인식자가 변전하는 사물을 누리는 것은 찰나를 찰나로 나눈 것과 같다.

사물을 인식하며 받은 이런 감각들은 인식자 안에 기억으로 남는다. 그러나 과거에 속하는 기억은 언제나 불완전할 수밖에 없다. 사물들에 대한 인상이 정확하지 않았을 수도 있고, 또 인상이 정확했다 하더라도 그 인상이 기억 속에 항상 또렷이 남아서 판단에 영향을 주는 것은 아니기 때문이다. 그런데 어떤 사물이나 사태를 인식하는 관찰자는 과거의 불완전한 기억을 토대로 현재의 판단을 내린다. 과거의 기억이 불완전하니 현재의 판단 역시 불완전할 수밖에 없다.

한편, 미래에 대한 예측은 상상에 의지한다. 불완전한 과거의 기억과 불완전한 현재의 판단으로 이루어진 자료가 상상의 기초가 된다. 그러므로 미래에 대한 판단 역시 불완전할 수밖에 없다. 더욱이 과거의 기억과 현재의 판단, 미래에 대한 예측에는 욕망으로 말미암아 사물의 표상에 현혹되기 쉬운 인간의 정신이 관여한다. 아우구스티누스가 말한 '영혼의 찢김'은 실체에 관한 것이 아니라 기능과 작용에 관한 언급이다. 그는 욕망으로 말미암은 정신의 분산과 지성의 혼란으로 영혼의 찢김이 가속화된다고 보았다. 그리하여 인간의 모든 판단은 신뢰하기 어려운 결함을 갖게 된다.

과거의 기억, 현재의 판단, 미래의 바라봄의 불완전성으로 인해 결함이 있을 수밖에 없는 것이 인간의 인식인데, 여기에 표상의 현혹까지 개입되면서 영혼의 찢김은 더욱 심각해진다. 이러한 표상의 현혹은 시간을 타고 이루어진다. 그래서 아우구스티누스는 진리의 빛 안에서 영원의 시각을 가지고 사물을 볼 수 있도록 인간의 지성이 맑아져야 함을 강조한다.

삶의 의미는 죽음의 빛 아래서 볼 때 정확하고, 찰나의 시간 속에 있는 사물은 영원의 시각으로 보아야 그 의미를 정확히 알 수 있다. 더욱이 실제적으로 그러한 지성의 판단을 따라 살기 위해서는 영원에 대한 사랑이 요구된다. 영원에 대한 사랑은 하나님이 계획하신 우주적 사랑의 질서를 기꺼이 받아들이고 그 안에서 행복을 누리게 할 터이기 때문이다. 시간은 영혼의 정신 작용을 분열시키지만, 영원은 그것을 하나로 만든다. 그리하여 인간은 시간 속에 살면서도 정신에 있어서 시시때때로 시간을 극복해야만 사물들의 잠세성을 통해 하나님의 영광을 파악할 수 있다.

시간은 참으로 신비하다. 하나님이 인간에게 자신의 영광을 드러내는 데 꼭 필요할 뿐 아니라, 이 세상에서 인간이 하나님의 영광을 드러내는 데에도 꼭 필요한 것이 시간이다. 그러나 또한 시간은 공간과 함께 인간으로 하여금 그 일에 충실하지 못하도록 영혼을 찢는 원인이 되기도 한다. 그러므로 우리의 영혼이 불완전한 감각으로 말미암아 찢어지지 않도록 진리의 끈으로 우리의 영혼을 붙들어 매야 한다.

|

Nunc uero anni mei in gemitibus, et tu solacium meum, domine, pater meus aeternus es; at ego in tempora dissilui, quorum ordinem nescio, et tumultuosis uarietatibus dilaniantur cogitationes meae, intima uiscera animae meae, donec in te confluam purgatus et liquidus igne amoris tui(11.29.39).

지금은 저의 세월이 한숨 속에 허비되고 있사옵기에, 주님, 당신은 저의 위로이시니이다. 당신은 저의 아버지이시며 또한 영원하시기 때문이옵나이다. 그러나 저는 종잡을 수 없는 시간 속에서 산산이 부서지나이다. 제가 당신 사랑으로 정결하게 되고 자신이 녹아 당신께로 흘러들어가 하나 되기까지 저의 영혼에 가장 친숙한 깊음들 속에서 저의 생각은 소란스러운 변전으로 말미암아 가리가리 찢어지옵나이다.

94

질료와 형상

아우구스티누스의 창조론에서 질료質料와 형상形相의 관계에 대한 나의 생각은 이렇다.

아우구스티누스는 만물이 창조되기 전에 형상이 없는 질료가 먼저 창조되었다고 본다. 이 질료는 비가시적인 것이며, 따라서 없는 것이다. 그러나 또한 만물의 존재 원인이 되는 재료라는 점에서는 있는 것이다. 그는 질료는 시간 속에서 소멸하거나 사라지는 무상성을 벗어난 존재라고 보았다.

아우구스티누스는 창세기 1장 2절에 나오는 '혼돈하고 공허한' 상태가 바로 그것이라고 보았다. 이러한 질료는 사물의 질료를 위해 공급될 물질의 기반이 되고, 그 질료가 집합되어 개별 사물이 되게 하는 것이 형상이다. 이 형상은 개별 사물에 대한 하나님의 지성 안에 있는 관념과 일치한다.

창조된 물질은 시공간 안에서 부패하고 사라진다. 그래도 형상은 남는다. 물질적 존재가 모두 사라진 뒤에도 형상은 존재하며, 시간과 공간 안에서 사라진 가시적 물질들 또한 공간 안에서 질료로 회귀한다. 이러한 설명은 사변적인 것처럼 보이지만 자연 만물의 끊임없는 생성과 소멸을 설명해주고, 특별히 성도의 육체의 부활에 대해 설명해준다.

나는 이 문제에 관한 아우구스티누스의 생각을 다 받아들일 수는 없다고 생각한다. 질료도 결국 하나님의 물질적 피조물인데, 그것은 무슨 형상을 따라 창조된 것이 아니고 거의 없는 것과 같다는 아우구스티누스의 설명은 만족스럽지 않다. 더욱이 개별 사물의 물질적 요소가 사라진 후에 형상이 어떤 방식으로 존재하는가도 여전히 의문으로 남는다.

질료와 형상에 대한 아우구스티누스의 사유는 상당 부분 플라톤주의에 의존하고 있지만, 그는 더 깊은 사유를 계속했다. 그리하여 자신이 이해한 바를 기술한다 할지라도 그것을 끝까지 읽고 이해할 사람이 많지 않을 것이라고까지 했다. (그래도 해보았으면 좋았을 텐데.) 그는 물질적 사물의 불변하는 본질과 변하는 양상이 어떻게 조화를 이룰 수 있는지 설명하고자 했다. 사물이 생성하고 소멸하는 끊임없는 변화 자체가 질료가 형상을 받아들이고 또 질료가 형상과 분리되는 것이라고 보았다. 인간은 꼭 알아야 할 것들에 대해 무지할 권리가 없다. 가장 쓸모없어 보이는 지식이 사실은 쓸모 있어 보이는 지식보다 중요하다. 《장자莊子》의 내편內篇 인간세人間世에는 이런 말이 나온다. 인개지유용지용 이막지무용지용야人皆知有用之用 而莫知無用之用也. "사람들은 모두 쓸모 있는 것의 쓸모는 알아도 쓸모없는 것의 쓸모는 모른다"라는 의미다. 그러므로 하나님을 알기 위해 필요한 지식의 습득이라면, 무엇에든지 게으르지 말자.

|

citius enim non esse censebam, quod omni forma priuaretur, quam cogitabam quiddam inter formam et nihil nec formatum nec nihil, informe prope nihil(12.6.6).

모든 상이 박탈된 '존재하지 않음'은 제가 형상도 아니고 무도 아닌, 형상과 무 사이의 어떤 것이라고 생각하는 것보다 '무형적인 거의 무'라고 생각하는 것이 더 쉬운 탓이옵나이다.

95

천상 세계와 지상 세계

하나님은 세계를 창조하셨으니 천상 세계와 지상 세계가 그것이다. 지상 세계가 물질적 사물로 이루어진 세계라면, 천상 세계는 영적 사물로 이루어진 세계다. 두 세계는 서로 다르지만 창조된 목적은 동일하니, 그것은 하나님의 영광을 나타내게 하기 위함이다. 두 세계는 서로 다르면서도 밀접히 연관되어 있다. 천상 세계는 지상 세계의 관념이며 이상이기도 하다. 이러한 사실은 예수 그리스도가 우리에게 기도할 바를 가르치실 때에 나타났다. "뜻이 하늘에서 이루어진 것과 같이 땅에서도 이루어지이다"(마 6:10).

하나님은 세계에 자신의 존재를 의존하지 않으신다. 천상 세계와 지상 세계가 존재한다고 해서 하나님의 존재가 그것들 때문에 더 온전해지는 것은 아니다. 하나님은 시간과 공간을 초월하여 모든 것을 보시고 아시는 분이다. 이 '보심'과 '아심'은 시간과 공간 속에서도 그대로 이어지므로, 하나님의 지성과 의지가 나타난 이 세상을 바라보실 때 그것이 무엇이든 하나님에게는 새로운 것이 전혀 없다. 그러나 하나님은 마치 새로운 것을 보신 것처럼 당신의 마음을 우리에게 전달하신다. 이로써 시간과 공간 안에 묶인 인간 존재와 그것들을 초월하시는 하나님 사이의 교통이 가능해진다. 단지 영적 교통뿐 아니라 하나님의 지성 안에 있는 생각이 우리의 지성에 전달되고, 하나님의 의지 안에 있는 사랑이 우리 마음에 전수된다. 무한하고 완전하신 하나님이 유한하고 불완전한 인간들과 교제하기 위해, 마치 그분이 우리의 눈높이로 낮아지기라도 하신 것처럼 우리를 대해주시니 이 얼마나 놀라운 일인가!

천상 세계와 지상 세계의 관계는 인간의 정신과 육체의 관계와도 유사하다. 천상에서 완전한 것이 지상에서는 불완전하며, 천상에서 지극히 아름답기만 한 것이 지상에서는 아름다운 것과 추한 것이 섞인 채로 존재한다. 지상 세계는 물질로 이루어져 있고, 사물들 간의 질서는 대부분 하나님이 물질 안에 부여하신 법칙으로 이루어져 있다. 너무나 엄격하게 규칙을 따르고 있어서 모든 운동과 작용을 수학적으로, 화학적으로 설명할 수 있을 정도다. 지금까지 발견된 수학이나 화학으로 설명되지 않는 것들은 앞으로 설명될 것이다.

아우구스티누스는 천상 세계와 지상 세계 사이의 가장 중요한 차이를 무상성無常性에서 찾았다. 천상 세계는 '최고의 있음'이신 하나님에게 가까이 있음으로 말미암아 영원하고 완전하며 불변하다. 소멸과 부패의 가능성에서 완전히 자유로운 상태인 것이다.

일체의 무상성이 배제된 천상 세계와 달리, 지상 세계는 물질적인 요소가 시간의 흐름 속에서 끊임없이 소멸해감으로써 지금 있는 상태가 어떠하든지 무상성에 종속되어 있다. 따라서 인간은 지상 세계에서 자신의 육체를 포함해서 끊임없이 만나는 모든 물질적 사물, 곧 무상성의 존재들에게서 의미를 찾아야 한다.

인간은 부단히 변전하는 물질적 요소가 갖는 의미를 뛰어넘어, 그것들이 눈에 보이지 않는 영적 사물과 갖는 관계 속에서 어떤 의미를 파악할 수 있어야 한다. 눈에 보이는 물질적 사물들 사이의 관계뿐 아니라 그 물질적 사물들과 천상 세계의 관념들과의 관련성도 파악하여 의미를 찾을 수 있어야 하는 것이다. 무無로 회귀할 지상 세계의 물질들에서 그 이상의 의미를 발견하고, 비록 물질로 이루어진 육체를 가지고 있지만 그것에 얽매이지 않는 영혼과 정신을 소유해야 하는 것도 바로 이 때문이다. 그렇게 함으로써만 천상 세계의 관념들을 지상 세계에 구현하는 삶을 살 수 있고, 그렇게 살아감으로써만 하나님이 이 세상을 창조하시고 우리를 지으신 목적에 조금이라도 이바지할 수 있기 때문이다.

시간과 공간 안에 사는 유한한 존재인 우리가 영원을 생각하고, 지상의 물질세계를 살아가는 우리가 천상의 영적 세계를 깊이 묵상해야 하는 이유가 여기에 있다.

|

Tu eras et aliud nihil, unde fecisti caelum et terram, duo quaedam, unum prope te, alterum prope nihil, unum, quo superior tu esses, alterum, quo inferius nihil esset(12.7.7).

당신은 계셨고 그 외는 아무것도 없었으니 거기로부터 당신은 하늘과 땅 곧 두 실재를 지으사 하나는 당신께 가까이 있게 하시고 다른 하나는 무無에 가까이 있게 하셨사옵니다. 하나에 대해서는 당신만이 그것보다 뛰어나게 하셨고, 또 다른 하나에 대해서는 아무것도 그것보다 낮은 것이 없게 하셨나이다.

96
질료와 무상성

아우구스티누스가 사물들이 형상과 질료로 이루어져 있다고 주장한 것은 기본적으로 플라톤주의를 따른 것이다. 그는 창세기 해석을 통해 창조와 질료, 시간과 무상성에 관한 이론을 구체화했다.

그는 질료*hyle*를 다음과 같이 설명한다. "당신이 만드신 이 땅은 형태가 잡히지 않은 물질이었기에 그것은 보이지도 않고 형태도 없는 것이었고, 흑암이 깊음 위에 있었나이다. 그 보이지 않고 형태도 없는 땅에서, 거의 무에 가까운 이것에서부터 당신은 모든 것을 지어내셨으니, 이로 말미암아 변전하는 우주가 생기게 되었나이다. 거기에는 변전이 있기에 덧없는 것이며, 거기에서 시간이 감각되고 계산될 수 있는 것은 시간이란 사물의 변전으로 이루어지기 때문이오니, 변전하는 모든 것의 바탕은 위에 말씀드린 보이지 않는 땅이옵나이다"(12.8.8).

아우구스티누스는 천상 세계와 달리 지상 세계는 두 단계로 창조되었다고 보았다. 즉, 하나님에게 가까운 하늘(천상 세계)과 무에 가까운 땅(지상 세계)은 태초에 만들어졌고(창 1:1), 그 후에 엿새 동안 지상 세계를 구성하는 물질적인 사물들이 만들어졌다(창 1:3-31)고 보았다. 그에 따르면, 지상 세계의 두 단계 창조의 중간 상태는 질료의 상태로, 하나님은 만물의 밑감으로서 무형의 질료를 먼저 창조하셨다. 그것이 바로 창세기 1장 2절에서 말하는 '혼돈하고 공허하며*tohu wabohu*'와 '깊음*tehom*'이다.

아우구스티누스는 만물의 '밑감'으로 창조된 질료는 전적으로 하나님에게 의존하고 있으며, 이를 통해 형상을 부여받은 만물이 시간의 흐름을 따라 변전하는 무상성에 완전히 종속되지 않는다고 보았다. 아마도 아우구스티누스는 천상 세계의 물질과 지상의 질료를 사실상 동일한 것으로 보았던 것 같다. 지상 세계에는 무상성을 초월하는 사물이 없지만, 형상形相이 부여되기 이전의 질료는 시간에 의해 변전하는 무상성을 초월하기 때문이다. 질료의 창조가 6일 창조에 들어가지 않는다고 생각한 이유도 바로 이 때문이다.

아우구스티누스는 천상 세계의 창조가 첫째 날 이전에 이루어진 것처럼 질료의 창조도 첫째 날 이전에 이루어졌다고 보았으니, 이는 6일 창조hexameron는 무상성을 지닌 물질적 사물들이 형상을 받는 과정이었다고 생각했기 때문이다. 그래서 형상들의 창조가 첫째 날 이전이었던 것처럼 만물의 밑감인 질료의 창조도 그러하다고 보았다.

그러나 질료도 물질인데 물질이 어떻게 시간에 의한 변전을 초월해 마치 영혼이 그러하듯 무상성이 없을 수 있는지에 대한 의문이 여전히 남는다. 또한 영혼도 어떠한 질료를 밑감으로 하는지, 물질적 사물을 창조하기 위해 형상을 부여하는 방식과 영적 사물을 창조하기 위해 형상을 부여하는 방식은 어떻게 다른지, 영적 사물도 질료 위에 형상이 부여됨으로써 개별 사물이 되는 것인지 등등 많은 의문이 제기된다.

아우구스티누스는 이러한 의문에 답을 주지 못했다. 다만 천상 세계는 '최고의 있음*summa esse*' 가까이에서 하나님을 직관하기에 '있음*esse*'의 세계이고, 지상 세계는 시간에 따라 변전하는 사물로 이루어져 있기에 '있지 않음*non esse*' 가까이 있는 세계라고 보았다. 인간이 참으로 잘 살기 위해서는 자신이 불멸의 영혼을 가진 존재이기는 하나 무상성에 종속하는 육체와 함께 존재한다는 사실을 자각하고, 지상 세계에서 일어나는 사건의 의미를 천상 세계의 빛으로 조망하며 살아야 한다. 보이는 지상 세계가 다가 아니기 때문이다.

유한한 것에서 나온 모든 것은 유한하며, 유한한 것이 무한하게 되는 경우는 무한한 존재로부터 그렇게 되도록 덕을 입었을 때뿐이다. 우리가 하나님을 생각하며 교만하지 말아야 할 이유가 여기에 있다. 무상한 육체와 시간의 변전에 굴복하지 않을 영혼을 아울러 가졌기에 인간은 행복과 불행의 심연 사이를 지난다. 진리의 줄을 굳게 붙들고 존재의 울림이 있는 삶을 살아가기 위해서는 시선을 영원으로 향하게 하여야 한다. 불행을 위해 부르짖는 사자의 울음에도 두려워하지 않는 담대함으로.

|

Ista uero informitas terrae inuisibilis et incomposita, nec ipsa in diebus numerata est. Vbi enim nulla species, nullus ordo, nec uenit quidquam nec praeterit, et ubi hoc non fit, non sunt utique dies nec uicissitudo spatiorum temporalium(12.9.9).

하오나 원래의 형체 없음, 즉 아직 눈에 보이지도 않고 모양을 갖추지 않은 땅은 날들을 계산하는 가운데 언급되어 있나이다. 거기에는 형체도 없고 질서도 없으며 아무것도 오는 것이 없고 사라지는 것도 없사옵나이다. 이런 일이 일어나지 않는 곳에서는 확실히 날들을 셀 수 없고 시공간의 변전도 없사옵나이다.

97

천상 사물의 불변성

지상에는 지상 사물이 있고, 천상에는 천상 사물이 있다. 지상 사물은 천상 사물들과는 달리 시간에 의해 변전하고 그 본래의 상태인 질료로 회귀하려고 한다. '무에서' 창조된 사물이기에 항상 무로 돌아가려는 경향성을 보이는 것이다.

사물이 무로 돌아가려는 경향성은 시간과 관련이 있으니, 완전성을 상실하거나 형상을 부여받은 질료가 고유한 형태를 상실하는 것이 시간의 흐름 속에서 나타나기 때문이다.

아우구스티누스는 창세기 1장 1절의 '하늘*shamaim*'이 '하늘의 하늘'로서 '지적인 하늘'을 의미한다고 보았다. 또 거기서는 지성이 모든 것을 한꺼번에 인식하여 시간의 흐름을 초월하는 앎을 누리게 된다고 했다. "거기서는 지성이 무엇이든 한꺼번에 모두 인식하므로, 부분적으로나 희미하게나 거울로 보듯이가 아니라, 마치 얼굴과 얼굴을 직접 맞대어 보듯이 아옵나니, 그것은 지금은 이것을, 다음엔 저것을 아는 따위가 아니오라, 방금 아뢰었듯이 시간적 변화 없이 단번에 모든 것을 인식하는 것이옵나이다"(12.13.16).

그러나 나는 아우구스티누스의 이러한 해석에 동의하기 어렵다. 물론 거기에서 우리는 이 땅에서 인식하는 것과는 다른 방식으로 사물을 인식할 것이다. 여기서와 달리 시간과 공간의 제약에 철저히 묶이는 일 없이 사물을 관찰하게 될 것이다. 관측의 대상이 되는 사물의 부패성과 변전함, 그것을 바라보는 인간의 지성의 한계와 부패성으로 말미암는 판단 오류 같은 것이 거기에는 없을 터이기 때문이다.

그러나 하늘의 천사들이라도 알지 못하는 '그날'이 있다는 것은 천상의 피조물인 천사들에게도 곧 시간의 개입을 통한 앎의 단절이 있다는 것인데, 그렇다면 어떻게 천상의 사물이 시간적 변화 없이 단번에 모든 것을 인식한다고 말할 수 있겠는가? 그런 논리라면 천상 세계에서 천사와 우리 인간이 사물을 아는 것과 하나님이 사물을 아는 것 사이에 사실상 차이가 없는 것이 아니겠는가? 그러한 사색은 하나님과 인간 사이의 절대적인 질적 격차를 숙고할 때 성경적으로 보이지 않는다.

다만 우리가 인정할 수 있는 것은 지상 세계에서는 사물이 부패성에 종속되고 선한 상태를 상당 부분 상실했을 뿐만 아니라 사물들을 관찰하는 인간 역시 죄와 부패성으로 말미암아 인간으로서 지정받은 지성과 의지의 기능을 온전히 사용하지 못한다는 사실을 고려하면, 천상 세계에서의 지식과 사랑은 지상에서의 그것과는 비교할 수 없는 탁월한 지식과 사랑일 것이다. 그 둘의 차이는 마치 밤하늘의 천체를 지상에서 어린아이의 장난감 같은 망원경으로 보는 것과 우주 공간에 설치한 허블망원경으로 보는 것의 차이만큼이나 극명할 것이다.

인간이 참된 지혜 안에서 하나님을 향해 사는 것을 끊임없이 방해하던 사물의 표상들이 주는 현혹도 없을 것이기에 인간의 지성과 의지는 천국에서 자신에게 할당된 분량만큼의 완전한 자유를 누리며 하나님을 기뻐할 것이다. 천상에서 그의 모든 지식은 언제나 하나님의 속성과 그 시행 방식에 대해 더 확장된 지식을 가져다줄 것이고 이로써 인간은 하나님의 아름다움과 선하심에 더 깊은 사랑의 정동을 경험할 것이기 때문이다.

지상에서 천사의 영광을 묵상하며 사는 것은 얼마나 놀라운 특권인가. 시련과 고난 속에서도 아주 낙심하지 않을 수 있는 것은 바로 천상의 영광에 대한 소망 때문이다. 눈에 보이는 것이 전부가 아니기에, 이 세상을 살되 세상을 사랑하고 인간을 신뢰하는 대신 하나님을 의지할 용기를 갖는 것이다. 영원의 빛 아래서 잠세적인 것들의 가치를 파악하고 존재의 질서를 따라 살아간다면 극단적인 어리석음에 빠져 어둠속을 헤매는 일은 없을 것이다.

출렁거리는 육욕은 어둠의 일이며, 영원한 것들에 대한 무관심 속에서 그 힘이 더 강해진다. 그러므로 샘물처럼 맑은 사람이 되자. 이 세상 욕심의 탁류가 우리의 마음에 굽이쳐 흐르지 못하게 하자.

|

Hinc ergo intellegat anima, quae potest, quam longe super omnia tempora sis aeternus, quando tua domus, quae peregrinata non est, quamuis non sit tibi coaeterna, tamen indesinenter et indeficienter tibi cohaerendo nullam patitur uicissitudinem temporum(12.11.13).

그러므로 여기서 그것을 파악할 수 있는 어떤 영혼이든지 당신께서 어떻게 모든 잠재적인 변전을 초월해 계신 영원한 분이심을 알게 하여야 하는 바 다른 곳에 떠도는 법이 없는 당신의 가족들(천사들)은 비록 당신과 꼭 같이 영원하지는 않지만 당신께 굳게 붙어 있음으로써 흔들림 없이 어떠한 시간의 변화도 겪지 않사옵나이다.

98
영원에 참여하는 방식

무지 가운데 방황하던 죄인이 어떻게 하나님을 향해 질서 잡힌 삶을 살 수 있을까? 아우구스티누스는 덧없는 자유를 찾아 방황하던 시절, 육체의 쾌락과 함께 정신의 허무와 영혼의 고통도 깊이 맛보았다.

그는 회심을 하고 난 후 비로소 인간의 진정한 자유는 진리에 묶이는 데 있음을 깨달았다. 이는 노예적 속박에 의한 묶임이 아니라 인격적인 사랑에 의한 묶임이다. 그는 이것을 '영원에의 참여*participatio aeternitatis*'라고 말했는데, 유한하고 잠세적인 인간이 자신의 영혼에 부여된 하나님의 형상과 불멸성으로 말미암아 영원하고 완전하신 하나님과 연합을 이루는 것을 가리킨다. 이는 곧 잠시 있는 창조된 사물이 무한하고 영원하신 하나님과 사랑으로 영적인 일치를 이루는 것이다. 아우구스티누스는 이 과정을 다음과 같이 정리한다.

첫째로, 지순애至純愛다. 이 세상이나 세상에 있는 것들, 곧 육신의 정욕과 안목의 정욕과 이생의 자랑을 버리고 하나님을 사랑하는 것이다. 이러한 사랑은 곧 자기에게서 돌이켜 하나님에게 향하는 사랑의 돌이킴이며 하나님의 은혜에 의해서만 가능한 변화다.

둘째로, 정화淨化다. 아우구스티누스에게 명정한 지성은 순전한 사랑의 또 다른 국면이다. 둘은 구분되지만 이것 없이 저것에 도달하지 못한다. 하나님과 사람에 대한 순전한 사랑은 정신의 정화를 통해 명정한 지성의 활동을 가져온다.

셋째로, 바라봄*visio*이다. 정신의 정화를 통해서 하나님을 바라보되 사랑의 일치 안에서 지성을 하나님으로 가득 채우는 것이다. 이것은 진리 이해를 초월한 신비적 명상의 상태라기보다는 진리를 인식하는 지성 안에서 하나님의 성품과 만나는 정신의 집중이다.

넷째로, 만족滿足이다. 하나님을 향하는 지성이 하나님의 선하심과 아름다움으로 가득 채워질 때 그 안에서 인간은 완전한 만족을 얻는다. 세속의 욕망을 동물적으로 채우는 데서 얻는 일시적 만족이 아니라 욕망하는 주체의 성향이 변화되어 얻는 '질림'이 없는 만족이다. 마치 엄마의 젖을 실컷 빨고 난 아이가 스르르 잠이 들어 더는 바라는 것이 없는 평안한 상태로 엄마 품에 안겨 있는 것과 같은 완전한 만족이다.

다섯째로, 정향定向의 삶이다. 이는 하나님을 향하여 충분히 고정된 마음으로 그분을 향해 사는 것이다. 의지는 하나님을 향한 사랑으로 채워지고, 지성은 하나님의 선함과 아름다움을 향함으로써 이런 삶이 가능해진다. 이 상태를 지속적으로 유지하기 위해서는 늘 하나님의 진리의 빛과 은혜의 힘이 필요하다. 정향의 삶을 살아가기 위해서는 흔들리게 하는 모든 것들과 겨루어 이길 수 있는 힘이 필요하다. 때때로 이것은 엄청난 힘을 필요로 하는데, 이는 신자가 회심을 통해 부여받은 삶의 목표를 따라 살아가는 것이 얼마나 어려운지를 보여준다.

인간은 시간 속에 매여 살기에 결코 스스로 영원을 경험할 수 없다. 영원은 오직 사랑을 통해 경험된다. 인간은 영원 자체이신 하나님을 사랑함으로써 영원한 것들이 무엇인지 경험할 수 있다. 이처럼 우리는 영원한 것이 무엇이며, 어떻게 사는 것이 영원을 향하여 의미 있는 삶인지를 사랑을 통해서 배운다. 왜냐하면 사랑 그 자체가 영원에 속한 것이기 때문이다. 우리의 가장 큰 본분은 하나님을 사랑하는 것이다. 숨이 맺는 그 순간까지 이것을 기억하자. 우리는 하나님을 아는 만큼만 사랑할 수 있고 사랑하는 만큼만 알 수 있으니, 그분을 아는 일에 게으르지 말고 사랑하는 일에 순전함을 잃지 말아야 한다는 사실을.

|

Haec est domus dei non terrena neque ulla caelesti mole corporea, sed spiritalis et particeps aeternitatis tuae, quia sine labe in aeternum(12.15.19).

이것이 하나님의 집, 곧 지상의 것도 아니고 천체의 질량적 건축물도 아닌 당신의 영원에 참여하는 영적인 구조이니 이는 영원토록 흠이 없사옵나이다.

99

만물의 회귀

창조된 모든 만물에 대해 말하자면, 개별적 사물에 대한 관념뿐 아니라 그 사물들이 다른 사물들과 이루는 상호 관계에 대한 관념까지 이미 하나님의 지성 안에 있었다. 중세 철학자 안셀무스에 의하면, 그 관념이 하나님의 존재보다 우선한다고 말할 수는 없으나, 하나님은 이전에 없었던 관념을 새로 가지실 수 없으니 하나님과 함께 영원하다고 말할 수 있다.

아우구스티누스는 지상 세계의 만물이 창조되기 전에 '창조된 지혜'가 있었다고 말한다. "하늘과 땅을 지으신 그 지혜를 말하는 것이 아니오라 창조된 지혜 즉, 빛을 관상하는 빛인 지적 본성을 말하는 것이오니 창조되었을지라도 역시 지혜임에는 틀림없사옵나이다. 그러나 비추는 빛과 비춤을 받는 빛의 차이는 창조하는 지혜와 창조된 지혜의 차이만큼이나 큰 것이오니 이는 마치 의롭게 하는 의로움과 칭의 안에서 일어나는 의로움 사이의 차이와 비슷하옵나이다"(12.15.20).

여기서 아우구스티누스가 말하는 '창조된 지혜*sapientia creata*'는 곧 하나님을 인식하는 인간 안에 있는 빛을 의미한다. 진리가 '비추는 빛'이라면 '비춤을 받아 생긴 빛'은 진리를 알 수 있도록 부여받은 지성의 인식 능력이다. 인간의 지성은 빛이 아니고 진리만이 빛인데, 그 진리의 덕을 입어서 진리를 인식할 수 있는 능력이 인간의 지성에 부여된 것이다. 이는 마치 빛을 받는 거울이 있어서 빛이 비칠 때는 빛을 반사할 수 있지만, 빛이 사라지면 반사할 수 있는 능력이 있어도 빛을 반사할 수 없는 것과 같은 이치다.

인간의 진리 인식 능력은 하나님이 창조하신 것이 틀림없으나, 진리의 빛이 비추고 있는 한 시간의 개입으로 무상하게 변전하지는 않는다. 시간은 변전하는 사물들이 있기에 측정된다. 그러므로 시간과 짝을 이루는 개념은 영원이 아니라 존재다. 영원하고 무한하고 완전한 '존재存在'를 통해서만 영원이라는 개념을 설정할 수 있기 때문이다.

인간의 영혼이 언제부터 실재적으로 존재했는가 하는 의문에 대한 답변은 크게 세 가지 학설로 나뉜다. 개별적 영혼이 창조된다는 창조설, 영혼들이 미리 있던 곳에서 태어나는 육체에 할당된다는 선재설先在說, 부모로부터 물려받는다는 유전설이 그것이다. 아우구스티누스는 이 세 가지 중 자신이 어느 입장에 서 있는지 명확히 밝히지는 않았다.

나는 영혼의 기원에 관하여 그가 선재설과 유전설의 입장 사이에 서 있었다고 생각한다. 이러한 사실은 행복에 관한 그의 다음 고백에서도 엿볼 수 있다. "정말로 그렇다면 언젠가 우리는 행복했을 것이옵나이다. 사람마다 각자 행복했었는지, 최초로 죄를 범한 그 사람, 그로 말미암아 우리가 다 죽었고 그를 좇아 우리가 비참한 생명을 타고나게 된 바로 그 사람 안에서 행복했었는지는 지금 논하고 싶지는 않사옵나이다"(10.20.29).

아우구스티누스는 인간의 영혼이 지적 본성과 함께 시간이 도입되기 이전에 만들어졌다고 보았다. 나는 그의 이러한 주장에 결코 동의하지 않는다. 그는 인간의 영혼이 하나님에 의해 창조된 것은 인정하나, 그 시점이 시간적 피조물을 앞서, 시간이 아직 없던 때라고 보았다. 그러나 영혼 창조에 대한 이런 인간의 지적 본성을 하나님의 관념과 동일하게, 하나님에게서 분리되지 않게 한다는 점에서 잘못된 것이다.

영혼이 창조된 것이 어느 시점인지는 그리 중요하지 않다.

경건의 삶을 살기 위해서는 인간의 영혼과 지적 본성을 하나님이 창조하셨을 뿐 아니라 그 기능과 작용도 하나님에게 의존한다는 사실을 기억하는 것만으로 충분할 것이다.

잠시 살다가 사라지는 인생이 덧없어 보여도, 인간은 우주를 휘돌아 당신 자신에게로 회귀하는 하나님 사랑 안에 있다. 비록 시간 속에서 태어나 시간과 함께 사라지는 존재이나, 영원한 하나님의 사랑을 받으며 살아가는 존재이니, 인간은 얼마나 복된 존재인가? 그러므로 전심으로 하나님을 사랑하자. 그렇게 하지 못하게 하는 모든 것에 대항하여 피 흘리기까지 싸우자(히 12:4). 하늘로부터 내려오는 은혜의 힘은 그렇게 살게 하려고 주어지는 것이다.

|

etsi non inuenimus tempus ante illam, quia et creaturam temporis antecedit, quae prior omnium creata est, ante illam tamen est ipsius creatoris aeternitas … (12.15.20).

우리는 이 지혜보다 앞선 시간에 대한 언급을 찾을 수 없사오니, 이는 모든 것보다 먼저 창조된 지혜가 시간의 창조보다 앞서기 때문이며 그렇다고 할지라도 창조주 자신의 영원성은 그 지혜보다 앞서나이다.

100

은총과 절대 의존

《고백록》은 지극히 높고 위대하신 하나님에 대한 찬송으로 시작하여, 지극히 자비롭고 은혜로우신 하나님을 향한 기도로 끝을 맺는다. 이 위대한 작품이 이러한 구성을 취하는 것은 결코 우연이 아니다.

아우구스티누스에게 인간은 모든 피조물 중 가장 탁월하고 고귀한 존재다. 인간이 지니고 있는 존엄과 가치의 핵심은 바로 자유다. 인간은 자신을 하나님을 향하여 있는 존재로 정위定位함으로써 다른 사람 및 자연 세계와 올바른 관계를 맺게 되고, 그렇게 할 때 진정으로 자유로운 존재가 될 수 있다. 그렇게 살아가는 삶을 통해 인간으로서의 탁월성과 존엄한 가치가 온전히 드러난다.

아우구스티누스는 인간이 악한 본성 때문에 자신에게 정해져 있는 위치에 머물기를 원치 않는 것이 인간의 가장 큰 문제라고 보았다. 이로써 인간은 진정으로 자유로워질 수 있는 길을 버리고, 결국에는 속박될 수밖에 없는 길을 택함으로써 불행으로 나아간다는 것이다. 인간이 눈앞의 자유를 위해 속박을 택하는 이유는 그가 본성적으로 하나님을 미워하고 대적하려는 절망적인 내면을 지닌 존재이기 때문이다.

인류의 사상사를 회고할 때, 인간이 하나님을 의지적으로 대적하는 사상을 집요하게 구축한 역사는 종교의 미명 아래 인간의 자유를 짓밟은 역사만큼이나 잔인하다. 천재적인 지성으로써 하나님 없는 사상의 밑바닥까지 내려가 본 사람으로서, 아우구스티누스는 기독교 신앙이 어떻게 진정한 철학이 되고, 참으로 인간다운 삶을 보장하는 종교가 될 수 있는지를 설파하는 내용으로《고백록》을 채웠다.

그는 이 책에서 인간이 얼마나 악하고 추해질 수 있는지를 자신의 경험을 통해 보여주고, 그런 인간에게도 하나님께 돌아갈 희망이 있다는 사실을 은총의 경험을 통해 보여주었다.

우리는《고백록》의 마지막 구절에서 인간이 불완전한 비참과 하나님의 무한한 은총 사이를 가로지르는 희망을 본다. 그 희망은 바로 하나님을 향한 인간의 절대 의존으로부터 나온다. 아우구스티누스는 하나님을 절대적으로 의존하는 인간의 마음을 가장 탁월하게 표현하는 것이 '통곡하는 기도'라고 보았으니, 이는 하나님을 두려워하고 사랑하며 신뢰하는 경건이 거기에서 나온다고 생각했기 때문이다.

이 위대한 고백자는 하나님에 대한 경건이야말로 이 세상의 철학이 결코 가르쳐줄 수 없는 것이라고 믿었다. 그는 사상적 방황을 통해 하나님에 대한 경건이 없는 철학이 안겨주는 허탄함을 직접 경험한 사람이기에 이러한 믿음은 더욱 확고했다. 인생의 참 지혜는 탁월한 사상가의 책을 읽고 박수를 치는 것에 있지 않다. 두 가지 점에서 그러한데, 하나는 그 사상이 최종적인 진리가 아니라는 점에서 그러하며, 또 다른 하나는 그것도 박수치는 자신의 것이 아니라는 점에서 그러하다. 우리의 삶을 온전히 의탁할 진리는 그런 식으로 얻어지는 것이 아니니, 하나님은 당신의 사랑의 품으로 달려와 안기는 사람들에게 인생의 참 지혜를 보여주신다. 그리고 참 사랑을 경험하게 하심으로써 그로 하여금 거룩한 경건 속에서 하나님의 창조의 목적으로 돌아가게 하신다.

하나님이 의인으로 부르셨으나 실상은 용서받은 죄인에 불과한 존재로서, 인간은 매일 하나님을 의존하며 사는 생활 속에서 순종을 배우며 살아야 한다. 그런데 그렇게 살고자 마음

먹는 것마저 오직 하나님의 은혜로만 가능하다는 것이 아우구스티누스의 고백이다.

하나님을 절대적으로 의존하는 마음을 가장 잘 표현하는 것은 간절한 기도다. 간절히 찾는 자들에게 은혜를 주심으로써 당신의 선하심을 알게 하시는 하나님을 찬양하자. 우리의 학문적 탐구를 기도의 눈물로 적시자. 우리의 삶 구석구석에 그리스도의 피가 배이게 치열하게 살자. 우리의 혀가 굳어지고 혈관의 피가 멎을 때까지.

|

A te petatur, in te quaeratur, ad te pulsetur: sic, sic accipietur, sic inuenietur, sic aperietur. Amen(13.38.53).

차라리 우리로 하여금 당신께 구하고, 당신 안에서 찾고, 당신의 문을 두드리게 하옵소서. 우리는 오직 그렇게 받을 수 있사오며, 찾을 수 있사오며, 그 문을 열 수 있사옵나이다. 아멘.

| 참고문헌 |

이 글을 쓰는 데 도움을 받은 책의 목록이다. 아래의 문헌을 참고했다고 해도 인용문으로 명시한 것 외에는 대부분 직접 이해하고 소화하여 자기화한 내용이라 일일이 다 찾아내 열거하지 못한 경우도 있었음을 밝혀둔다.

아우구스티누스의 저작: 국외

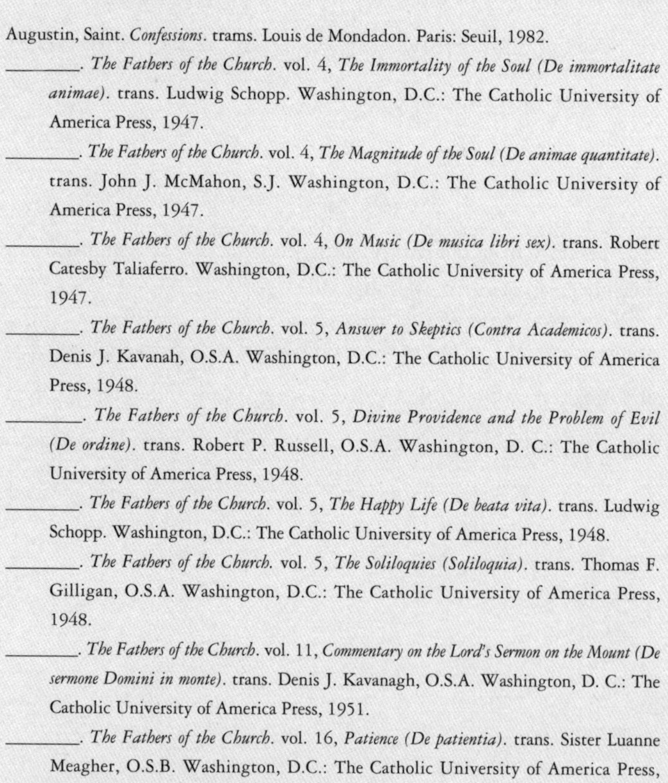

Augustin, Saint. *Confessions*. trams. Louis de Mondadon. Paris: Seuil, 1982.

________. *The Fathers of the Church*. vol. 4, *The Immortality of the Soul (De immortalitate animae)*. trans. Ludwig Schopp. Washington, D.C.: The Catholic University of America Press, 1947.

________. *The Fathers of the Church*. vol. 4, *The Magnitude of the Soul (De animae quantitate)*. trans. John J. McMahon, S.J. Washington, D.C.: The Catholic University of America Press, 1947.

________. *The Fathers of the Church*. vol. 4, *On Music (De musica libri sex)*. trans. Robert Catesby Taliaferro. Washington, D.C.: The Catholic University of America Press, 1947.

________. *The Fathers of the Church*. vol. 5, *Answer to Skeptics (Contra Academicos)*. trans. Denis J. Kavanah, O.S.A. Washington, D.C.: The Catholic University of America Press, 1948.

________. *The Fathers of the Church*. vol. 5, *Divine Providence and the Problem of Evil (De ordine)*. trans. Robert P. Russell, O.S.A. Washington, D. C.: The Catholic University of America Press, 1948.

________. *The Fathers of the Church*. vol. 5, *The Happy Life (De beata vita)*. trans. Ludwig Schopp. Washington, D.C.: The Catholic University of America Press, 1948.

________. *The Fathers of the Church*. vol. 5, *The Soliloquies (Soliloquia)*. trans. Thomas F. Gilligan, O.S.A. Washington, D.C.: The Catholic University of America Press, 1948.

________. *The Fathers of the Church*. vol. 11, *Commentary on the Lord's Sermon on the Mount (De sermone Domini in monte)*. trans. Denis J. Kavanagh, O.S.A. Washington, D. C.: The Catholic University of America Press, 1951.

________. *The Fathers of the Church*. vol. 16, *Patience (De patientia)*. trans. Sister Luanne Meagher, O.S.B. Washington, D.C.: The Catholic University of America Press,

1981.

________. *The Fathers of the Church.* vol. 59, *The Free Choice of the Will (De libero arbitrio).* trans. Robert P. Russell, O.S.A. Washington, D.C.: The Catholic University of America Press, 1968.

________. *The Fathers of the Church.* vol. 59, *The Teacher (De magistro).* trans. Robert P. Russell, O.S.A. Washington, D.C.: The Catholic University of America Press, 1968.

________. *The Fathers of the Church.* vol. 70, *Eighty-Three Different Questions (De diversis quaestionibus octoginta tribus LXXXIII).* trans. David L. Mosher. Washington, D.C.: The Catholic University of America Press, 1982.

Augustine, Saint. *The Nicene and Post-Nicene Fathers of the Christian Church.* vol. 3, *On the Catechising of the Uninstructed (De catechizandis rudibus).* trans. S.D.F. Salmond, D.D. Grand Rapids: Eerdmans Publishing Company, 1980.

Augustine, Saint, Bishop of Hippo. *The Works of Saint Augustine.* vol. I/1, *The Confessions (Confessiones).* trans. Maria Boulding. New York: New City Press, 2004.

_________. *The Works of Saint Augustine.* vol. I/5, *The Trinity (De Trinitate).* trans. Edmund Hill. New York: New City Press, 2007.

_________. *The Works of Saint Augustine.* vol. I/6, *The City of God (De Civitate Dei).* trans. William Babcock. New York: New City Press, 2012.

_________. *The Works of Saint Augustine.* vol. I/7, *The City of God (De Civitate Dei).* trans. William Babcock. New York: New City Press, 2013.

_________. *The Works of Saint Augustine.* vol. I/8, *The Advantage of Believing (De utilitate credendi).* trans. Ray Kearney. New York: New City Press, 2005.

_________. *The Works of Saint Augustine.* vol. I/8, *Enchiridion (Enchiridion de fide et spe et caritate).* trans. Bruce Harbert. New York: New City Press, 2005.

_________. *The Works of Saint Augustine.* vol. I/8, *True Religion (De vera religione).* trans. Edmund Hill. New York: New City Press, 2005.

_________. *The Works of Saint Augustine.* vol. I/9, *Continence (De continentia).* trans. Ray Kearney. New York: New City Press, 1999.

_________. *The Works of Saint Augustine.* vol. I/9, *The Excellence of Marriage (De bono conjugali).* trans. Ray Kearney. New York: New City Press, 1999.

_________. *The Works of Saint Augustine.* vol. I/9, *Holy Virginity (De sancta virginitate).* trans. Ray Kearney. New York: New City Press, 1999.

_________. *The Works of Saint Augustine.* vol. I/11, *Teaching Christianity (De Doctrina Christiana).* trans. Edmund Hill. New York: New City Press, 2007.

_________. *The Works of Saint Augustine.* vol. I/19, *Answer to Adimantus, a Disciple of Mani (Contra Adimantum, Manichaei discipulum).* trans. Roland Teske, S.J. New York:

New City Press, 2006.
_________. *The Works of Saint Augustine*. vol. I/19, *Answer to Felix, a Manichean (Contra Felicem Manichaeum)*. trans. Roland Teske, S.J. New York: New City Press, 2006.
_________. *The Works of Saint Augustine*. vol. I/19, *Answer to the Letter of Mani Known as the Foundation (Contra epistulam Manichaei quam vocant Fundamenti)*. trans. Roland Teske, S.J. New York: New City Press, 2006.
_________. *The Works of Saint Augustine*. vol. I/19, *Answer to Secundinus, a Manichean (Contra Secundinum Manichaeum)*. trans. Roland Teske, S.J. New York: New City Press, 2006.
_________. *The Works of Saint Augustine*. vol. I/19, *The Catholic Way of Life and the Manichean Way of Life (De moribus ecclesiae Catholicae et De moribus Manichaeonum)*. trans. Roland Teske, S.J. New York: New City Press, 2006.
_________. *The Works of Saint Augustine*. vol. I/19, *A Debate with Fortunatus, a Manichean (Contra Fortunatum Manichaeum Disputatio)*. trans. Roland Teske, S.J. New York: New City Press, 2006.
_________. *The Works of Saint Augustine*. vol. I/19, *The Nature of the Good (De natura boni)*. trans. Roland Teske, S.J. New York: New City Press, 2006.
_________. *The Works of Saint Augustine*. vol. I/19, *The Two Souls (De dunabus animabus)*. trans. Roland Teske, S.J. New York: New City Press, 2006.
_________. *The Works of Saint Augustine*. vol. I/23, *The Deeds of Pelagius (De gestis Pelagii)*. trans. Roland Teske, S.J. New York: New City Press, 1997.
_________. *The Works of Saint Augustine*. vol. I/23, *The Grace of Christ and Original Sin (De gratia Christi et de peccato originali)*. trans. Roland Teske, S.J. New York: New City Press, 1997.
_________. *The Works of Saint Augustine*. vol. I/23, *Nature and Grace (De natura et gratia)*. trans. Roland Teske, S.J. New York: New City Press, 1997.
_________. *The Works of Saint Augustine*. vol. I/23, *The Nature and Origin of the Soul (De anima et eius origine)*. trans. Roland Teske, S.J. New York: New City Press, 1997.
_________. *The Works of Saint Augustine*. vol. I/23, *The Perfection of Human Righteousness (De perfectione justitiae hominis)*. trans. Roland Teske, S.J. New York: New City Press, 1997.
_________. *The Works of Saint Augustine*. vol. I/23, *The Punishment and Forgiveness of Sins and the Baptism of Little Ones (De peccatorum meritis et remissione et de baptismo parvulorum)*. trans. Roland Teske, S.J. New York: New City Press, 1997.
_________. *The Works of Saint Augustine*. vol. I/23, *The Spirit and the Letter (De spiritu et littera)*. trans. Roland Teske, S.J. New York: New City Press, 1997.
_________. *The Works of Saint Augustine*. vol. I/24, *Answer to the Two Letters of the*

Pelagians (Contra duas epistulas Pelagianorum). trans. Roland J. Teske, S.J. New York: New City Press, 1998.

_________. *The Works of Saint Augustine*. vol. I/24, *Marriage and Desire (De nuptiis et concupiscentia)*. trans. Roland J. Teske, S.J. New York: New City Press, 1998.

_________. *The Works of Saint Augustine*. vol. I/26, *Grace and Free Choice (De gratia et libero arbitrio)*. trans. Roland J. Teske, S.J. New York: New City Press, 1999.

_________. *The Works of Saint Augustine*. vol. I/26, *The Predestination of the Saints (De praedestinatione sanctorum)*. trans. Roland J. Teske, S.J. New York: New City Press, 1999.

_________. *The Works of Saint Augustine*. vol. I/26, *Rebuke and Grace (De correptione et gratia)*. trans. Roland J. Teske, S.J. New York: New City Press, 1999.

_________. *The Works of Saint Augustine*. vol. III/14, *Homilies on the First Epistle of John (Tractatus in Epistolam Joannis ad Parthos)*. trans. Boniface Ramsey. New York: New City Press, 2008.

_________. *The Works of Saint Augustine*. vol. III/15, *Exposition 1-2 of Psalm 18 (Enarrationes in Psalmos)*. trans. Maria Boulding, O.S.B. New York: New City Press, 2000.

_________. *The Works of Saint Augustine*. vol. III/15, *Exposition 1-3 of Psalm 32 (Enarrationes in Psalmos)*. trans. Maria Boulding, O.S.B. New York: New City Press, 2000.

_________. *The Works of Saint Augustine*. vol. III/17, *Exposition of Psalm 62 (Enarrationes in Psalmos)*. trans. Maria Boulding, O.S.B. New York: New City Press, 2001.

_________. *The Works of Saint Augustine*. vol. III/18, *Exposition of Psalm 91 (Enarrationes in Psalmos)*. trans. Maria Boulding, O.S.B. New York: New City Press, 2002.

_________. *The Works of Saint Augustine*. vol. III/18, *Exposition of Psalm 94 (Enarrationes in Psalmos)*. trans. Maria Boulding, O.S.B. New York: New City Press, 2002.

_________. *The Works of Saint Augustine*. vol. III/18, *Exposition of Psalm 95 (Enarrationes in Psalmos)*. trans. Maria Boulding, O.S.B. New York: New City Press, 2002.

_________. *The Works of Saint Augustine*. vol. III/19, *Exposition of Psalm 99 (Enarrationes in Psalmos)*. trans. Maria Boulding, O.S.B. New York: New City Press, 2003.

_________. *The Works of Saint Augustine*. vol. III/19, *Exposition of Psalm 112 (Enarrationes in Psalmos)*. trans. Maria Boulding, O.S.B. New York: New City Press, 2003.

_________. *The Works of Saint Augustine*. vol. III/20, *Exposition of Psalm 134 (Enarrationes in Psalmos)*. trans. Maria Boulding, O.S.B. New York: New City Press, 2004.

_________. *The Works of Saint Augustine*. vol. III/20, *Exposition of Psalm 134 (Enarrationes in Psalmos)*. trans. Maria Boulding, O.S.B. New York: New City Press, 2004.

_________. *The Works of Saint Augustine*. vol. III/20, *Exposition of Psalm 145 (Enarrationes*

in Psalmos). trans. Maria Boulding, O.S.B. New York: New City Press, 2004.
________. *The Works of Saint Augustine*. vol. III/20, *Exposition of Psalm 146 (Enarrationes in Psalmos)*. trans. Maria Boulding, O.S.B. New York: New City Press, 2004.
________. *The Works of Saint Augustine*. vol. III/20, *Exposition of Psalm 147 (Enarrationes in Psalmos)*. trans. Maria Boulding, O.S.B. New York: New City Press, 2004.
________. *The Works of Saint Augustine*. vol. III/20, *Exposition of Psalm 150 (Enarrationes in Psalmos)*. trans. Maria Boulding, O.S.B. New York: New City Press, 2004.

아우구스티누스의 저작: 국내 번역서

성 아구스띤.《고백록》. 최민순 역. 서울: 바오로딸, 1965.
성 어거스틴.《참회록》. 김종웅 역. 서울: 크리스찬다이제스트, 1996.
어거스틴.《성어거스틴의 고백록》. 선한용 역. 서울: 대한기독교서회, 2010.
아우구스띠노.《사랑하십시오 그리고 원하는 바를 하십시오: 요한 서간 강해》. 아우구스띠노 수도회 편집부 역. 인천: 인천가톨릭대학교 출판부, 2006.
아우구스띠누스. 교부문헌총서 제3권,《참된 종교》. 성염 역주. 왜관: 분도출판사, 1989.
____________. 교부문헌총서 제10권,《자유의지론》. 성염 역주. 왜관: 분도출판사, 1998.
아우구스티누스. 교부문헌총서 제2권,《그리스도교 교양》. 성염 역주. 왜관: 분도출판사, 2011.
____________. 교부문헌총서 제15권,《신국론: 제1-10권》. 성염 역주. 왜관: 분도출판사, 2004.
____________. 교부문헌총서 제16권,《신국론: 제11-18권》. 성염 역주. 왜관: 분도출판사, 2004.
____________. 교부문헌총서 제17권,《신국론: 제19-22권》. 성염 역주. 왜관: 분도출판사, 2004.
____________. 교부문헌총서 제19권,《요한 서간 강해》. 최익철 역. 왜관: 분도출판사, 2011.
____________.《행복론》. 박주영 역. 서울: 누멘, 2010.

아우구스티누스의 저작에 대한 주석

O'Donnell, James J. *Augustine Confessions*. vol. I, *Introduction and Text*. Oxford: Oxford University Press, 2012.
________. *Augustine Confessions*. vol. II, *Commentary Books 1-7*. Oxford: Oxford

University Press, 2012.
__________. *Augustine Confessions*. vol. III, *Commentary Books 8-13*. Oxford: Oxford University Press, 2012.

Van Bavel, Tarsicius J. *The Rule of Saint Augustine*. trans. Raymond Canning. London: Darton, Longman and Todd Ltd., 1996.

아돌라르 줌켈러.《아우구스티누스 규칙서》. 이형우 역. 왜관: 분도출판사, 2006.

이경재.《설교자를 위한 어거스틴의 고백록》. 서울: CLC, 2013.

아우구스티누스 관련 단행본: 국외

Battenhouse, Roy W. ed. *A Companion to the Study of St. Augustine*. Oxford: Oxford University Press, 1955.

Burton, Philip. *Language in the Confessions of Augustine*. Oxford: Oxford University Press, 2007.

Dobell, Brian. *Augustine's Intellectual Conversion: The Journey from Platonism to Christianity*. Cambridge: Cambridge University Press, 2009.

Doueihi, Milad. *Augustine and Spinoza*. trans. Jane Marie Todd. Cambridge: Harvard University Press, 2010.

Dyson, Robert. *St. Augustine of Hippo: The Christian Transformation of Political Philosophy*. London: Continuum International Publishing Group, 2005.

Falbo, Giovanni. *St. Monica: The Power of a Mother's Love*. Boston: Pauline Books & Media, 2007.

Fitzgerald, Allan D. ed. *Augustine through the Ages: An Encyclopedia*. Grand Rapids: Eerdmans Publishing Company, 1999.

Gilson, Etienne. *The Christian Philosophy of Saint Augustine*. New York: Random House, 1960.

Hagen, Kenneth. ed. *Augustine, the Harvest, and Theology (1300-1650): Essays Dedicated to Heiko Augustinus Oberman in Honor of his Sixtieth Birthday*. Leiden: E.J. Brill, 1990.

Harrison, Carol. *Beauty and Revelation in the Thought of Saint Augustine*. Oxford: Calrendon Press, 2005.

Harrison, Simon. *Augustine's Way into the Will: The Theological and Philosophical Significance of De Libero Arbitrio*. Oxford: Oxford University Press, 2006.

Hochschild, Paige E. *Memory in Augustine's Theological Anthropology*. Oxford: Oxford University Press, 2012.

Matthews, Gareth B. *Thought's Ego in Augustine and Descartes*. Ithaca and London: Cornell University Press, 1992.

O'Connell, Robert J. *Images of Conversion in St. Augustine's Confessions*. New York: Fordham University Press, 1996.

________. *St. Augustine's Confessions: The Odyssey of Soul*. New York: Fordham University Press, 1989.

O'Daly, Gerard. *Augustine's Philosophy of Mind*. Oakland: University of California Press, 1987.

O'Donovan, Oliver. *The Problem of Self-Love in St. Augustine*. Eugene: Wipf and Stock Publishers, 2006.

Ruokanen, Miikka. *Theology of Social Life in Augustine's De civitate Dei*. Göttingen: Vandenhoeck & Ruprecht, 1993.

Schumacher, Lydia. *Divine Illumination: The History and Future of Augustine's Theory of Knowledge*. Hoboken: John Wiley & Sons Ltd., 2011.

Smither, Edward L. *Augustine as Mentor: A Model for Preparing Spiritual Leaders*. Nashville: B&H Publishing Group, 2008.

Stump, Eleonore. & Kretzmann, Norman. eds. *The Camgridge Companion to Augustine*. Cambridge: Cambridge University Press, 2005.

TeSelle, Eugene. *Augustine the Theologian*. Eugene: Wipf and Stock Publishers, 1970.

Van Oort, Johannes. *Jerusalem and Babylon: A Study into Augustine's City of God and the Sources of his Doctrine of the Two Cities*. Leiden: E.J. Brill, 1991.

Wetzel, James. *Augustine and the Limits of Virtue*. New York: Cambridge University Press, 1992.

Williams, A. N. *The Divine Sense: The Intellect in Patristic Theology*. Cambridge: Cambridge University Press, 2007.

Wippel, John F. & Wolter, Allan B. eds. *Medieval Philosophy: From St. Augustine to Nicholas of Cusa*. New York: The Free Press, 1969.

아우구스티누스 관련 단행본: 국내 및 번역서

김규영.《아우구스띠누스의 생애와 사상》. 서울: 형설출판사, 1986.

로이 배튼하우스 편.《아우구스티누스 연구핸드북》. 현재규 역. 서울: 크리스챤다이제스트, 2004.

미카엘 마샬.《어거스틴의 생애》. 김원주 역. 서울: 도서출판 나침반사, 1989.

선한용.《시간과 영원》. 서울: 대한기독교서회, 2002.

손호현.《아름다움과 악 2: 아우구스티누스의 미학과 신정론》. 서울: 한들출판사, 2009.

양명수.《어거스틴의 인식론》. 서울: 한들출판사, 1999.

에티엔느 질송.《아우구스티누스 사상의 이해》. 김태규 역. 서울: 성균관대학교출판부,

2010.
주영흠.《아우구스티누스의 생애와 교육》. 서울: 도서출판 그리심, 2014.
포시디우스. 교부문헌총서 제18권,《아우구스티누스의 생애》. 이연학, 최원오 역주. 왜관: 분도출판사, 2009.
피터 브라운.《아우구스티누스: 격변의 시대, 영혼의 치유와 참된 행복을 찾아 나선 영원한 구도자》. 정기문 역. 서울: 새물결, 2012.
한나 아렌트.《사랑 개념과 성 아우구스티누스》. 서유경 역. 서울: 텍스트, 2013.
H. R. 드롭너.《교부학》. 하성수 역. 서울: 분도출판사, 2001.

아우구스티누스 관련 논문: 국외

Anthony, Cara. "The Love of God Poured into Our Hearts: Experience of the Holy Spirit in Christian Tradition." Ph.D. diss., Boston College Graduate School, 2003.
B. Hoon Woo, "Augustine's Hermeneutics and Homiletics in De doctrina christiana: Humiliation, Love, Sign, and Discipline," *Journal of Christian Philosophy 17*, no. 2 (2013): 97-117.
B. Hoon Woo, "Pilgrim's Progress in Society–Augustine's Political Thought in The City of God," *Political Theology*, forthcoming 2015.
Beane, Jon Todd. "The Development of the Notion of Concupiscence in Saint Augustine." Ph.D. diss., University of Notre Dame, 1993.
Byrnes, Richard. "The Fallen Soul as a Plotinian Key to a Better and Fuller Understanding of the Character of Time and History in the Early Works of Saint Augustine." Ph.D. diss., Fordham University, 1972.
Dueweke, Robert E. "The Augustinian Theme of Harmony: A Contribution of a Spiritual Tradition to a Better Understanding of the Self and Others." Ph.D. diss., Saint Paul University, 2004.
Gilbert, Christopher Scott. "Grace and Reason: Freedom of the Will in Augustine, Aquinas, and Descartes." Ph.D. diss., University of California, Riverside, 1998.
Kyung-Soo, Kim. "The Search for the Knowledge of God as a Soteriological Pilgrimage in Augustine's De Trinitate." Ph.D. diss., Saint Louis University, 2001.
Malionek, Andrew P.J. "The Participation of All Truth in One Absolute Truth: Using the Philosophies of Parmenides, Augustine and Descartes." Ph.D. diss., Boston College Graduate School, 1995.
Riley, Patrick Thomas, Jr. "Reforming the Self: Conversion and Autobiographical Narrative." Ph.D. diss., University of California, Berkeley, 1996.
Spence, Brian John. "The Logic of Conversion and the Structure of the Argument of St.

Augustine's Confessions." Ph.D. diss., Trinity College, 1990.
Von Jess, Wilma C. "The Divine Attributes in the Thought of Saint Augustine." Ph.D. diss., Boston College Graduate School, 1971.

아우구스티누스 관련 논문: 국내 및 번역물

권진호. "아우구스티누스의 회심에 대한 재이해."《신학논단》제71집. (2013): 7-40.
박령. "성 아우구스티누스의《고백록》에 나타난 자서전적 서술전략과 신앙의 탐구."《문학과 종교》제17권, 3호. (2012): 129-148.
벤자민 B. 워필드. "어거스틴과 그의《고백록》(I)."《신학정론》제6권, 1호. (1988): 169-198.
______. "어거스틴과 그의《고백록》(II)."《신학정론》제6권, 2호. (1988): 284-319.
성염. "아우구스티누스의《고백록》: 진리에 바치는 사랑의 고백."《철학과 현실》제6권. (1990): 338-344.
이명곤. "중세철학에서 내면성의 의미: 아우구스티누스의《고백록》과 토마스 아퀴나스의《영혼론》을 중심으로."《중세철학》제15권. (2009): 1-42.
이석우. "어거스틴의《고백록》에 관한 일고찰."《경희사학》제15권. (1988): 71-96.
이재하. "어거스틴의《고백록》에 나타난 사랑의 개념."《한국교회사학회지》제23권. (2008): 171-206.
정승익. "《고백록》제1-13권에 나타난 문학적 구조의 문제점: 단절과 통합."《누리와 말씀》제25호. (2009): 265-295.
한태동. "어거스틴의 참회록 연구: 그 구조에 대한 소고."《신학논단》제6권. (1961): 103-120.

그 외 참고한 도서 및 논문

Aquinas, Thomas. *Summa Theologiae: Volume 1, Christian Theology*. ed. Thomas Gilby. Cambridge: Cambridge University Press, 2006.
Carson, D. A. *The Difficult Doctrine of the Love of God*. Wheaton: Crossway Books, 2000.
Cudworth, Ralph. *An Abridgment of Dr. Cudworth's True Intellectual System of the Universe*. 2 vols. London: n.p. 1732.
______. *The True Intellectual System of the Universe*. 2 vols. London: n.p. 1743.
Cyprianus. *Patrologia cursus completus: sive bibliotec a universalis, integra uniformis, commoda*…. Tomus IV, *Liber de Unitate Ecclesiae*. Parisiis: J. P. Migne, 1891.
Edwards, Jonathan. *The Works of Jonathan Edwards*. vol. 1, *Freedom of the Will. ed. Paul*

Ramsey. New Haven: Yale University Press, 1957.
_______. *The Works of Jonathan Edwards*. vol. 3, *Original Sin*. ed. Clyde A. Holbrook. New Haven: Yale University Press, 1970.
_______. *The Works of Jonathan Edwards*. vol. 8, *Ethical Writings*. ed. Paul Ramsey. New Haven: Yale University Press, 1987.
_______. *The Works of Jonathan Edwards*. vol. 13, *The "Miscellanies"(1-500)*. ed. Thomas A. Schafer. New Haven: Yale University Press, 1994.
Edwards, Jonathan. *The Works of Jonathan Edwards*. vol. 17, "God Glorified in Man's Dependence." in *Sermons and Discourses, 1730-1733*. ed. Mark Valeri. New Haven: Yale University Press, 1999.
_______. *The Works of Jonathan Edwards*. vol. 18, *The "Miscellanies"(501-832)*. ed. Ava Chamberlain. New Haven: Yale University Press, 2000.
_______. *The Works of Jonathan Edwards*. vol. 20, *The "Miscellanies"(833-1152)*. ed. Amy Plantinga Pauw. New Haven: Yale University Press, 2002.
_______. *The Works of Jonathan Edwards*. vol. 21, *Writings on the Trinity, Grace, and Faith*. ed. Sang Hyun Lee. New Haven: Yale University Press, 2003.
_______. *The Works of Jonathan Edwards*. vol. 23, *The "Miscellanies"(1153- 1360)*. ed. Douglas A. Sweeney. New Haven: Yale University Press, 2004.
Ganssle, Gregory E. & Woodruff, David M. eds. *God and Time: Essays on the Divine Nature*. Oxford: Oxford University Press, 2002.
Immink, Frederik Gerrit. *Divine Simplicity*. Kampen: Uitgeversmaatschappij J. H. Kok, 1987.
Leftow, Brian. *Time and Eternity*. Ithaca and London: Cornell University Press, 1991.
Oliphint, K. Scott. "Bavinck's Realism, the Logos Principle, and Sola Scriptura," *The Westminster Theological Journal* vol. 72. no. 2 (fall 2010): 359-390.
Owen, John. *The Works of John Owen*. vol. 3, *The Holy Spirit*. ed. William H. Goold. Edinburgh: The Banner of Truth Trust, 1994.
_________. *The Works of John Owen*. vol. 6, *On Temptation*. ed. William H. Goold. Edinburgh: The Banner of Truth Trust, 1991.
Plotinus. *Loeb Classical Library*. vols. 440-446, Ennead I-VI. trans. A. H. Armstrong. Cambridge: Harvard University Press, 1984-2006.
Polyandrum, Johannem., Rivetum, Andream., Walaeum, Antonium., and Thysium, Antonium. *Synopsis Purioris Theologiae*. ed. Herman Bavinck. Lugduni Batavorum: Didericum Conner, 1881.
Sibbes, Richard. *The Bruised Reed*. Edinburgh: The Banner of Truth Trust, 1998.
Solovyov, Vladimir. *The Philosophical Principles of Integral Knowledge*. trans. Valeria Z. Nollan. Grands Rapids: Eerdmans Publishing Company, 2008.

Turretin, Francis. *Institutes of Elenctic Theology*. vol. 1, *First Through Tenth Topics*. Phillipsburg: P&R Publishing, 1992.

Vlastos, Gregory. "Degrees of Reality." in *New Essays on Plato and Aristotle*. ed. Renford Bambrough. New York: Humanities Press, 1965.

Van Asselt, Willem J. ed. *Reformed Thought on Freedom*. Grand Rapids: Baker Academic, 2010.

Von Balthasar, Hans Urs. *The Glory of the Lord: A Theological Aesthetics. vol. 4, The Realm of Metaphysics in Antiquity*. trans. Brian McNeil, et. al. San Francisco: Ignatius Press, 1989.

게오르그 빌헬름 프리드리히 헤겔.《헤겔의 미학강의》 1-3. 두행숙 역. 서울: 은행나무, 2010.

노자.《노자》. 이강수 역. 서울: 길, 2007.

미로슬라브 볼프.《삼위일체와 교회》. 황은영 역. 서울: 새물결플러스, 1998.

이우성.《생명과학 강의노트》. 서울: 성균관대학교출판부, 2006.

이정우.《개념 뿌리들》. 서울: 그린비, 2012.

장자.《莊子》. 안동림 역. 서울: 현암사, 2002.

존 칼빈.《라틴어 직역 기독교 강요》. 문병호 역. 서울: 생명의말씀사, 2009.

주희, 여조겸 편. 동양고전총서 제4권,《근사록》. 이기동 역. 서울: 홍익출판사, 2004.

플라톤.《국가 · 政體》, 박종현 역. 서울: 서광사, 2005.

______.《필레보스》, 박종현 역주. 서울: 서광사, 2005.

______.《테아이테토스》, 정준영 역. 서울: 이제이북스, 2013.

______.《티마이오스》, 박종현 역. 서울: 서광사, 2005.

한스-크리스토프 슈미트.《구약, 어떻게 공부할 것인가?》. 차준희, 김정훈 역. 서울: 대한기독교서회, 2014.

헤르만 헤세.《데미안》. 전영애 역. 서울: 민음사, 2009.

W. 타타르키비츠.《타타르키비츠 미학사 1: 고대미학》. 손효주 역. 서울: 미술문화, 2009.

김남준.《교회와 하나님의 사랑》. 안양: 열린교회출판부, 2014.

______.《깊이 읽는 주기도문》. 서울: 생명의말씀사, 2013.

______.《마음지킴》. 서울: 생명의말씀사, 2010.

______.《삼위일체》. 안양: 열린교회출판부, 2010.

______.《자기깨어짐》. 서울: 생명의말씀사, 2009.

______.《죄와 은혜의 지배》. 서울: 생명의말씀사, 2011.

______.《피묻은 복음에 빠져라》. 서울: 규장, 2007.